BUR

Caro Lettore,

la collana Parenting che qui presento è il frutto di una collaborazione con BUR nata per offrire a tutti – genitori, educatori, insegnanti – alcuni strumenti **per conoscere meglio i ragazzi di oggi**, i loro rapporti e le loro esigenze.

Nella mia esperienza di terapeuta, fondata sull'attenzione al mondo dei bambini e degli adolescenti, ho riscontrato nell'ultimo decennio un aumento della domanda di supporto da parte degli adulti, sempre meno a loro agio nella comprensione delle nuove generazioni. La società di oggi muta sempre più velocemente: **i ragazzi di oggi non sono i ragazzi di vent'anni fa**, e nemmeno di dieci. Sempre più, quindi, gli adulti faticano a reperire nella memoria della loro gioventù gli strumenti, e gli esempi di vita, utili a capire i più giovani. Allo stesso modo, anche molti libri che hanno aiutato generazioni di adulti e insegnanti nel loro difficile compito ora cominciano a mostrare i segni del tempo, proponendo modelli e soluzioni sempre meno efficaci.

Per questo motivo abbiamo intrapreso con BUR un lavoro di ricerca di testi adatti al mondo di oggi: lo abbiamo fatto da lettori, proponendo libri stranieri importanti per il pubblico italiano; da editori, andando a ritrovare quei titoli "classici" che ancora oggi hanno molto da dire; soprattutto lo abbiamo fatto da ricercatori, proponendo **tematiche nuove e sviluppandole in testi inediti, grazie ad alcuni tra i più autorevoli conoscitori del mondo dell'infanzia e adolescenza.** Una pubblicazione completa, quindi, che parta dalle esigenze più pressanti di genitori ed educatori e offra loro **conoscenze reali e soluzioni concrete** ai problemi che si trovano ad affrontare ogni giorno.

Questo è l'obiettivo del nostro lavoro: proporre in un percorso esaustivo tutti gli strumenti che servono a intraprendere questo importante **viaggio verso la comprensione e la costruzione della nuova famiglia.**

Perché se il mondo è cambiato radicalmente, e i nostri figli sono così diversi, rimangono immutati il privilegio e la gioia di poterli accogliere alla nascita, accompagnarli nella crescita e aiutarli a diventare adulti.

Ed è per loro che noi abbiamo bisogno di diventare **genitori e insegnanti nuovi**, che sappiano comprenderli e offrir loro il supporto necessario: questa è la missione della collana Parenting.

Gustavo Pietropolli Charmet

GUSTAVO PIETROPOLLI CHARMET è uno dei più importanti psichiatri e psicoterapeuti italiani. È stato primario in diversi ospedali psichiatrici e docente di Psicologia Dinamica all'Università Statale di Milano e all'Università di Milano Bicocca. Nel 1985, con l'appoggio di Franco Fornari e con altri soci, ha fondato l'Istituto Minotauro di cui è stato presidente fino al 2011. Attualmente è docente della Scuola di Psicoterapia dell'Adolescenza ARPAD Minotauro, presidente del CAF Onlus Centro Aiuto al Bambino Maltrattato e alla Famiglia in Crisi di Milano e Direttore Scientifico dell'Osservatorio Giovani IPRASE di Trento. È autore di numerosi saggi sull'adolescenza.

JOHN GOTTMAN
con JOAN DECLAIRE

INTELLIGENZA EMOTIVA PER UN FIGLIO

Una guida per i genitori

BUR parenting

ISBN 978-88-17-08018-7

Titolo originale dell'opera:
The Heart of Parenting

Traduzione di Andrea Di Gregorio e Brunello Lotti

Prima edizione Rizzoli 1997
Prima edizione BUR 2001
Prima edizione BUR Parenting aprile 2015

Seguici su:

Twitter: @BUR_Rizzoli   www.bur.eu   Facebook: /RizzoliLibri

INTELLIGENZA EMOTIVA
PER UN FIGLIO

Al lavoro e alla memoria del dottor Haim Ginott

Prefazione

Sono tempi duri per i figli, e lo sono anche per i genitori. Negli ultimi dieci o venti anni c'è stata una tale trasformazione nella natura dell'infanzia che da un lato è diventato difficile per i figli imparare le lezioni fondamentali del cuore umano, e dall'altro si è alzata notevolmente la posta in gioco per quei genitori che erano abituati a impartire queste lezioni alla prole. I genitori, insomma, devono essere più abili se vogliono far apprendere ai loro figli le lezioni basilari in campo emotivo e sociale. In questa guida pratica ai genitori, John Gottman mostra come.

Il bisogno di un'educazione emotiva non è mai stato tanto pressante. Si considerino le statistiche. Negli ultimi decenni il numero di omicidi tra i *teen-ager* si è pressoché quadruplicato, quello dei suicidi si è triplicato e gli atti di violenza si sono raddoppiati. Ma sotteso a questo tipo di statistiche da prima pagina c'è un malessere emotivo più diffuso. Un campione su scala nazionale di più di duemila ragazzi americani, valutati dai loro genitori e dai loro insegnanti dapprima alla metà degli anni Settanta e poi alla fine degli anni Ottanta, ha rivelato, nel lungo periodo, per la media dei soggetti una tendenza allo scadimento delle abilità emozionali e sociali. In media, i ragazzi sono diventati più scontrosi e irritabili, più depressi e solitari, più impulsivi e disobbedienti – in sostanza hanno totalizzato risultati inferiori in più di quaranta indici.

Alla base di questo deterioramento ci sono agenti estremamente rilevanti. Innanzitutto, le nuove realtà economiche impongono ai genitori di lavorare per sostenere le proprie famiglie più di quanto non facessero le generazioni precedenti – il che significa che la maggior parte dei padri e delle madri ha meno tempo da dedicare ai figli di quanto non ne avessero i loro stessi genitori. Sempre più famiglie vivono lontane dagli altri parenti, spesso in quartieri in cui si preferisce non lasciare giocare in strada i bambini – per non parlare poi di intrattenere rapporti con i vicini. E sempre più numerose sono le ore che i ragazzi trascorrono davanti a un video, sia esso un televisore o un computer – il che significa che non stanno fuori, all'aria aperta, a giocare con altri ragazzi.

Eppure, nel lungo corso della storia umana, i ragazzi hanno appreso le fondamentali nozioni emozionali e sociali dai genitori e dai parenti, dai vicini e dai giochi a volte anche rudi con gli altri ragazzi.

Il fatto che non si imparino più le regole base dell'intelligenza emotiva comporta conseguenze sempre più gravi. È sufficientemente provato, ad esempio, che le ragazze che non sanno distinguere tra sensazioni quali l'ansia e la fame siano particolarmente esposte a disturbi dell'alimentazione, e quelle che negli anni dell'infanzia trovano difficoltà nel controllare i propri impulsi abbiano più probabilità di rimanere incinte prima dei vent'anni. Per i ragazzi, l'impulsività incontrollata durante l'infanzia comporta un maggior rischio di delinquenza o violenza. E, per tutti, maschi e femmine, l'incapacità di affrontare l'ansia e la depressione accresce la probabilità di un successivo abuso di droghe o di alcol.

Di fronte a queste nuove realtà, i genitori hanno bisogno di fare il miglior uso dei momenti preziosi che trascorrono con i figli, assumendo un ruolo attivo e propositivo nell'esercitare in loro alcune doti-chiave dal punto di vista umano, quali la comprensione e la gestione dei sentimenti problematici, il controllo degli impulsi e l'empatia. In questo libro, John Gottman propone ai genitori uno strumento eminentemente pratico, ma scientificamente fondato, per offrire ai figli il bagaglio essenziale per affrontare la vita.

DANIEL GOLEMAN

Introduzione

Prima di diventare padre ho trascorso quasi vent'anni lavorando nel campo della psicologia evolutiva e studiando la vita emotiva dei bambini. Ma solo dal 1990, anno in cui mia moglie e io abbiamo avuto nostra figlia Moriah, ho cominciato veramente a comprendere la relazione genitore-figlio nella sua concretezza.

Come molte persone prima di diventare genitori, anch'io non riuscivo a immaginare l'intensità del sentimento che avrei provato per mia figlia. Non avevo idea dell'emozione che avrei sentito quando lei avesse sorriso per la prima volta, avesse imparato a parlare, a leggere. Non potevo immaginare quanta pazienza e quanta attenzione mi avrebbe richiesto minuto per minuto. Né quanto avrei desiderato darle tutta l'attenzione di cui aveva bisogno. D'altro canto mi sorpresi a constatare quanto, a volte, mi sentissi frustrato, deluso, vulnerabile. Frustrato quando lei e io non riuscivamo a comunicare. Deluso quando si comportava male. Vulnerabile quando dovetti riconoscere che il mondo può essere molto pericoloso e che perdere lei significherebbe per me perdere tutto.

Allo stesso tempo, imparavo cose nuove sulle mie stesse emozioni. Compivo scoperte connesse con la mia vita professionale. Come ebreo i cui genitori erano fuggiti dall'Austria per scampare all'Olocausto, avevo apprezzato gli sforzi di altri teorici che rifiutavano l'autoritarismo come metodo per allevare figli moralmente sani. Essi suggerivano che la famiglia agisse come una democrazia in cui figli e genitori si comportassero come *partner* uguali e razionali. Ma i miei anni di ricerche nelle dinamiche familiari stavano cominciando a fornire nuovi elementi sul fatto che le *interazioni emozionali* tra genitori e figli possono avere, a lunga scadenza, un impatto ben più notevole sul benessere di questi ultimi.

Sorprendentemente, la maggior parte dei consigli che comunemente vengono dati ai genitori ignora il mondo dell'emozione. Essi si basano, al contrario, su teorie educative interessate al fatto che i bambini si comportino male, ma che ignorano i sentimenti che sottendono a quei comportamenti. In ogni caso, il fine ultimo dell'educazione dei figli non dovrebbe consistere meramente nell'ottenere un individuo docile e obbediente. La maggior parte dei genitori spera in molto di più. Si vuole che i figli diventino persone rette e responsabili, diano il loro contributo alla società, abbiano la forza per fare le proprie scelte nella vita, godano della realizzazione dei propri talenti, della vita e dei piaceri che essa può offrire, intrattengano buoni rapporti con gli amici, abbiano un matrimonio riuscito e, a loro volta, diventino buoni genitori.

Nel corso delle mie ricerche ho scoperto che l'amore da solo non è sufficiente. Genitori attenti, affettuosi, assidui, spesso hanno nei confronti delle proprie emozioni e di quelle dei figli atteggiamenti che interferiscono con la capacità di comunicare con i figli quando questi ultimi sono tristi o spaventati o in collera. Ma, se l'amore da solo non è sufficiente, incanalare questo affetto in alcune competenze di base che i genitori esercitano mentre «addestrano» i figli nell'area dell'emotività *è* sufficiente. Il segreto consiste nel modo in cui i genitori interagiscono con i figli quando le emozioni diventano intense.

Abbiamo studiato genitori e figli nel corso di accuratissime ricerche di laboratorio e abbiamo seguito i figli durante la loro crescita. Dopo un decennio di studi nel mio laboratorio, la mia *équipe* di ricerca ha individuato un gruppo di genitori che, quando i loro figli si trovavano in situazioni emotivamente critiche, faceva cinque cose molto semplici. Abbiamo chiamato queste cinque cose «Allenamento emotivo» e abbiamo scoperto che i ragazzi che avevano genitori che li «allenavano» emotivamente, intraprendevano una traiettoria di sviluppo completamente diversa rispetto ai figli di altri genitori.

I genitori-allenatori, avevano figli che in seguito sarebbero diventati quel tipo di persone che Daniel Goleman definisce «emotivamente intelligenti». Questi bambini emotivamente allenati dimostravano maggiori capacità nel campo delle proprie emozioni di quante non ne rivelassero bambini non allenati dai loro genitori. Tra queste capacità c'era anche quella di regolare il proprio stato emozionale. Quei ragazzi riuscivano meglio a calmarsi quando erano agitati. Riuscivano a rallentare i battiti del loro cuore più in fretta. Il fatto di ottenere migliori risultati in quella parte della fisiologia che entra in gioco nel ritrovare la calma e la tranquillità, rendeva quei ragazzi meno esposti alle malattie infettive. Riuscivano a concentrarsi meglio, a essere più attenti, a relazionarsi meglio con gli altri, anche nelle si-

15

tuazioni socialmente difficili tipiche dell'infanzia, come quando si viene stuzzicati, in cui essere troppo emotivi è una debolezza e non una risorsa. Riuscivano meglio a comprendere le altre persone. Stabilivano rapporti di amicizia più solidi con i coetanei. Erano migliori anche nel rendimento scolastico. In breve, avevano sviluppato un tipo di Qi (quoziente di intelligenza) che riguardava le persone e il mondo dei sentimenti, ovvero un'intelligenza emotiva. Questo libro vi insegnerà le cinque fasi dell'Allenamento emotivo che vi permetterà di allevare un figlio emotivamente intelligente.

L'enfasi che pongo nel legame emotivo tra genitore e figlio emerge dalla mia ricerca longitudinale. Per quel che mi consta, questa è la prima ricerca che conferma il lavoro di uno dei nostri maggiori clinici pediatrici, lo psicologo Haim Ginott che scrisse e insegnò negli anni Sessanta. Ginott comprese l'importanza di parlare ai bambini quando sono emotivi e scoprì i principi-base che i genitori devono seguire in questo dialogo.

L'Allenamento emotivo ci fornisce uno schema basato sulla comunicazione emozionale. Quando i genitori offrono empatia[1] ai loro figli e li aiutano ad affrontare sentimenti negativi come la collera, la tristezza e la paura, gettano tra sé e loro un ponte di lealtà e attaccamento. All'interno di questo contesto, sebbene i genitori-allenatori pongano effettivamente dei limiti ai loro figli, il fatto che questi ultimi si comportino male non è più la questione più importante. La docilità, l'obbedienza e la responsabilità derivano da un senso di amore e di inter-

---

[1] Con «empatia» ed «empatizzare» si indica la capacità di immedesimarsi in un'altra persona, di calarsi nei suoi pensieri e stati d'animo. [*N.d.T.*]

16

dipendenza che il bambino percepisce all'interno della famiglia. In questo modo, le interazioni emozionali tra i membri della famiglia diventano il fondamento attraverso cui si trasmettono i valori e si crescono individui moralmente retti. I figli, in questo modo, si comportano secondo gli «standard» familiari perché comprendono intimamente che ci si aspetta che si comportino bene, che vivere rettamente è implicito nell'appartenenza al clan.

Diversamente da altre teorie educative che propongono un miscuglio eterogeneo di strategie per tentare di controllare il comportamento del bambino, le cinque fasi dell'Allenamento emotivo forniscono uno schema unitario per mantenere uno stretto rapporto personale con i figli in tutte le fasi del loro sviluppo.

La novità di questo libro è che, attraverso le nostre ricerche scientifiche, i miei colleghi e io abbiamo provato che le interazioni emozionali tra i genitori e i figli sono della massima importanza. Ora sappiamo con certezza che, quando i genitori praticano l'Allenamento emotivo introducono un fattore critico significativo per il successo e nella felicità dei loro figli.

Il nostro lavoro inserisce l'approccio alle emozioni dei figli in un contesto particolarmente rilevante per i genitori di oggi, ma che Ginott non poteva immaginare negli anni Cinquanta. Quando il tasso dei divorzi cresce costantemente, insieme alle preoccupazioni per problemi come la violenza giovanile, crescere figli emotivamente intelligenti diventa di importanza cruciale. I nostri studi gettano una luce sorprendente su come i genitori possono proteggere i loro figli dai rischi connessi ai conflitti di coppia e al divorzio. Mostrano anche i nuovi canali attraverso i quali un padre emozionalmente ben costruito, sia esso sposato o divorziato, influenza positivamente il benessere della prole.

La chiave per essere genitori di successo non si trova in teorie complesse, in regole familiari elaborate o in contorte formule comportamentali. Essa si trova nei sentimenti più profondi di amore e di affetto per i figli, e si dimostra semplicemente, attraverso l'empatia e la comprensione. Una buona educazione dei figli comincia dal cuore dei genitori, e poi continua, momento per momento, nello stare vicini ai figli quando la tensione emotiva cresce, quando essi sono tristi, arrabbiati o spaventati. L'essenza dell'essere genitori consiste nell'*esserci* in un modo particolare, quando esserci conta davvero. Questo libro vi mostrerà come.

JOHN GOTTMAN, PH. D.

In questa traduzione troverete spesso utilizzati i termini «genitore» e «figlio» in senso generico, senza riferimento specifico al sesso dell'uno o dell'altro. Naturalmente, il libro è rivolto, e potrà essere di grande utilità, ai genitori di figli di entrambi i sessi.

1

Allenamento emotivo: la chiave per allevare figli emotivamente intelligenti

Diane è già in ritardo per andare al lavoro mentre cerca di convincere il suo Joshua di tre anni a mettersi la giacca per portarlo all'asilo. Dopo una colazione frettolosa e una battaglia su quali scarpe mettere, anche Joshua è teso. In realtà non gli importa che la mamma abbia un appuntamento di lavoro tra meno di un'ora. Vuole stare a casa a giocare e glielo dice. Quando Diane gli risponde che ciò è impossibile, Joshua si butta a terra. Si sente triste e irritato e si mette a piangere.

Emily, sette anni, si rivolge in lacrime ai propri genitori cinque minuti prima che arrivi la baby-sitter. «Non è giusto: mi lasciate con una persona che neanche conosco!» esclama tra i singhiozzi. «Ma, Emily,» le spiega il suo papà, «questa baby-sitter è una buona amica di tua madre. E poi sono settimane che abbiamo i biglietti per questo concerto.» «E io non voglio lo stesso che ve ne andiate», piange Emily.

Il quattordicenne Matt rivela alla mamma che è stato appena escluso dalla banda musicale della scuola perché l'insegnante ha sentito che c'era qualcuno che fumava marijuana nel pullman. «Giuro su Dio che non sono stato io,» afferma Matt. Ma i voti del ragazzo sono peggiorati ultimamente, e lui va in giro con una nuova compagnia. «Non ti credo, Matt,» replica la madre. «E finché non riprenderai ad andare bene a scuola, non ti lascerò più uscire.» Ferito e infuriato, Matt se ne esce sbattendo la porta e senza dire una parola.

Tre famiglie. Tre conflitti. Tre figli in momenti diversi del loro sviluppo. Eppure questi genitori affrontano lo stesso problema: come comportarsi con i figli quando le emozioni si surriscaldano. Come la maggior parte dei genitori, anche loro vogliono trattare i loro figli correttamente, con pazienza e rispetto. Sanno che il mondo propone ai figli molte sfide, e vogliono essere loro vicini, offrendo intuizione e appoggio. Vogliono insegnare loro a trattare efficacemente i problemi, e a stringere con le altre persone relazioni forti e sane. Ma c'è una grande differenza tra *voler* fare la cosa giusta per i propri figli e avere davvero le risorse per farlo.

E questo perché per essere buoni genitori l'intelligenza, da sola, non basta. Si tratta di toccare una dimensione della personalità che la maggior parte dei consigli dispensati a padri e madri negli ultimi trent'anni ignora. L'essere buoni genitori implica l'*emozione*.

Nell'ultimo decennio, la scienza ha compiuto scoperte sensazionali sul ruolo che le emozioni svolgono nella nostra vita. I ricercatori hanno constatato che, più del Qi, sono la consapevolezza emotiva e la capacità di padroneggiare i sentimenti a determinare il successo e la felicità in tutti i campi dell'esistenza, inclusi i rapporti familiari. Per i genitori, questa «intelligenza emotiva», come ormai viene definita da molti, significa essere consapevoli delle emozioni dei propri figli, essere in grado di empatizzare con loro, di rasserenarli e di guidarli. Per i figli, che apprendono la maggior parte delle lezioni sul sentimento dai loro genitori, ciò implica la capacità di controllare i propri impulsi, rimandarne il soddisfacimento, motivare se stessi, interpretare i segnali sociali che provengono dalle altre persone, affrontare gli alti e i bassi della vita.

«La vita familiare è la prima scuola nella quale apprendiamo insegnamenti riguardanti la vita emotiva» scrive Daniel Goleman, psicologo, autore di *Intelligenza emotiva*, un libro che descrive dettagliatamente la ricerca scientifica che ha portato a una sempre maggiore comprensione in questo campo. «È nell'intimità familiare che impariamo come dobbiamo sentirci riguardo a noi stessi e quali saranno le reazioni degli altri ai nostri sentimenti; che cosa pensare su tali sentimenti e quali alternative abbiamo per reagire; come leggere ed esprimere speranze e paure. L'educazione emozionale opera non solo attraverso le parole e le azioni dei genitori indirizzate direttamente al bambino, ma anche attraverso i modelli che essi gli offrono mostrandogli come agiscono i propri sentimenti e la propria relazione coniugale. Alcuni genitori sono insegnanti di talento, altri un vero disastro.»[1]

Quali comportamenti dei genitori fanno davvero la differenza? Come psicologo ricercatore e studioso delle interazioni tra genitori e figli, ho trascorso gran parte degli ultimi vent'anni a cercare la risposta a questa domanda. Lavorando con gruppi di ricerca dell'Università dell'Illinois e dell'Università di Washington, ho condotto ricerche in profondità in due studi su 119 famiglie,

---

[1] D. Goleman, *Intelligenza emotiva*, Milano, Rizzoli, 1996, pp. 225-26.

osservando come i genitori e i figli reagiscono reciprocamente in situazioni emotivamente connotate.[2] Abbiamo seguito questi ragazzi dai quattro anni all'adolescenza. Inoltre, abbiamo già previsto di seguire 130 nuove coppie non appena avranno dei figli. I nostri studi richiedono lunghe interviste con i genitori, in cui si parla del loro matrimonio, delle reazioni alle esperienze emotive dei figli e della consapevolezza del ruolo che l'emozione svolge nella loro vita. Abbiamo seguito le risposte fisiologiche dei soggetti durante interazioni particolarmente stressanti tra i genitori e i figli. Abbiamo osservato e analizzato con attenzione le reazioni emotive dei genitori alla collera e alla tristezza dei loro figli. Abbiamo esaminato queste famiglie nel corso del tempo per vedere come si evolvevano i loro figli dal punto di vista della salute, dei risultati scolastici, dello sviluppo emotivo e delle relazioni sociali.

I nostri risultati raccontano una storia semplice, eppure convincente. Abbiamo scoperto che i genitori appartengono per lo più a due categorie: quelli che rappresentano per i figli una guida nel mondo delle emozioni, e quelli che non svolgono questo ruolo.

Chiamo i genitori che si sono fatti coinvolgere nei sentimenti dei figli «allenatori emotivi», «genitori-allenatori». Proprio come gli allenatori nell'atletica, essi insegnano ai figli delle strategie per affrontare gli alti e bassi della vita. Non si oppongono alle manifestazioni di collera, tristezza o paura dei loro figli. Ma neppure le ignorano. Al contrario, accettano le emozioni negative

---

[2] J. Gottman, L. Katz, C. Hooven, *Meta-emotion. How Families Communicate Emotionally, Links to Child Peer Relations and Other Developmental Outcomes*, Hillsdale, N.J., Lawrence Erlbaum, 1997.

come un fatto della vita, e usano i momenti emozionali come opportunità per impartire ai figli lezioni di vita e costruire relazioni sempre più strette con loro.

«Quando Jennifer è triste... ecco un'occasione davvero importante per migliorare il legame tra noi,» dice Maria, la madre di una delle cinquenni che abbiamo in osservazione. «Le dico che voglio parlarle, per capire che cosa sta provando.»

Come molti genitori-allenatori nei nostri studi, il padre di Jennifer, Dan, considera il momento in cui la figlia è triste o arrabbiata come quello in cui essa ha più bisogno di lui. Più che in ogni altra occasione di interscambio, il fatto di tranquillizzare la figlia, dice Dan, «mi fa sentire papà. Devo essere lì per lei... devo dirle che va tutto bene. Che sopravvivrà a questo problema e probabilmente ne avrà molti altri».

I genitori-allenatori come Maria e Dan si potrebbero descrivere come particolarmente presenti e positivi nei confronti della figlia, e in effetti lo sono. Ma, da solo, il fatto di essere genitori presenti e positivi non è sufficiente a insegnare l'intelligenza emotiva. In effetti, è abbastanza frequente incontrare genitori affettuosi e attenti, eppure incapaci di interagire efficacemente con le emozioni negative dei loro figli. Tra i genitori che non riescono a insegnare l'intelligenza emotiva ai loro figli, ho identificato tre categorie:

1. Genitori noncuranti, che sminuiscono, ignorano o sottovalutano le emozioni negative dei figli.
2. Genitori censori, che criticano le espressioni di sentimenti negativi e che possono arrivare a rimproverare o punire i figli per queste manifestazioni emotive.

23

3. Genitori lassisti, che accettano le emozioni dei figli e si dimostrano empatici, ma non riescono a offrire loro una guida o a porre limiti al loro comportamento.

Per darvi un'idea delle diversità di risposte che danno i genitori-allenatori e gli altri tre tipi di genitori, ripensate a Diane, il cui bambino protestava perché non voleva andare all'asilo, e immaginatela in ognuno di questi ruoli.

Se fosse stata un genitore noncurante, avrebbe potuto dire a Joshua che la sua riluttanza ad andare all'asilo era ridicola, e che non c'era nessuna ragione di intristirsi per il solo fatto di uscire di casa. Poi avrebbe cercato di distrarlo dai pensieri tristi forse lusingandolo con un dolce o parlando delle attività divertenti che la maestra aveva preparato per lui.

Come genitore censore, Diane avrebbe potuto rimproverare Joshua per il suo rifiuto di cooperare, dirgli che era stanca del suo comportamento infantile e minacciare di sculacciarlo.

Come genitore lassista, Diane avrebbe potuto abbracciare Joshua insieme alla sua collera e alla sua tristezza ed empatizzare con lui. Dirgli che è perfettamente naturale per lui voler rimanere a casa. Ma poi si sarebbe trovata a corto di idee sul da farsi. Non avrebbe voluto gridare, sculacciare o ricattare il figlio, ma rimanere a casa non era neppure un'opzione praticabile. Forse, alla fine, sarebbe arrivata a un compromesso. Giocherò con te per dieci minuti, ma poi usciremo dalla porta senza piangere. Fino alla mattina dopo, quando il problema si sarebbe riproposto.

In che cosa sarebbe stato diverso il comportamento di un genitore-allenatore? Avrebbe iniziato come il genitore lassista, empatizzando con Joshua, e facendogli capire che comprendeva la sua tristezza. Ma poi sarebbe andato oltre, fornendo a Joshua una guida per gestire i suoi sentimenti spiacevoli. Forse la conversazione si sarebbe potuta sviluppare come segue:

Diane: Mettiti la giacca, Joshua. È ora di andare.
Joshua: No! Non voglio andare all'asilo.
Diane: Non ci vuoi andare? Perché?
Joshua: Perché voglio stare a casa con te.
Diane: Davvero?
Joshua: Sì. Voglio stare a casa.
Diane: Caspita! Penso di capire come ti senti. Ci sono certe mattine che vorrei anch'io rimanere con te, accoccolati in poltrona a guardare i libri insieme, invece di uscire di casa. Ma, sai una cosa? Ho dato la parola a quelli del mio ufficio che sarei stata lì alle nove. E non posso mancare alla parola.
Joshua: (mettendosi a piangere) Ma perché no? Non è giusto. Io non ci voglio andare.
Diane: Vieni qui, Josh. (Lo prende in braccio) Mi spiace, amore, ma non possiamo rimanere a casa. Scommetto che è questo che ti fa arrabbiare, vero?
Joshua: (annuendo) Sì.
Diane: E sei anche un po' triste, eh?
Joshua: Sì.
Diane: Anch'io sono un po' triste. (Lo lascia piangere per un po', continuando a tenerlo stretto, e lasciando che sfoghi le lacrime) Senti che cosa facciamo. Pensiamo a domani, quando non dovremo andare al lavoro e all'asilo. Domani potremo trascorrere tutta la giornata insieme. Perché non pensi a qualcosa di speciale che ti piacerebbe fare domani?

Joshua: Possiamo mangiare le frittelle e guardare i cartoni?
Diane: Certo! Sarebbe una grande idea. Nient'altro?
Joshua: Posso portare anche il carrettino al parco?
Diane: Perché no?
Joshua: E può venire anche Kyle?
Diane: Forse. Però dobbiamo chiederlo alla sua mamma. Ma adesso è ora di andare, d'accordo?
Joshua: Vabbè.

A prima vista il genitore-allenatore emotivo potrebbe sembrare piuttosto simile al genitore noncurante, poiché entrambi cercano di distrarre Joshua, inducendolo a pensare a qualcosa di diverso dallo stare a casa. Ma c'è una differenza importante. Da genitore-allenatore qual è, Diane riconosce la tristezza di Joshua, aiuta il figlio a dare un nome a quella sensazione, gli lascia il tempo di assaporare i suoi sentimenti e gli sta vicino mentre piange. Non cerca di distrarre la sua attenzione dal sentimento. Né lo rimprovera per il fatto di provarlo, come avrebbe fatto il genitore censore. Al contrario, fa comprendere al figlio che rispetta i suoi sentimenti e pensa che i suoi desideri siano validi.

Al contrario della madre lassista, il genitore-allenatore pone dei limiti. Impiega qualche minuto in più per trattare i sentimenti di Joshua, ma gli fa capire chiaramente che non vuole far tardi al lavoro e mancare alla parola data. Joshua ci rimane male, ma si tratta di un sentimento che sia lui sia Diane riescono ad affrontare. Una volta che Joshua ha avuto la possibilità di identificare, sperimentare e accettare l'emozione, Diane gli mostra che è possibile andare oltre i suoi sentimenti tristi e guardare avanti, verso il divertimento del giorno successivo.

Questo tipo di risposta, fa parte del processo di Allenamento emotivo che i miei colleghi di ricerca e io abbiamo scoperto nei nostri studi sulle interazioni efficaci tra genitori e figli. Il processo avviene, tipicamente, in cinque fasi. Il genitore:

1. Diventa consapevole dell'emozione del bambino.
2. Riconosce in quell'emozione un'opportunità di intimità e di insegnamento.
3. Ascolta con empatia, e convalida i sentimenti del bambino.
4. Aiuta il bambino a trovare le parole per definire le emozioni che sta provando.
5. Pone dei limiti, mentre esplora le strategie per risolvere il problema in questione.

Gli effetti dell'Allenamento emotivo

Che differenza fa per i bambini avere genitori-allenatori? Osservando e analizzando nel dettaglio le parole, le azioni e i responsi emotivi che le famiglie sviluppano nel tempo, abbiamo scoperto un contrasto veramente significativo. I figli dei genitori che praticano con costanza l'Allenamento emotivo, godono di una migliore salute fisica, e raggiungono a scuola risultati superiori rispetto ai figli dei genitori che non offrono una guida del genere. Questi soggetti hanno rapporti migliori con gli amici, minori problemi comportamentali e sono meno soggetti a reazioni violente. Ma, soprattutto, gli individui emotivamente allenati sperimentano un numero minore di sensazioni negative e maggiore di sensazioni positive. In breve, sono emozionalmente più sani.

Ma ecco il risultato che a me sembra più sorprendente. Quando le madri e i padri sogliono «allenare» i figli alle emozioni, ottengono come risultato figli più elastici. Anche i figli allenati emotivamente sono tristi, si arrabbiano o si spaventano in circostanze difficili. Ma hanno una maggiore capacità di ritrovare la calma, riprendersi dalle delusioni, perseverare nelle attività produttive. In altre parole, sono emotivamente più intelligenti.

In effetti, la nostra ricerca mostra che l'Allenamento emotivo può anche proteggere i ragazzi dai comprovati effetti negativi di una crisi che nelle famiglie americane va continuamente crescendo – ovvero quella dei conflitti coniugali e dei divorzi.

Quando più della metà dei matrimoni si conclude in un divorzio, milioni di bambini e ragazzi rischiano i problemi che molti sociologi hanno collegato alla dissoluzione della famiglia.[3] Tra questi problemi c'è il fallimento scolastico, l'emarginazione da parte degli altri coetanei, la depressione, problemi di salute e comportamenti antisociali. Questo tipo di difficoltà può affliggere i figli anche in casi in cui i litigi e l'infelicità non portano i genitori al divorzio. La nostra ricerca mostra che quando una coppia si trova in perenne conflitto ostacola

---

[3] U.S. Bureau of the Census, «Live Births, Death, Marriages and Divorces: 1950 to 1992», *Statistical Abstract of the United States: 1994* (114th Edition), Washington, D.C., 1994.

28

la capacità dei figli di formarsi delle amicizie.[4] Abbiamo anche scoperto che i conflitti coniugali influiscono negativamente sul rendimento scolastico dei figli e ne accrescono la vulnerabilità alle malattie. Noi ora sappiamo che un effetto molto importante dell'epidemia che mette in crisi e distrugge i matrimoni nella nostra società è una crescita dei comportamenti devianti e violenti tra bambini e adolescenti.

Ma, quando i genitori-allenatori nei nostri studi hanno attraversato conflitti coniugali, o si sono separati o hanno divorziato, è accaduto qualcosa di diverso.[5] A parte il fatto che questi figli erano generalmente «più tristi» degli altri ragazzi nei nostri studi, l'Allenamento emotivo sembra che li abbia preservati dagli effetti deleteri subiti da molti altri soggetti che sono passati dalla stessa esperienza. Effetti già noti del conflitto coniugale e del divorzio quali il fallimento scolastico, l'aggressività e i problemi con i coetanei non si sono manifestati nei figli allenati emotivamente, e questo fattore suggerisce che l'Allenamento emotivo è in grado di offrire ai ragazzi la prima difesa efficace nei confronti del trauma emotivo del divorzio.

Se queste scoperte sono evidentemente rilevanti per le famiglie che stanno affrontando problemi coniugali e le conseguenze di un divorzio, ci aspettiamo che ricerche ulteriori rivelino la capacità dell'Allenamento emotivo di tutelare i ragazzi da tutta una costellazione di altri conflitti, perdite e angosce.

[4] J. Gottman e L. Katz, *Effects of Marital Discord on Young Children Peer Interaction and Health*, «Developmental Psychology», vol. 57 (1989), pp. 47-52.
[5] J. Gottman, L. Katz e C. Hooven, *Meta-emotion*, cit.

Un'altra sorprendente scoperta della nostra ricerca riguarda i padri. I nostri studi hanno evidenziato che, quando i padri adottano nel rapporto con i figli uno stile assimilabile all'Allenamento emotivo, riescono a influire in modo estremamente positivo sullo sviluppo emozionale dei ragazzi. Quando i padri sono consapevoli dei sentimenti dei loro figli, e cercano di aiutarli a risolvere i loro problemi, i ragazzi riescono meglio a scuola e nei rapporti con gli altri. Per contro, un padre emotivamente distante, che sia brusco, critico, o sottovaluti le emozioni dei figli, può avere su di essi un impatto profondamente negativo. I suoi figli hanno più probabilità di andare male a scuola, entrare in contrasto con gli amici e non godere di buona salute. (Questa enfasi sui padri non vuole dire, ovviamente, che il coinvolgimento della madre non abbia effetti sull'intelligenza emotiva dei figli. Al contrario, questi effetti sono molto significativi. Ma i nostri studi indicano che l'influenza paterna può essere molto più *estrema*, nel bene come nel male.)

Nel momento in cui un allarmante 28% dei ragazzi americani cresce in una famiglia in cui è presente soltanto la madre, l'importanza della presenza paterna non può venir assolutamente trascurata.[6] Non dovremmo pensare, tuttavia, che un padre qualsiasi sia meglio che non avere affatto un padre. Mentre un padre emotivamente presente può essere di straordinario beneficio nella vita di un figlio, un padre freddo e crudele può causare danni enormi.

[6] B.A. Chadwick e T. Henson, *Statistical Handbook of the American Family*, New York, Oryx Press, 1992.

Sebbene la nostra ricerca riveli che i genitori-allenatori riescono ad aiutare i loro figli a crescere e a diventare adulti più sani e più realizzati, la tecnica non può essere affatto considerata una cura per i seri problemi che richiedono l'aiuto di un terapeuta di professione. E, diversamente da altri che propongono teorie per l'educazione dei figli, io non prometterò che l'Allenamento emotivo riuscirà a risolvere tutti i normali problemi di una vita di famiglia. Praticare l'Allenamento emotivo non significa affatto che tutti i dissidi in famiglia verranno a cessare, che non ci saranno più parole dure, o sentimenti offesi, né tristezza, né stress. Il conflitto è un fatto normale della vita di famiglia. Eppure, una volta che inizierete a praticare l'Allenamento emotivo, probabilmente vi sentirete sempre più vicini ai vostri figli. E, quando la vostra famiglia arriverà a vivere in un'intimità e un rispetto più profondi, i problemi tra i suoi membri sembreranno più leggeri da affrontare.

E, infine, l'Allenamento emotivo non significa porre fine alla disciplina. In realtà, quando voi e i vostri figli sarete emotivamente più vicini, vi troverete ancora più coinvolti nella loro vita e, di conseguenza, potrete esercitare su di essa un'influenza ancora maggiore. Sarete nelle condizioni di poter essere duri quando la durezza sarà necessaria. Quando vedrete i vostri figli commettere degli errori o mollare la presa, potrete richiamarli efficacemente. Non avrete paura di porre dei limiti. Non avrete paura di dir loro che siete delusi, che sapete che possono far meglio. E, poiché avrete con i vostri figli un legame emozionale, le vostre parole conteranno. Essi terranno conto di quel che pensate e non vorranno dispiacervi. In questo modo, l'Allenamento emotivo vi potrà aiutare a guidare e a motivare i vostri ragazzi.

L'Allenamento emotivo richiede una notevole dose di impegno e di pazienza, ma il lavoro che richiede non è diverso da quello di qualunque altro allenatore. Se volete che vostro figlio diventi un asso del pallone, non dovrete evitare le gare, ma scenderete in campo con lui e comincerete a lavorare insieme. Allo stesso modo, se volete vedere vostro figlio che se la cava bene con i sentimenti, tiene testa allo stress, e intrattiene relazioni interpersonali sane, non dovrete mettere a tacere o ignorare le espressioni di emozioni negative. Dovrete impegnarvi con vostro figlio e offrirgli una solida guida.

Anche se i nonni, gli insegnanti e gli altri adulti possono fungere da allenatori emotivi nella vita di un giovane, voi in quanto genitori, siete nella posizione migliore per intraprendere l'opera. Dopo tutto, voi conoscete al meglio le regole che desiderate che vostro figlio osservi. E siete gli unici che potranno essergli vicino quando le cose diventeranno difficili. Quando la sfida si chiamerà colica infantile, riuscire a usare il vasino, conflitto con i fratelli o un appuntamento mancato per il ballo della scuola, vostro figlio guarderà a voi per avere un segnale. E allora toccherà a voi indossare la tuta dell'allenatore e aiutare vostro figlio a vincere la gara.

In che modo l'Allenamento emotivo può ridurre i rischi per i vostri figli

Non c'è dubbio che i genitori al giorno d'oggi affrontino sfide che quelli delle generazioni precedenti non immaginavano neppure. Mentre i genitori negli anni Sessanta potevano preoccuparsi per un abuso di alcolici la sera della laurea, i genitori di oggi devono affrontare il problema dello spaccio di cocaina nelle scuole medie. I genitori di ieri potevano temere che le loro figlie restassero incinte, quelli di oggi devono parlare dell'AIDS ai figli in quinta elementare. Una generazione fa, le battaglie tra bande rivali di giovani per il controllo del territorio scoppiavano soltanto nelle aree urbane più degradate, e si concludevano a cazzotti e con qualche ferita occasionale. Oggi, le bande giovanili imperversano dappertutto nei quartieri della classe media. E con la proliferazione del commercio della droga e delle armi da fuoco, le lotte fra bande terminano di frequente in sparatorie mortali.

I crimini violenti contro i giovani sono cresciuti a ritmi allarmanti. Negli Stati Uniti, tra il 1985 e il 1990, il tasso di omicidi nell'età compresa tra i quindici e i diciannove anni è cresciuto del 130% tra i maschi non bianchi, del 75% tra i maschi bianchi, e del 30% tra le femmine di tutte le razze.[7] Allo stesso tempo, i giovani maschi americani hanno commesso più crimini che mai in precedenza. Dal 1965 al 1991 la percentuale di arresti per crimini violenti si è più che triplicata.[8] Tra il 1982 e il 1991, il numero di minori arrestati per omicidio è cresciuto del 93%, e di quelli arrestati per aggressione aggravata del 72%.

[7] F.L. Mackellar e M. Yanagishita, *Homicide in the United States: Who's at Risk*, Washington, D.C., Popular Reference Bureau, febbraio 1995.

[8] E. de Lisser, *For Inner-City Youth, a Hard Life May Lead to a Hard Sentence*, «Wall Street Journal», 30 novembre 1993.

I genitori, oggi, non possono limitarsi a fornire ai ragazzi il sostentamento, una buona istruzione e un'etica morale solida. Le famiglie di oggi devono occuparsi anche di alcune questioni fondamentali per la sopravvivenza. Come possiamo immunizzare i nostri figli dall'epidemia di violenza che sta devastando la cultura giovanile nel nostro paese? Come possiamo persuaderli a rimandare l'inizio dell'attività sessuale fino al momento in cui saranno maturi abbastanza per fare scelte sicure e responsabili? Come possiamo infondere in loro un sufficiente autocontrollo che li tenga fuori dalla droga e dall'abuso di alcolici?

Nel corso degli anni, i sociologi hanno dimostrato che il coinvolgimento in comportamenti antisociali e criminosi dei ragazzi è il risultato di problemi collegati al loro ambiente familiare – conflitti coniugali, divorzio, l'assenza fisica o emozionale del padre, violenza domestica, genitori indifferenti, abbandono, abusi sessuali, condizioni economiche estremamente disagiate. Le soluzioni, dunque, dovrebbero consistere nel realizzare matrimoni migliori, e nel provvedere affinché le famiglie possano disporre dell'appoggio sociale ed economico di cui necessitano per prendersi cura dei loro figli. Il problema è che la nostra società sembra muoversi esattamente nella direzione opposta.

Nel 1950 solo il 4% delle nuove madri non erano sposate. Oggi sono circa il 30%.[9] Anche se la maggior parte delle madri non sposate finiscono per giungere alle nozze, un'alta percentuale di divorzi – che supera

[9] National Center for Health Statistics, *Advance Report of Final Natality Statistics*, «Monthly Vital Statistics Report», vol. 42, n. 3; Suppl. Hyattsville, MD, Public Health Service, 1993.

il 50% del numero complessivo dei matrimoni celebrati –[10] mantiene elevato il numero delle famiglie in cui c'è un solo genitore, la madre. Intorno al 28% nel 1996,[11] e circa la metà di queste famiglie vive in condizioni di indigenza.[12]

Molti figli di famiglie divorziate non possono contare né sull'appoggio economico, né su quello emozionale del padre. I dati del censimento federale del 1989 mostrano che poco più della metà delle madri che avrebbero diritto a un sostegno economico per i loro figli ottengono l'intera somma che è loro dovuta.[13] Un quarto di esse la riceve soltanto in parte, e un quinto non la riceve affatto. Un nostro studio sui figli appartenenti a famiglie disgregate ha rilevato che a due anni dal divorzio la maggioranza dei figli non vede il padre da più di un anno.[14]

Passare a seconde nozze, quando anche avviene, innesca nuovi problemi. Il divorzio è più frequente nei secondi matrimoni che non nei primi. E, sebbene gli studi dimostrino che il patrigno dispone spesso di maggiori risorse economiche, il rapporto provoca non di rado nuovo stress, confusione e tristezza nella vita dei ragazzi. La violenza sui minori è più frequente nelle nuove fami-

---

[10] U.S. Bureau of the Census, «Live Births, Death, Marriages and Divorces: 1950 to 1992», cit.

[11] B.A. Chadwick e T. Henson, *Statistical Handbook on the American Family*, cit.

[12] Census of Population and Housing, 1990 Guide, New York, Diane Publishing.

[13] U.S. Census: U.S. Bureau of the Census, «Child Support Award and Recipiency Status of Women: 1981 to 1989», *Statistical Abstract of the United States: 1994* (114th Edition), Washington, D.C., 1994.

[14] F.F. Fürstenberg e altri, *The Life Course of Children of Divorce: Marital Disruption and Parental Contact*, «American Sociological Review», vol. 48 (1983), pp. 656-68.

glie che in quelle naturali. Secondo uno studio canadese, i bambini in età prescolare che provengono da nuove famiglie sono quaranta volte più esposti di quelli che vivono con i genitori biologici all'eventualità di abusi fisici e sessuali.[15]

I bambini e i ragazzi sofferenti dal punto di vista emozionale non lasciano i loro problemi sulla porta della scuola. Il risultato è che nell'ultimo decennio le scuole hanno riferito di una crescita drammatica e su scala nazionale di problemi di comportamento. Le nostre scuole pubbliche – molte già dissanguate dalle iniziative di alleggerimento della pressione fiscale – sono chiamate a fornire un numero crescente di servizi sociali per bambini e ragazzi i cui bisogni emozionali non trovano riscontro a casa. In sostanza, le scuole stanno diventando zone-tampone emozionali per un numero crescente di ragazzi che soffrono a causa del divorzio dei genitori, della povertà, dell'abbandono. Di conseguenza, ci sono sempre meno risorse disponibili per fornire un'istruzione di base, tendenza che si riflette nel peggioramento del rendimento scolastico generale.

Oltre a ciò, famiglie di tutti i generi vengono messe a dura prova dai mutamenti sopraggiunti nel lavoro e nell'economia degli ultimi decenni. Le entrate nette sono state erose negli ultimi vent'anni, il che significa che molte famiglie hanno bisogno di due stipendi per tirare avanti. Sempre più donne sono entrate nel mondo del lavoro. E in molte coppie il trasferimento di potere che si verifica quando il maschio perde il suo ruolo di uni-

[15] M. Daly e M. Wilson, *Child Abuse and Other Risks of Not Living with Both Parents*, «Ethology and Sociobiology», vol. 6 (1985), pp. 197-210.

co sostegno economico alla famiglia ha finito per creare nuove tensioni. Allo stesso tempo, i datori di lavori chiedono sempre più tempo ai loro impiegati. Secondo la professoressa di economia di Harvard Juliet Sihor, la famiglia americana media lavora oggi circa 1000 ore all'anno in più di quanto non facesse venticinque anni fa.[16] Una ricerca ha mostrato che gli americani hanno un terzo di tempo libero in meno di quanto non ne avessero alla metà degli anni Settanta.[17] Come risultato, la gente dichiara di dedicare minor tempo ad attività fondamentali quali dormire, mangiare, giocare con i figli. Tra il 1960 e il 1986 il tempo che i genitori hanno avuto a disposizione per giocare con i figli è diminuito di circa dieci ore alla settimana. Perennemente a corto di tempo, gli americani partecipano sempre meno a quelle attività sociali e religiose della comunità che contribuiscono a tenere unita la famiglia. E, dato che la nostra società è sempre più mobile, trasferendosi di città in città per ragioni economiche sempre più nuclei familiari vivono senza l'appoggio delle famiglie d'origine e degli amici di lunga data.

L'effetto finale di tutti questi mutamenti sociali è che i nostri figli affrontano rischi maggiori sia nel campo della salute, sia in quello del benessere generale. Nel frattempo, i sistemi di sostegno alle famiglie per la protezione della prole si indeboliscono sempre più.

Eppure, come mostra questo libro, noi genitori non siamo privi di risorse. La mia ricerca afferma con chia-

---

[16] J.B. Sihor, *Stolen Moments*, «Sesame Street Parents», luglio-agosto 1994, p. 24.
[17] J.B. Sihor, *The Overworked America: The Unexpected Decline of Leisure*, New York, Basic Books, 1991, p. 5.

rezza che la soluzione per tenere i nostri figli al sicuro da molti rischi consiste nel costruire con loro legami emotivi più forti e, di conseguenza, nello sviluppare un livello più elevato di intelligenza emotiva. È sempre più chiaro che i bambini e i ragazzi che possono contare sull'amore e il sostegno dei genitori sono più protetti nei confronti delle minacce che provengono dalla violenza minorile, dai comportamenti antisociali, dalla tossicodipendenza, da un'attività sessuale prematura, dal suicidio adolescenziale, e da altri malesseri sociali. Gli studi mostrano che i ragazzi che si sentono rispettati e considerati all'interno della loro famiglia riescono meglio a scuola, coltivano più amicizie, e conducono un'esistenza più sana e di maggior successo.

Ora, grazie a una ricerca più approfondita delle dinamiche delle relazioni emozionali familiari, cominciamo a comprendere come si realizza questo effetto-scudo.

Allenamento emotivo come fase evolutiva

Un momento della nostra ricerca nella vita emozionale delle famiglie, consiste nel chiedere ai genitori di parlarci delle loro reazioni ai sentimenti negativi dei figli in età prescolare. Come molti altri padri, Mike ci dice che trova comica sua figlia Becky, quattro anni, quando si arrabbia. «Esclama "Accidentissimo!". E poi se ne va via come una specie di lillipuziana infuriata,» racconta Mike. «È proprio divertente.»

E, in effetti, almeno a un primo livello, il contrasto tra questa bambinetta e le grandi emozioni che esprime può indurre al sorriso. Ma immaginate per un istante che cosa succederebbe se Mike reagisse nello stesso modo alla collera di sua moglie. O se il capo di Mike gli rispondesse così quando *lui* è arrabbiato. Probabilmente non si divertirebbe affatto. Eppure molti adulti non danno alcuna importanza al fatto di ridere in faccia a un bambino stizzito. Molti genitori, animati dalle migliori intenzioni, liquidano le paure e le tensioni dei bambini come se fossero del tutto irrilevanti. «Non c'è niente di cui aver paura,» diciamo a un cinquenne che si sveglia urlando a causa di un incubo. «Evidentemente tu non hai visto quello che ho visto io,» potrebbe essere una risposta appropriata. Invece, in queste situazioni il bambino tende ad accettare la valutazione dell'adulto e inizia a dubitare del suo stesso giudizio. Se gli adulti confutano costantemente i suoi sentimenti, il bambino perde la fiducia in se stesso.

Eppure abbiamo ereditato per tradizione una tendenza a svalutare i sentimenti dei bambini soltanto perché questi ultimi sono più piccoli, hanno minore esperienza, e minor potere degli adulti che li circondano. Prendere sul serio le emozioni dei bambini richiede empatia, notevoli capacità di ascolto, e il desiderio di vedere le cose dalla loro prospettiva. Richiede altresì una buona dose di altruismo. Gli psicologi del comportamento hanno osservato che i bambini in età prescolare richiedono a chi si occupa di loro di affrontare un qualche tipo di desiderio o di bisogno con una media di *tre volte al minuto*.[18] In circostanze ideali una mamma o un papà dovrebbero poter rispondere di buon grado. Ma quando

---

[18] G.R. Patterson, *Coercive Family Process*, Eugene, Oregon, Castalia Press, 1982.

un genitore è stressato o distratto, le richieste incessanti, e a volte irragionevoli di un bambino possono davvero farlo esplodere.

Ed è andata così per secoli. Anche se io credo che i genitori abbiano sempre amato i loro figli, le testimonianze storiche dimostrano che, sfortunatamente, le generazioni passate non hanno sempre riconosciuto la necessità di esercitare la pazienza, l'autocontrollo e la dolcezza nel trattare con i bambini. Lo psichiatra Lloyd DeMause nel suo saggio *The Evolution of Childhood* del 1974, dipinge un quadro terrificante dell'abbandono e della crudeltà cui sono stati sottoposti i bambini nel mondo occidentale nel corso dei secoli.[19] Il suo lavoro mostra, comunque, che tra il Diciannovesimo secolo e gli inizi del Ventesimo la situazione dei bambini è progressivamente migliorata. A ogni generazione, i genitori hanno generalmente accresciuto la loro capacità di venire incontro ai bisogni fisici, psicologici ed emotivi dei figli. Per dirla con le parole di DeMause, allevare un figlio «non è tanto il processo di conquista della volontà di un bambino; è più una questione di esercitare questa volontà, guidarla su sentieri adatti, insegnarle a conformarsi alla realtà esterna e a socializzare».

Sebbene Sigmund Freud agli inizi del Novecento abbia promosso teorie in cui i bambini venivano rappresentati come creature altamente sessualizzate e aggressive, le osservazioni delle ricerche successive hanno provato che le cose stanno diversamente. Lo psicologo sociale Lois Murphy, ad esempio, che negli anni Trenta

---

[19] L. DeMause, «The Evolution of Childhood», *The History of Childhood*, New York, Harper Row, 1974.

condusse osservazioni ed esperimenti su larga scala con neonati e bambini in età prescolare, mostrò che la maggior parte dei bimbi sono per natura fondamentalmente altruisti ed empatici nei confronti degli altri, e in particolare di altri bambini in situazioni difficili.[20]

Grazie anche a questa fiducia crescente della bontà intrinseca dei bambini, la nostra società ha sviluppato, sin dalla metà del secolo, un'altra dimensione dell'essere genitori che DeMause ha descritto come «la modalità dell'aiuto». Si tratta di un periodo in cui molti genitori abbandonano i modelli autoritari in cui probabilmente essi stessi sono stati cresciuti. Sempre più genitori pensano che il loro ruolo consista nell'aiutare i figli a evolversi secondo i loro propri interessi, i bisogni e i desideri. Per far ciò, i genitori stanno adottando quello che la psicologa teorica Diana Baumrind ha per prima definito come uno stile «autorevole».[21] Se i genitori *autoritari* hanno la caratteristica di imporre molti limiti e di aspettarsi un'obbedienza rigorosa anche senza dare spiegazioni, i genitori *autorevoli* pongono dei limiti ma sono considerevolmente più flessibili e forniscono ai loro figli spiegazioni e molto affetto. Baumrind descrive anche un terzo modo di essere genitori, che definisce come *permissivo*, in cui i genitori sono affettuosi e comunicativi nei confronti dei figli ma non pongono limiti al loro comportamento. Negli studi sui bambini in età prescolare degli anni Settanta,

[20] G. Murphy, L. Murphy e T.M. Newcombe, *Experimental Social Psychology*, New York, Harper and Brothers, 1931.

[21] D. Baumrind, *Child Care Practices Anteceding Three Patterns of Preschool Behavior*, «Genetic Psychology Monographs», vol. 75 (1975), pp. 43-88; D. Baumrind, *Current Patterns of Parental Authority*, «Developmental Psychology Monograph», vol. 4 (1971).

Baumrind ha evidenziato che i figli dei genitori *autoritari* tendono a essere conflittuali e irritabili, mentre quelli dei genitori *permissivi*, sono spesso impulsivi, aggressivi, non molto sicuri di sé e incapaci di raggiungere risultati notevoli. Ma i figli dei genitori *autorevoli* erano notevolmente più cooperativi, sicuri di sé, energici, amichevoli e orientati verso il raggiungimento dei loro obiettivi.

La tendenza verso questo modo meno autoritario e più comunicativo di essere genitore è stata alimentata dallo straordinario sviluppo della nostra comprensione della psicologia dei bambini e del comportamento sociale delle famiglie negli ultimi venticinque anni. I sociologi hanno scoperto, ad esempio, che sin dalla nascita i bambini hanno una sorprendente capacità di apprendere comportamenti sociali ed emotivi dai loro genitori. Ora sappiamo che quando coloro che si prendono cura dei bimbi rispondono con sensibilità ai loro stimoli – stabilendo un contatto con gli occhi, alternandosi nel parlare e permettendo loro di riposarsi quando sono iperstimolati – i bambini imparano presto a regolare le emozioni. Naturalmente non perdono la capacità di eccitarsi quando è necessario, ma riescono a calmarsi più rapidamente in seguito.

Gli studi hanno anche dimostrato che quando chi si occupa dei bambini non presta attenzione ai loro segnali – ad esempio una mamma depressa che non parla a suo figlio, o un papà ansioso che gioca con lui in modo troppo brusco o troppo a lungo – il piccolo non sviluppa la stessa capacità di regolare le proprie emozioni. Il bambino potrebbe non imparare che il suo balbettio richiama l'attenzione degli altri, e diventare quieto e passivo, socialmente disimpegnato. O, dato che viene troppo stimolato, potrebbe non avere l'occasione di imparare che succhiarsi il pollice e accarezzare la coperta sono ottimi modi per ritrovare la calma.

Imparare a calmarsi e a focalizzare la propria attenzione diventa sempre più importante, via via che il bambino matura. Innanzitutto queste capacità permettono al bambino di essere ricettivo nei confronti dei segnali che gli vengono dai genitori, dalle altre persone che hanno cura di lui e in generale dall'ambiente che lo circonda. Imparare a calmarsi, inoltre, aiuta il bambino a concentrarsi nell'apprendimento delle situazioni e a focalizzare l'attenzione al raggiungimento dei propri scopi. E, mentre il bambino cresce, sapere ricuperare la calma è di grande aiuto per imparare a condividere con gli altri i propri giocattoli, giocare a «far finta», e in generale cavarsela con i compagni di giochi. Alla fine, questa cosiddetta capacità di autoregolazione può essere un fattore discriminante nella capacità di un bambino di entrare a far parte di nuovi gruppi di gioco, farsi nuovi amici e affrontare il rifiuto quando i suoi compagni gli voltano le spalle.

La consapevolezza di questo legame tra la disponibilità dei genitori e l'intelligenza emotiva dei bambini è cresciuta negli ultimi due o tre decenni. Innumerevoli sono i libri scritti per spiegare ai genitori quanto sia importante fornire ai figli turbati l'affetto e la tranquillità necessari. Ai genitori si domanda di praticare forme positive di disciplina durante la crescita dei figli, di lodarli più che di criticarli, di premiarli più che di punirli, di incoraggiarli più che scoraggiarli. Teorie del genere ci hanno allontanato molto, grazie a Dio, dai giorni in cui ai genitori si diceva che risparmiare sulla sferza avrebbe rovinato il ragazzo. Ora noi sappiamo che la dolcezza, il calore, l'ottimismo e la pazienza sono strumenti di gran lunga migliori del bastone per tirar su ragazzi che si comportano bene e sono emozionalmente sani.

Eppure, io credo che si possa andare ancora oltre in questo processo evolutivo. Attraverso il nostro lavoro nei laboratori di psicologia familiare, possiamo ora vedere e misurare i benefici di una comunicazione emotiva tra genitori e figli. Cominciamo a capire che le interazioni tra i genitori e i loro bimbi possono avere un'influenza duratura sul sistema nervoso e sulla salute emotiva di questi ultimi. Sappiamo ora che la solidità di un matrimonio influisce sul benessere della prole e vediamo un potenziale notevolissimo nel fatto che i padri si lascino maggiormente coinvolgere nella vita dei loro figli. Infine, siamo in grado di documentare il fatto che, se i padri diventano più consapevoli dei loro stessi sentimenti, acquisiscono un'importanza cruciale nel migliorare l'intelligenza emotiva dei ragazzi. Il nostro programma di Allenamento emotivo, descritto nel dettaglio nel capitolo 3 è il canovaccio di un essere genitori basato su questa ricerca.

Molta della letteratura popolare sull'educazione dei figli oggi sembra eludere la rilevanza dell'intelligenza emotiva, ma non è stato sempre così. Ecco perché devo riconoscere il contributo di un influente psicologo, didatta e autore che ha contribuito moltissimo alla comprensione che oggi abbiamo della vita emozionale della famiglia. Si tratta di Haim Ginott, che tra gli anni Cinquanta e Sessanta scrisse tre libri molto popolari, tra cui *Between Parent and Child*, prima della sua prematura scomparsa a causa di un cancro, nel 1971.[22]

---

[22] H.G. Ginott, *Between Parent and Child*, New York, Macmillan, 1965.

Scrivendo ben prima che le parole «emozionale» e «intelligenza» venissero fuse insieme, Ginott credeva che una delle nostre più importanti responsabilità come genitori fosse quella di prestare ascolto ai nostri figli, ascoltandone non soltanto le parole, ma percependo anche i sentimenti che stanno dietro quelle parole. Insegnò altresì che la comunicazione delle emozioni serve ai genitori come strumento di insegnamento dei valori.

Ma perché ciò accadesse, i genitori dovevano mostrare rispetto genuino per i sentimenti dei loro figli, insegnava Ginott. Dovevano cercare di empatizzare con loro, ovvero sentire quel che i loro bambini provavano. La comunicazione tra i genitori e i figli deve sempre presupporre il rispetto di sé in entrambe le parti. Le dichiarazioni di comprensione dovrebbero precedere i consigli e gli ammonimenti. Ginott sconsigliava ai genitori di spiegare ai figli che cosa dovevano provare, perché ciò non avrebbe avuto altro effetto che far perdere loro la fiducia nei loro stessi sentimenti. Fece notare che i sentimenti dei figli non scomparivano per il semplice fatto che i genitori ordinavano: «Non sentirti così,» o perché spiegavano che non c'era alcuna giustificazione per quella particolare emozione. Ginott pensava che, mentre non tutti i comportamenti sono accettabili, tutti i sentimenti e i desideri lo sono. Di conseguenza, i genitori dovrebbero porre dei limiti agli atti dei figli, ma non alle loro emozioni o ai loro desideri.

Diversamente da molti educatori, Ginott non disapprovava il fatto che i genitori potessero andare in collera con i figli. Anzi, era convinto che i genitori dovessero esprimere apertamente la loro collera, se questa era indirizzata verso un problema specifico e non attaccava direttamente la personalità o il carattere del bambino. Ginott credeva che, utilizzata con giudizio, la collera dei genitori poteva diventare parte integrante di un sistema efficace di disciplina. L'attenzione di Ginott nei confronti della comunicazione emozionale con i bambini e i ragazzi, ha avuto una notevole importanza per altri studiosi, tra i quali Adele Faber ed Elaine Mazlish, che furono sue allieve e che, basandosi sul suo lavoro, scrissero importanti testi pratici per i genitori, insegnando loro come parlare in modo che i figli possano aprirsi e farsi ascoltare dai propri genitori, e come possano imparare da questi ultimi.[23]

Tuttavia, nonostante questi contributi, le teorie di Ginott non sono mai state messe alla prova utilizzando un metodo scientifico empiricamente fondato. Sono orgoglioso di dire che, con l'aiuto dei miei ricercatori associati, posso offrire le prime prove quantificabili che mostrano come le idee di Ginott fossero essenzialmente corrette. Non solo l'empatia ha importanza, ma è il fondamento per ogni genitore «efficace».

Come abbiamo scoperto
l'Allenamento emotivo

Abbiamo iniziato i nostri studi nel 1986 a Champaign, Illinois, con cinquantasei coppie sposate. Ogni coppia

---

[23] A. Faber ed E. Mazlish, *Liberated Parent / Liberated Children*, New York, Avon, 1975; *How to Talk so Kids Will Lislen and Listen so Kids Will Talk*, New York, Avon, 1980; *Siblings Without Rivalry*, New York, Norton, 1987; *How to Talk so Kids Can Learn – At Home and in School*, New York, Rawson, 1995.

aveva allora un figlio tra i quattro e i cinque anni. I membri del nostro gruppo di ricerca all'inizio trascorsero quattordici ore con ogni famiglia, somministrando questionari, conducendo interviste e osservando comportamenti. Abbiamo raccolto un ricco, articolato bacino di informazioni su ogni matrimonio, sulle relazioni dei bambini con i loro coetanei, e sulle idee che ogni famiglia aveva sull'emozione.

In una sessione audioregistrata, ad esempio, le coppie hanno parlato dei loro rapporti con le emozioni negative, delle loro filosofie riguardo all'espressione e al controllo delle emozioni, e dei loro sentimenti riguardo la collera e la tristezza dei loro figli. Queste interviste furono poi analizzate e classificate in base al grado di consapevolezza e di regolazione dell'emozione mostrato, nonché in base alla capacità di riconoscere e allenare i sentimenti negativi dei figli. Abbiamo determinato se i genitori in questione mostravano rispetto o no per i sentimenti dei loro figli, e in che modo parlavano ai figli delle emozioni, quando questi ultimi erano tesi e turbati. Cercavano di insegnare ai figli dei modi per esprimere appropriatamente le emozioni? Condividevano con essi delle strategie utilizzabili per tranquillizzarsi?

Per ottenere informazioni riguardo la competenza sociale, furono realizzate cassette di trenta minuti mentre i bambini giocavano con i loro migliori amici. I ricercatori analizzarono queste interazioni per quantificare le emozioni negative espresse durante il gioco, e per qualificare le caratteristiche complessive del gioco.

In un'altra intervista registrata, ogni coppia rispondeva per tre ore a domande aperte sulla storia del loro matrimonio. Come si erano conosciuti? Per quanto tempo erano stati «fidanzati»? Come avevano deciso di sposarsi? Com'era cambiata la loro relazione nel tempo? Le coppie venivano incoraggiate a parlare della loro filosofia matrimoniale, e dell'impegno che profondevano perché il matrimonio funzionasse. Queste cassette furono esaminate e classificate secondo diversi fattori, come l'affinità o la negatività che ogni membro della coppia esprimeva verso l'altro, oppure secondo il fatto che i coniugi parlassero di se stessi in termini di coppia o in termini di singole entità o, ancora, secondo la misura in cui esaltavano gli sforzi che avevano affrontato insieme.

Sebbene queste interviste e queste osservazioni siano importanti per la nostra comprensione di quelle famiglie, l'aspetto più originale della nostra ricerca riguarda il fatto di aver raccolto dati sulle risposte fisiologiche alle emozioni. Il nostro obiettivo era studiare le risposte involontarie, automatiche del sistema nervoso alle emozioni. Ad esempio, abbiamo chiesto alle famiglie di raccogliere per ventiquattro ore campioni di urina dei loro figli. I campioni furono analizzati per individuarvi tracce degli ormoni collegati allo stress. Altri dati sulle risposte del sistema nervoso simpatico furono raccolti nel nostro laboratorio, dove potevamo monitorare le frequenze cardiache, la respirazione, il flusso sanguigno, l'attività motoria e la sudorazione delle mani.

Studiando questi processi fisiologici e osservando le famiglie si ottengono dati più oggettivi che non affidandosi soltanto ai questionari, alle interviste e all'osservazione. È difficile, per ovvie ragioni, riuscire a ottenere dai genitori risposte del tutto affidabili su domande quali «Con quale frequenza rimprovera aspramente suo figlio?». E anche quando i sociologi osservano i costumi dei loro soggetti utilizzando metodi «candid camera», come lo specchio a doppio senso, è difficile determinare quanto il comportamento di una persona influisca sui sentimenti dell'altra. Tener conto delle risposte automatiche, invece, è molto più semplice. Elettrodi tipo stetoscopio posti sul petto possono seguire l'andamento del battito cardiaco; altri elettrodi possono monitorare l'aumento della sudorazione delle mani misurando l'elettricità condotta per mezzo dei sali presenti nella traspirazione.

Una tecnologia del genere viene considerata affidabile. In effetti, le forze di polizia la utilizzano normalmente per condurre test con la cosiddetta «macchina della verità». La polizia ha tuttavia un vantaggio sui ricercatori: i loro soggetti di studio possono venir costretti a star seduti. Lavorando con bambini di quattro o cinque anni, è necessario escogitare sistemi più sottili. Ecco perché abbiamo costruito un modellino di navicella spaziale per i bambini che partecipavano a uno dei nostri esperimenti più importanti. I bambini indossavano tute spaziali ed entravano carponi nella navicella, in cui venivano collegati a vari elettrodi per permetterci di misurarne le risposte in attività studiate per stimolare le loro emozioni. Abbiamo mostrato loro spezzoni di film come la scena della scimmia volante del *Mago di Oz*. Abbiamo anche invitato i genitori a star loro vicino per insegnare ai loro figli un nuovo videogame. Poter disporre di soggetti «prigionieri» ci ha permesso di registrare le sessioni di ricerca su videocassette per osservare sistematicamente e codificare tutte le parole di ogni membro della famiglia, le loro azioni, e le espressioni facciali, prendendo in considerazione fattori quali il contenuto delle parole, il tono della voce, i gesti.

Abbiamo usato lo stesso tipo di equipaggiamento (a parte la navicella spaziale) per un altro gruppo di sessioni in cui abbiamo misurato i responsi fisiologici e comportamentali dei genitori mentre discutevano questioni notevolmente conflittuali come denaro, religione, suoceri, allevamento dei figli. Queste sessioni di interazione coniugale furono poi analizzate sia riguardo le manifestazioni positive (senso dell'umorismo, affetto, appoggio reciproco, interesse, gioia), sia riguardo quelle negative (irritazione, disgusto, disprezzo, tristezza, ostruzionismo).

Per comprendere come i differenti stili dei genitori influiscano sui figli nel corso del tempo, abbiamo rivisitato le famiglie del nostro studio del 1986 tre anni dopo. Siamo riusciti a rintracciare il 95% di coloro che avevano partecipato alla ricerca in un periodo in cui i loro figli avevano tra i sette e gli otto anni. Di nuovo abbiamo organizzato una sessione di gioco tra il bambino e il suo migliore amico. Agli insegnanti fu chiesto di completare dei questionari sui livelli di aggressività, di isolamento e di competenza sociale dei bambini nelle loro classi. Inoltre, insegnanti e madri compilarono dei resoconti sul rendimento scolastico e sul comportamento dei bambini. Ogni madre ci fornì informazioni sulla salute dei figli, e monitorò per noi il numero totale di emozioni negative da loro espresse nel corso della settimana.

Raccogliemmo anche informazioni sull'andamento dei matrimoni. I genitori ci raccontarono durante interviste telefoniche se in quei tre anni si erano separati, o avevano divorziato, o anche soltanto avevano considerato seriamente queste possibilità. In questionari distribuiti individualmente, ogni genitore ci diede una sincera valutazione del suo matrimonio.

I risultati di questo prolungamento di ricerca, ci mostrarono che, in effetti, i ragazzi con genitori-allenatori emotivi se la cavavano meglio in settori quali il rendimento scolastico, la competenza sociale, il benessere emozionale e la salute fisica. Anche rispetto al Qi i loro risultati in test matematici e di lettura erano migliori. Se la cavavano meglio con gli amici, avevano sviluppato abilità sociali più forti, e le loro mamme riferirono che avevano meno emozioni negative e più positive. Molti indici, inoltre, indicarono che i ragazzi allenati emotivamente subivano minori stress nel corso della loro vita quotidiana. Ad esempio nell'urina rivelavano livelli inferiori di ormoni collegati allo stress. La frequenza cardiaca a riposo era più bassa e, secondo quanto riferirono le madri, erano meno esposti a malattie come raffreddori e influenze.

Allenamento emotivo e autoregolazione

Molti degli effetti positivi che abbiamo constatato in questi ragazzi emotivamente intelligenti ed emotivamente allenati tra i sette e gli otto anni, sono il risultato di una caratteristica che abbiamo definito come «alto tono vagale». Il termine si riferisce al nervo vago, che è un grosso nervo che si diparte dal cervello e che fornisce gli impulsi a molte funzioni automatiche nella parte superiore del corpo, come la frequenza cardiaca, la respirazione e la digestione. Il nervo vago è responsabile del funzionamento di gran parte del sistema parasimpatico e del sistema nervoso autonomo. Mentre il sistema simpatico regola le funzioni quali il battito del cuore e la respirazione di una persona sotto stress, quello parasimpatico agisce come un regolatore, frenando queste funzioni involontarie, e impedendo al corpo di accelerare in maniera incontrollabile ed eccessiva le sue reazioni.

Usiamo il termine «tono vagale» per descrivere la capacità di una persona di regolare i processi fisiologici involontari nel suo sistema nervoso simpatico. Proprio come i ragazzi con un buon tono muscolare eccellono negli sport, i ragazzi con un alto tono vagale eccellono nel rispondere e nel riprendersi dagli stress emotivi. Ad esempio, la frequenza del battito di questi «atleti» delle funzioni simpatiche aumenterà temporaneamente in risposta a qualche allarme o a qualche eccitazione particolare. Ma, non appena l'emergenza sarà passata, tutto ritornerà alla calma in tempi molto brevi. Questi ragazzi riescono bene a calmarsi, a concentrare la loro attenzione e a inibire l'azione quando è questo ciò che viene richiesto.

Ragazzini di prima elementare con un alto tono vagale, ad esempio, non dovrebbero aver problemi durante un allarme antincendio. Sono in grado di mollare tutto e di uscire dalla scuola con ordine e rapidità. Quando l'allarme è terminato, questi ragazzi riescono a tornare in classe e a concentrarsi sulla lezione di matematica in un tempo relativamente breve. I ragazzi con un tono vagale basso, invece, sono più confusi durante l'allarme («Cosa? Uscire adesso? Ma non è ancora ora dell'intervallo!»). Poi, una volta tornati in classe, hanno una certa difficoltà a superare tutta l'eccitazione e riprendere il lavoro.

Nei nostri esperimenti con i videogame, i ragazzi con genitori-allenatori hanno dimostrato di essere gli «atleti del nervo vago» del nostro gruppo di studio. Se paragonati ai ragazzi i cui genitori non erano «allenatori emotivi», dimostravano una più alta rispondenza psicologica allo stress, seguita da un rapido ristabilimento della condizione di quiete. Ironia della sorte, gli eventi che di solito riuscivano a indurre stress in questi ragazzi erano le critiche dei padri o il fatto che questi ultimi li prendessero in giro, due situazioni che in effetti non si riscontrano molto di frequente nelle famiglie di genitori-allenatori. Forse è per questo che i ragazzi reagivano tanto energicamente. Eppure, i ragazzi emotivamente allenati si riprendevano più rapidamente dallo stress degli altri del nostro gruppo, nonostante fornissero risposte fisiologiche di primo acchito molto più intense.

La capacità di rispondere e di rilasciare lo stress può servire ai ragazzi sia in giovane età, sia in seguito. Si tratta di una dimensione dell'intelligenza emotiva che permette loro di focalizzare l'attenzione e di concentrarsi sul lavoro scolastico. E, poiché ciò dà ai ragazzi la reattività e l'autocontrollo necessari per relazionarsi con gli altri, è altresì utile per entrare in rapporto con i coetanei, per formare e mantenere delle amicizie. I ragazzi con un alto tono vagale sono lesti a cogliere e a notare i segnali emotivi degli altri ragazzi e a reagire di conseguenza. Possono anche controllare le loro proprie reazioni negative in situazioni altamente conflittuali.

Queste qualità si sono evidenziate, ad esempio, in una delle sessioni di gioco da trenta minuti che abbiamo registrato tra due bambini di quattro anni, un maschietto e una femminuccia. I due cominciarono a discutere perché il bambino voleva giocare a Superman e la bambina voleva giocare «alla casa». Dopo che ognuno ebbe urlato

53

per un po' il proprio desiderio, il maschietto si calmò e suggerì un semplice compromesso: avrebbero fatto finta di essere in casa di Superman. La bambina pensò che fosse un'ottima idea, e i due proseguirono a giocare un creativo «facciamo finta che» per la successiva mezz'ora.

Un compromesso creativo di questo genere tra due bambini di quattro anni richiede molta abilità sociale, inclusa quella di sapere ascoltare, riuscire a empatizzare con la posizione dell'altro, e risolvere i problemi insieme. Ma, quel che i ragazzi imparano dall'Allenamento emotivo va oltre queste abilità sociali e arriva a comprendere una definizione più ampia dell'intelligenza emotiva. Ciò si dimostra, in seguito, tra gli otto e i dodici anni, quando l'accettazione dei coetanei si misura spesso con l'abilità del ragazzo di mantenersi «freddo» ed emotivamente imperturbabile con i suoi amici. Gli psicologi hanno osservato che l'espressione dei sentimenti, come accade tra figli e genitori nel corso dell'Allenamento emotivo, può rivelarsi una vera e propria risorsa sociale per i ragazzi di questa fascia di età. Quel che importa particolarmente, piuttosto, è la capacità del ragazzo di osservare e cogliere i segnali sociali che potranno permettergli di assimilarsi con gli altri senza attirare troppo l'attenzione su di sé. Quel che troviamo nella nostra ricerca è che i bambini allenati emotivamente nella prima infanzia, sviluppano effettivamente questo tipo di abilità sociale, che li aiuta a essere accettati dai loro pari e a formare delle amicizie.

L'intelligenza emotiva dei bambini è determinata in parte dal temperamento, ovvero dai tratti di personalità connaturati all'individuo, ma è anche formata dalle interazioni con i suoi genitori. Questa influenza comincia a esercitarsi nei primi giorni dell'infanzia quando il sistema nervoso non è ancora del tutto maturo. L'esperienza che i bambini hanno dell'emozione quando il loro sistema nervoso parasimpatico è ancora in evoluzione, può giocare un ruolo importantissimo nello sviluppo del tono vagale, e di conseguenza del loro benessere nel corso dell'esistenza.

I genitori hanno l'eccezionale opportunità, quindi, di influenzare l'intelligenza emotiva dei loro figli aiutandoli ad apprendere comportamenti di autorilassamento sin dall'infanzia. Dato che i bambini sono privi di risorse, imparano dalle nostre risposte al loro disagio che l'emozione ha una direzione e che è possibile passare da sentimenti di intensa tensione, ira, paura, a sensazioni di agio e di protezione. I bambini che vedono trascurati i loro bisogni emotivi, d'altra parte, non sono in grado di imparare questa lezione. Quando piangono di paura, di tristezza o di collera, non fanno che sperimentare altra paura, altra collera, altra tristezza. Come risultato, possono diventare passivi e inespressivi per la maggior parte del tempo. Ma quando poi si eccitano perdono ogni senso di controllo. Non hanno mai avuto una guida che li portasse dall'agitazione alla tranquillità, per cui non sanno calmarsi da soli. Anzi, fanno esperienza dell'emozione negativa come di un buco nero di ansia e di paura.

È interessante vedere i piccoli che hanno avuto una guida emozionale che gradualmente cominciano a immagazzinare nel loro stesso comportamento le risposte tranquillizzanti di chi si occupa di loro. Forse l'avrete osservato voi stessi nel gioco dei vostri figli. Quando fanno finta di essere qualcun altro, e si immedesimano ora in un compagno di giochi reale, ora in una bambola o in un'altra figura, spesso i bambini fantasticano situazioni in cui un personaggio è spaventato e l'altro assume il ruolo del paciere, di chi conforta, o dell'eroe. Giochi di questo genere forniscono ai bambini un'esperienza cui fare riferimento quando sono soli e agitati. Li aiutano a stabilire e a praticare schemi di autoregolazione dell'emozione e di rilassamento. Li aiutano a rispondersi a vicenda in maniera emotivamente intelligente.

Il primo passo che i genitori possono fare per allevare figli emotivamente intelligenti è comprendere il proprio stile educativo, il modo in cui affrontano le emozioni dei figli e capire come ciò influisce su di loro. Questo sarà l'argomento del prossimo capitolo.

2

Valutare il proprio stile come genitori

Il concetto di Allenamento emotivo è piuttosto semplice, basato sul senso comune e radicato nei nostri sentimenti più profondi di amore e di empatia nei confronti dei nostri figli. Sfortunatamente, però, l'Allenamento emotivo non viene naturale a tutti i genitori semplicemente per il fatto che amano i loro figli. Né sgorga automaticamente dalla decisione consapevole di assumere un atteggiamento caldo e positivo nel trattare con un bambino. Si potrebbe dire piuttosto che l'Allenamento emotivo è un'arte che richiede consapevolezza emozionale e un insieme specifico di comportamenti di ascolto e di atteggiamenti rivolti alla soluzione dei problemi. Comportamenti che i miei colleghi e io abbiamo identificato e analizzato nelle osservazioni cui abbiamo sottoposto famiglie sane e ben funzionanti – famiglie che potremmo definire emotivamente intelligenti.

Credo che pressoché tutte le mamme e tutti i papà possano diventare allenatori emotivi, ma so anche che molti genitori dovranno cercare di superare alcuni ostacoli. Alcuni di essi possono essere il risultato del modo in cui le emozioni venivano gestite nelle famiglie d'origine dei genitori stessi. Oppure può capitare che ai genitori manchino semplicemente le doti necessarie per essere buoni ascoltatori dei loro figli. Quale che ne sia l'origine, questi ostacoli possono impedire ai genitori di diventare i sostegni forti e affidabili che vorrebbero essere.

La strada per diventare un genitore migliore – come ogni cammino che porti a una crescita personale e all'impadronirsi di una capacità nuova – comincia con un autoesame. Ed è qui che la ricerca che abbiamo condotto nei laboratori familiari ci può essere utile. Evidentemente, non possiamo offrire a ogni famiglia quel tipo di analisi nel profondo che conduciamo con le famiglie nei nostri studi. Ma possiamo offrirvi il seguente autotest per aiutarvi a valutare il vostro stile come genitori. Alla fine del test, troverete le descrizioni dei quattro stili di comportamento che la nostra ricerca ha individuato nei genitori. Quindi vi diremo in che modo i quattro stili influiscono sui bambini e ragazzi che abbiamo studiato.

UN AUTOTEST: QUAL È IL TUO STILE COME GENITORE?

Questo autotest pone delle domande sui sentimenti connessi alla tristezza, la paura e la collera, sia in voi sia nei vostri figli. Di ogni affermazione dovete indicare se vi sembra vera o falsa basandovi sui vostri sentimenti. Se non siete sicuri di una risposta, indicate la scelta che più si avvicina a quel che provate. Anche se il test richiede molte risposte, cercate di portarlo comunque a termine. La lunghezza è necessaria per toccare la maggior parte degli aspetti che vanno a formare lo stile di un genitore.

V = vero   F = falso

1. I bambini hanno ben poco di cui rattristarsi.   V F

2. Penso che la collera vada bene finché la si
tiene sotto controllo.   V F

3. I bambini che sembrano tristi di solito non
fanno altro che cercare di far dispiacere gli
adulti per loro.   V F

4. Quando un bambino va in collera si merita di
essere escluso per un certo periodo dalla
compagnia degli altri.   V F

5. Quando il mio bambino fa il triste è
proprio insopportabile.   V F

6. Quando il mio bambino è triste si aspetta
che io aggiusti tutto il mondo e lo renda
perfetto.   V F

7. Non c'è davvero tempo per la tristezza
nella mia vita.   V F

8. La collera è una condizione pericolosa.   V F

9. Se si ignora la tristezza di un bambino,
essa tende a scomparire e a curarsi da sola.   V F

10. La collera di solito significa aggressione.   V F

11. I bambini spesso fanno i tristi per fare
a modo loro.   V F

12. Penso che la tristezza non sia un problema
finché rimane sotto controllo.   V F

13. La tristezza è qualcosa da superare,
da vincere, non bisogna indulgervi.   V F

14. Non credo di dovere intervenire se un
bambino è triste, dato che la tristezza non
dura a lungo. V F

15. Preferisco un bambino felice rispetto
a un bambino eccessivamente emotivo. V F

16. Quando mio figlio è triste, è tempo di
risolvere un problema. V F

17. Aiuto i miei figli a superare la tristezza in
fretta perché possano passare a cose migliori. V F

18. Non mi sembra che la tristezza di un bambino
sia un'occasione per insegnargli qualcosa. V F

19. Penso che quando i bambini sono tristi è
perché hanno enfatizzato eccessivamente
la negatività della vita. V F

20. Quando mio figlio si arrabbia diventa davvero
insopportabile. V F

21. Pongo dei limiti alla collera di mio figlio. V F

22. Mio figlio fa il triste per attirare l'attenzione. V F

23. La collera è un'emozione che merita di essere
esplorata. V F

24. Una gran parte della collera dei bambini
deriva dal fatto che non capiscono e sono
immaturi. V F

25. Cerco di trasformare i momenti di rabbia
di mio figlio in momenti di allegria. V F

26. Dovresti esprimere la collera che provi. V F

27. Se mio figlio è triste è il momento buono
per stargli vicino. V F

28. I bambini hanno davvero poco per cui arrabbiarsi.   V F

29. Quando mio figlio è triste, cerco di aiutarlo a scoprire che cosa lo fa sentire triste.   V F

30. Quando mio figlio è triste, gli faccio vedere che lo capisco.   V F

31. Voglio che mio figlio faccia esperienza della tristezza.   V F

32. La cosa importante è scoprire che cosa fa sentire triste un bambino.   V F

33. L'infanzia è un tempo di felicità e fortuna, non un tempo per sentirsi tristi o arrabbiati.   V F

34. Quando mio figlio è triste, ci sediamo e ne parliamo.   V F

35. Quando mio figlio è triste cerco di aiutarlo a capire perché prova quel particolare sentimento.   V F

36. Quando mio figlio è arrabbiato, è un'opportunità per sentirsi più vicini.   V F

37. Quando mio figlio è arrabbiato, investo un po' di tempo per cercare di verificare il sentimento con lui.   V F

38. Desidero che mio figlio provi la collera.   V F

39. Penso che sia un bene per i ragazzi che ogni tanto si arrabbino.   V F

40. È importante capire perché il bambino si sente in collera.   V F

41. Quando mio figlio si intristisce, io lo metto in guardia dallo sviluppare un cattivo carattere. V F

42. Quando mio figlio è triste, temo che possa crescere con una personalità negativa. V F

43. In effetti non cerco di insegnare qualcosa in particolare ai miei figli sulla tristezza. V F

44. Se c'è una lezione che ho da dare sulla tristezza, è che va benissimo esprimerla. V F

45. Non sono sicuro che ci sia qualcosa da fare per modificare la tristezza. V F

46. Non c'è molto da fare per un bambino triste se non cercare di offrirgli del conforto. V F

47. Quando mio figlio è triste, cerco di fargli capire che gli voglio bene in ogni caso. V F

48. Quando mio figlio è triste, non so con certezza che cosa vuole da me. V F

49. Non cerco di insegnare a mio figlio nulla in particolare sulla collera. V F

50. Se c'è una lezione da dare sulla collera è che va benissimo esprimerla. V F

51. Quando mio figlio è arrabbiato cerco di essere comprensivo con il suo stato d'animo. V F

52. Quando mio figlio è arrabbiato, cerco di fargli capire che gli voglio bene lo stesso. V F

53. Quando mio figlio si arrabbia non riesco a capire che cosa voglia da me. V F

54. Mio figlio ha un brutto carattere e io ne sono preoccupato. V F

55. Non penso che sia giusto per un bambino
mostrare la collera.   V F

56. Le persone arrabbiate non si controllano.   V F

57. L'espressione di collera in un bambino non
è altro che un capriccio.   V F

58. I bambini si arrabbiano perché vogliono fare
a modo loro.   V F

59. Quando mio figlio si arrabbia mi preoccupano
le sue tendenze distruttive.   V F

60. Se permettete ai vostri bambini di arrabbiarsi
finiranno per pensare che possono farlo tutte
le volte che gli va.   V F

61. I bambini arrabbiati mancano di rispetto.   V F

62. I bambini sono piuttosto divertenti quando
sono arrabbiati.   V F

63. La collera tende a ottenebrare il mio giudizio
e faccio cose di cui mi pento.   V F

64. Quando mio figlio si arrabbia, è il momento
di risolvere un problema.   V F

65. Quando mio figlio si arrabbia, penso che sia
il momento di dargliele.   V F

66. Quando mio figlio si arrabbia, il mio obiettivo
è riuscire a farlo smettere.   V F

67. Non mi importa molto la collera di
un bambino.   V F

68. Quando mio figlio è arrabbiato non lo prendo
seriamente.   V F

69. Quando sono arrabbiato mi sento come
se stessi per esplodere.   V F

70. La collera non porta a nulla. V F
71. La collera è una cosa eccitante da esprimere
per un bambino. V F
72. La collera di un bambino è importante. V F
73. I bambini hanno diritto di sentirsi in collera. V F
74. Quando mio figlio dà in escandescenze, cerco
soltanto di capire che cosa l'ha fatto infuriare. V F
75. È importante cercare di capire che cosa ha
causato la collera del bambino. V F
76. Quando mio figlio si arrabbia con me io
penso «Non voglio sentirlo». V F
77. Quando mio figlio è arrabbiato, io penso
«Se solo imparasse a roteare i pugni». V F
78. Quando mio figlio si arrabbia, penso «Perché
non riesce ad accettare le cose come sono?». V F
79. Voglio che mio figlio si arrabbi perché impari
a stare in piedi da solo. V F
80. Non ne farei una grossa questione della
tristezza di mio figlio. V F
81. Quando mio figlio si arrabbia vorrei proprio
sapere che cosa sta pensando. V F

COME INTERPRETARE LE VOSTRE RISPOSTE

Genitore noncurante
Calcolate quante volte avete risposto «Vero» alle seguenti domande: 1, 2, 6, 7, 9, 12, 13, 14, 15, 17, 18, 19,
24, 25, 28, 33, 43, 62, 66, 67, 68, 76, 77, 78, 80.

Dividete il totale per 25. Ecco il vostro punteggio di «noncuranza».

Genitore censore
Calcolate quante volte avete risposto «Vero» alle seguenti domande: 3, 4, 5, 8, 10, 11, 20, 21, 22, 41, 42, 54, 55, 56, 57, 58, 59, 60, 61, 63, 65, 69, 70.
Dividete il totale per 23. Ecco il vostro punteggio di «disapprovazione».

Genitore lassista
Calcolate quante volte avete risposto «Vero» alle seguenti domande: 26, 44, 45, 46, 47, 48, 49, 50, 52, 53.
Dividete il totale per 10. Ecco il vostro punteggio di «lassismo».

Genitore-allenatore
Calcolate quante volte avete risposto «Vero» alle seguenti domande: 16, 23, 27, 29, 30, 31, 32, 34, 35, 36, 37, 38, 39, 40, 51, 64, 71, 72, 73, 74, 75, 79, 81.
Dividete il totale per 23. Ecco il vostro punteggio come «allenatori».

Ora, mettete a confronto i vostri quattro risultati. Più punti avete raggiunto in una determinata area, più avete la tendenza a essere genitori di quel determinato stile. Poi guardate le liste che seguono, in cui sono riassunti i comportamenti tipici di ogni genitore e spiegano come ogni stile influisca sui figli.

Seguendo la lista, troverete descrizioni più approfondite di ognuno di questi stili. In gran parte, questi profili sono tratti dalle nostre interviste di ricerca con genitori di bambini tra i quattro e i cinque anni, e da racconti fatti da padri e madri all'interno delle riunioni e delle interviste di gruppo. Mentre leggete, pensate alle interazioni con i vostri figli e cercate di notare che cosa sembra simile o cosa c'è di differente nello stile del vostro rapporto. Provate anche a pensare alle esperienze della vostra infanzia con i vostri stessi genitori. I vostri ricordi potrebbero aiutarvi a individuare le vostre forze e le vostre debolezze come genitori. Ripensate al modo in cui le emozioni venivano percepite nella casa in cui siete cresciuti. Qual era la filosofia emozionale che vigeva nella vostra famiglia? I momenti di tristezza o di collera venivano affrontati con naturalezza? Si prestava orecchio ai membri della famiglia che potessero sentirsi infelici, impauriti o arrabbiati? Quei momenti erano sfruttati per offrire sostegno, guida e aiuto reciproci al fine di risolvere il problema? Oppure la collera era considerata come potenzialmente distruttiva, la paura come codardia, la tristezza come autocommiserazione? I sentimenti venivano nascosti, o liquidati come improduttivi, frivoli, pericolosi, autoindulgenti?

Tenete conto che molte famiglie hanno una filosofia «mista» nei confronti delle emozioni. Ovvero, il loro atteggiamento nei confronti delle manifestazioni emotive può mutare a seconda dell'emozione che si esprime. I genitori, ad esempio, possono accettare il fatto che si sia tristi una volta ogni tanto ma ritenere che le manifestazioni di collera siano assolutamente inaccettabili o pericolose. Oppure, possono approvare la collera nei figli, perché la interpretano come una manifestazione di personalità forte, ma condannare la paura o la tristezza come viltà o infantilismo. Inoltre, le famiglie possono trattare in modo diverso i diversi membri al loro interno e, ad esempio, pensare che vada bene per un maschio esprimere il suo temperamento irruente e per una femmina essere depressa, ma non viceversa.

Se, dopo aver letto i profili dei diversi stili, troverete degli aspetti del rapporto con i vostri figli che vorreste modificare, probabilmente troverete utili i consigli del capitolo 3. Si tratta, infatti, di un capitolo che offre informazioni dettagliate sulle cinque fasi che costituiscono l'Allenamento emotivo.

Essere genitori: quattro stili diversi

IL GENITORE NONCURANTE

- tratta i sentimenti del figlio come poco importanti, irrilevanti
- si disinteressa o ignora i sentimenti del figlio
- vuole che le emozioni negative del figlio scompaiano in fretta
- utilizza frequentemente la distrazione come mezzo per mettere a tacere le emozioni del figlio
- tende a mettere in ridicolo o a prendere alla leggera le emozioni del figlio
- è convinto che i sentimenti dei bambini siano irrazionali, e quindi irrilevanti
- mostra scarso interesse a quanto il figlio cerca di comunicargli
- a volte ha scarsa consapevolezza delle sue stesse emozioni e di quelle degli altri
- si sente a disagio, impaurito, ansioso, infastidito, ferito o sopraffatto dalle emozioni del bambino

- teme di perdere il controllo dal punto di vista emotivo
- si concentra più sul superare le emozioni che non sul comprenderne il significato
- è convinto che le emozioni negative siano dannose o tossiche
- è convinto che concentrarsi sulle emozioni negative non faccia altro che peggiorare le cose
- è incerto sul da farsi riguardo alle emozioni del bambino
- interpreta le emozioni del figlio come una richiesta di sistemare le cose
- è convinto che le emozioni negative significhino che il figlio non è ben equilibrato
- è convinto che le emozioni negative del figlio si riflettano dannosamente sui genitori
- minimizza i sentimenti del figlio sminuendo gli avvenimenti che li hanno provocati
- non agisce secondo una logica «problema-soluzione» rispetto alle emozioni negative
- è convinto che lo scorrere del tempo è sufficiente a risolvere la maggior parte dei problemi.

Effetti di questo stile sui bambini. Imparano a considerare i propri sentimenti come sbagliati, inadeguati, privi di valore. Possono credere che c'è qualcosa di sbagliato nel loro intimo perché hanno emozioni sbagliate. Potrebbero avere difficoltà a gestire le proprie emozioni.

IL GENITORE CENSORE

- ricalca gran parte dei comportamenti del genitore noncurante, ma in modo più negativo

- giudica e critica le manifestazioni emotive del figlio
- è fin troppo consapevole della necessità di porre dei limiti a suo figlio
- enfatizza la necessità di conformarsi a uno standard di buon comportamento
- rimprovera, disciplina o punisce il figlio per le sue manifestazioni emotive, indipendentemente dal fatto che si stia comportando male o meno
- è convinto che l'espressione di emozioni negative debba essere limitata nel tempo
- è convinto che le emozioni negative vadano controllate
- è convinto che le emozioni negative riflettano tratti negativi del carattere
- è convinto che il bambino usi le emozioni negative per manipolare gli altri; questa convinzione lo porta a conflitti di potere con i figli
- è convinto che le emozioni rendano deboli le persone mentre i figli devono essere temprati emotivamente per affrontare la vita
- è convinto che le emozioni negative siano improduttive, una perdita di tempo
- considera le emozioni negative (e particolarmente la tristezza) come un lusso in cui non indulgere
- è preoccupato che il figlio obbedisca all'autorità.

Effetti di questo stile sui bambini. Gli stessi dello stile noncurante.

IL GENITORE LASSISTA

- accetta liberamente le manifestazioni emotive del figlio

- offre conforto al figlio nel momento in cui questi prova sentimenti negativi
- offre scarse indicazioni di comportamento
- non insegna nulla al bambino rispetto alle sue emozioni
- è permissivo; non pone dei limiti
- non aiuta il figlio a risolvere i suoi problemi
- non insegna al figlio metodi di risoluzione dei problemi
- è convinto che rispetto alle emozioni negative non ci sia molto altro da fare se non accettarle
- è convinto che gestire le emozioni negative sia una questione idraulica: rilascia l'emozione e il lavoro è fatto.

Effetti di questo stile sui bambini. Non imparano a regolare le loro emozioni. Possono avere problemi a concentrarsi, a crearsi delle amicizie, a stare insieme ai coetanei.

L'ALLENATORE EMOTIVO

- valuta l'emozione negativa del figlio come un'occasione di intimità
- riesce a trascorrere del tempo con un bambino triste, arrabbiato o spaventato; non diventa impaziente di fronte all'emozione
- è consapevole delle emozioni del figlio e dà loro un valore
- vede nel mondo delle emozioni negative un importante terreno dell'essere genitore
- è sensibile agli stati emotivi del bambino, anche quando sono quasi impercettibili
- non è confuso o ansioso nei confronti dell'espressione emotiva del bambino; sa quel che c'è da fare

- rispetta le emozioni del figlio
- non spiega al figlio quel che dovrebbe provare
- non pensa di dover risolvere tutti i problemi del figlio
- utilizza i momenti emozionali per
  - stare ad ascoltare il figlio
  - empatizzare con parole tranquillizzanti e affettuose
  - aiutare il bambino a dare un nome all'emozione che prova
  - offrire una guida per padroneggiare l'emozione
  - porre dei limiti e insegnare modi accettabili per manifestare le emozioni
  - trovare sistemi per risolvere i problemi.

Effetti di questo stile sui bambini. Imparano a fidarsi dei propri sentimenti, a regolare le proprie emozioni e a risolvere i propri problemi. Hanno un'alta stima di sé, imparano bene e si trovano a proprio agio con gli altri.

Il genitore noncurante

Robert probabilmente si sorprenderebbe a sentirsi descrivere come un genitore noncurante. Dopo tutto, in ogni intervista con i nostri ricercatori è emerso in modo evidente che adora sua figlia Heather, e che trascorre gran parte del suo tempo con lei. Ogni volta che Heather è triste, lui fa di tutto per coccolarla. «La porto in giro e le chiedo di che cosa ha bisogno. "Vuoi vedere la tele? Vuoi che ti porti al cinema? Vuoi uscire fuori a giocare?" Lavoro molto con lei per cercare di sistemare le cose.»

Una cosa che Robert non fa, però, è affrontare direttamente la tristezza di sua figlia. Non le chiede: «Come ti senti, Heather? Sei un po' triste oggi?». Questo perché è convinto che concentrarsi sulle cose negative sia come annaffiare le erbacce: un'operazione che non fa altro che farle diventare più grandi e più fastidiose. Come molti altri genitori, teme che i sentimenti come la tristezza o la collera possano avere il sopravvento nella vita di una persona, e se non desidera che questo capiti a lui, men che meno lo desidera per la sua preziosissima bambina.

Ho osservato molti genitori noncuranti come Robert, sia nel corso delle mie ricerche, sia nella vita quotidiana. Forse l'esempio più eclatante, di cui si è parlato recentemente, è la madre di Jessica Dubroff, la bambina di sette anni il cui monomotore Cessna è caduto nell'aprile del 1996, durante il suo tentativo di diventare la più giovane pilota ad attraversare in aereo gli Stati Uniti. Secondo il «New York Times», la madre di Jessica non permetteva alla figlia di utilizzare parole come «paura» e «tristezza». «I bambini sono impavidi,» ha detto ai giornalisti. «È questa la loro condizione naturale, finché gli adulti non insinuano in loro la paura.» Dopo l'incidente che è costato la vita alla figlia, la madre ha dichiarato al settimanale «Time»: «So quel che vorrebbe la gente. Lacrime. Ma io non piango. L'emozione è innaturale. C'è qualcosa di falso in essa».

Non si potrà mai sapere con certezza chi fosse ai comandi dell'aereo, se Jessica o il suo istruttore quando il velivolo si è schiantato al suolo nel Wyoming dopo essere incappato in una bufera. Ma forse, se alla bambina fosse stato permesso di esprimere la sua paura – un sentimento che impedì a piloti d'esperienza di prendere il volo durante la stessa tempesta – gli adulti intorno a Jessica si sarebbero fermati un istante e si sarebbero posti qualche domanda sulla saggezza delle loro azioni. Forse questa tragedia avrebbe potuto essere evitata.

Sbattere la porta dinanzi ai sentimenti negativi è uno schema di comportamento che molti genitori noncuranti hanno imparato durante l'infanzia. Alcuni, come Jim, sono cresciuti in famiglie violente. Jim ricorda i litigi dei suoi genitori trent'anni prima, e come lui e i suoi fratelli si nascondessero in stanze separate, cercando ognuno di affrontare in silenzio la situazione. Non era mai permesso ai ragazzi di parlare dei problemi dei genitori, né di come si sentivano a riguardo, per timore di scatenare nuovamente le ire del padre. E ora che Jim si è sposato e ha figli suoi, continua a nascondersi e a chinare il capo come per proteggersi ogni qualvolta c'è sentore di conflitto o di sofferenza emotiva. Ha sempre avuto difficoltà a parlare con suo figlio, che ha sei anni, dei problemi che questi affronta a scuola a causa di un teppistello da cortile. Jim vorrebbe stare più vicino al figlio, ascoltare i suoi problemi e aiutarlo a trovare una soluzione, ma ha poca pratica nel parlare di questioni di cuore. Di conseguenza, è raro che inizi la conversazione e suo figlio, percependo il disagio del padre, a sua volta non è molto pronto a sollevare questo tipo di argomenti.

Anche gli adulti che sono stati allevati da genitori bisognosi o trascurati possono avere problemi ad affrontare le emozioni dei loro figli. Abituati ad assumersi un ruolo di «salvatori» sin dall'infanzia, questi genitori si prendono troppa responsabilità nel cercare di aggiustare ogni ferita che i figli possono subire, nel raddrizzare ogni ingiustizia. È un compito sovrumano che presto finisce per sopraffarli. I genitori finiscono così per perdere di vista quelli che sono i reali bisogni dei figli. Una madre nei nostri studi, ad esempio, sembrava confusa e tormentata dal fatto che non era riuscita a consolare il suo bambino in età prescolare dopo che questi aveva rotto il suo trattore preferito. Il fatto di non riuscire ad aggiustare quell'oggetto tanto amato – in altre parole di non riuscire a rendere il mondo perfetto per lui – la rendeva insicura riguardo alla sua capacità di aiutarlo ad affrontare la tristezza. In quel sentimento lei sentiva soltanto la richiesta di rendere il mondo migliore. Non sentiva il bisogno di suo figlio di essere confortato e capito.

Con il tempo, genitori di questo tipo possono cominciare a pensare che tutte le espressioni di tristezza o di collera dei loro figli li pongano davanti a richieste impossibili da realizzare. Sentendosi frustrati o manipolati, questi genitori possono reagire ignorando o minimizzando le tensioni dei loro figli. Pensano di poter sgonfiare il problema, incapsularlo e metterlo da parte fino a dimenticarlo.

«Se Jeremy viene e dice che uno dei suoi amici gli ha preso il giocattolo, io gli dico "Be', non preoccuparti, te lo riporterà indietro",» spiega Tom, un papà che abbiamo studiato. «Oppure se mi fa "Questo bambino mi ha picchiato", io gli rispondo, "Forse non l'ha fatto apposta...". Voglio insegnargli a lasciar correre i colpi e ad andare avanti con la sua vita.»

La mamma di Jeremy, Mariann, dichiara di avere un atteggiamento analogo nei confronti della tristezza di suo figlio. «Gli do del gelato per tirarlo su, per fargli dimenticare i suoi guai.» Mariann dà voce a una credenza comune tra i genitori noncuranti: i bambini non devono essere tristi, e se lo sono c'è qualcosa che non va in loro o nei genitori. «Quando Jeremy è triste fa diventare triste anche me, perché vorresti pensare che tuo figlio debba essere sempre felice e a posto,» afferma. «È solo che non voglio vederlo agitato. Voglio vederlo sempre felice.»

Poiché i genitori noncuranti spesso danno maggior valore ai sorrisi e all'umorismo rispetto all'umore melanconico, molti di essi diventano maestri nel «prendere alla leggera» le emozioni negative dei loro figli. Ad esempio tentano di solleticare un bambino triste, oppure cercano di mettere allegria nei sentimenti cattivi di un bambino arrabbiato. Un atteggiamento che, sia che venga proposto in modo positivo («Ehi, dov'è finito il tuo bel sorriso?»), sia che venga imposto attraverso una presa in giro o una piccola umiliazione («Oh, Willie, non fare il bambino!»), comunica al bambino lo stesso messaggio: «Il modo in cui affronti questa situazione è sbagliato. La tua valutazione è errata. Non puoi fidarti del tuo cuore».

Molti genitori che sminuiscono o svalutano le emozioni dei loro bambini si sentono giustificati a fare così perché in fondo si tratta soltanto di bambini. I genitori noncuranti razionalizzano questa indifferenza convincendosi che le preoccupazioni di un bambino per un giocattolo rotto o per le «politiche» del campo giochi siano «irrilevanti», specialmente se paragonate a questioni serie, da adulti, come la perdita del lavoro, la dissoluzione di un matrimonio oppure il debito pubblico. Inoltre, argomentano, i bambini tendono a essere irrazionali. Alla domanda su come affrontasse la tristezza di sua figlia, un padre perplesso rispose di non affrontarla affatto: «State parlando di una bambina di quattro anni». I suoi sentimenti di tristezza sono spesso «basati su una mancanza di comprensione riguardo a come funziona il mondo,» e quindi non sono degni di particolare attenzione. «Le sue reazioni non sono reazioni adulte,» conclude il padre.

Tutto questo, ovviamente, non significa che i genitori noncuranti manchino di sensibilità. In effetti, molti nutrono sentimenti profondi nei confronti dei figli, e non fanno altro che reagire allo stimolo naturale di proteggere la prole. Possono pensare che le emozioni negative siano in qualche modo «tossiche» e non vogliono «esporre» i loro figli al dolore. Pensano che non sia sano indulgere nelle emozioni troppo a lungo. Se si impegnano nella soluzione di un problema con i loro figli, si concentrano su ciò che può «fare andar via» l'emozione piuttosto che sull'emozione stessa. Sarah, ad esempio, era preoccupata per la reazione della figlia di quattro anni alla morte del suo amato porcellino d'India. «Avevo paura che, se mi fossi seduta accanto a lei e mi fossi dimostrata troppo emotiva con Becky, non avrei fatto altro che aumentare ulteriormente la sua agitazione,» spiega. E allora Sarah si è mossa in chiave dimessa. «Le ho detto, "D'accordo. Ma sono cose che succedono, sai? Il tuo porcellino d'India stava diventando vecchio. Ne prenderemo un altro".» Se anche la risposta *nonchalante* di Sarah può aver risolto la sua ansia su come trattare il dolore di Becky, probabilmente non ha aiutato Becky a sentirsi più compresa e aiutata. In effetti, Becky potrebbe essersi chiesta: «Già, ma se non è poi un gran peccato, perché mi sento così male? Forse perché non sono altro che una bamboccia».

Infine, alcuni genitori noncuranti sembrano negare o ignorare le emozioni dei loro figli per paura che il fatto di diventare emotivi li porti inevitabilmente a «perdere il controllo». Vi capiterà di ascoltare da questi genitori metafore che paragonano le emozioni negative a elementi quali il fuoco, o gli esplosivi, o ancora le tempeste. «Prende fuoco in fretta.» «Mi è esplosa addosso.» «È uscita di casa come un turbine.»

Si tratta di genitori che hanno avuto ben poco aiuto da piccoli nell'imparare a regolare le loro emozioni. Di conseguenza, da adulti, quando si sentono tristi, temono di scivolare in una depressione senza fine. Oppure, quando vanno in collera temono di perdere il controllo e di far male a qualcuno. Barbara, ad esempio, si sente in colpa quando si lascia andare alla rabbia di fronte a suo marito o ai bambini. È convinta che esprimere la collera significhi «essere egoisti» o sia pericoloso «come quelle vespe assassine». «A parte il fatto,» continua, che la collera «non porta a nulla... Alzo la voce fino al massimo e... non faccio altro che disgustarli.»

Avendo sullo sfondo questa immagine impietosa della sua collera, Barbara ricorre all'umorismo per smussare il carattere della figlia. «Quando Nicole si arrabbia, io non faccio altro che sorridere,» afferma. «Ci sono volte in cui Nicole si rende completamente ridicola, e io glielo faccio notare. Dico soltanto "Piantala", oppure "Non esagerare".» Il fatto che probabilmente Nicole non consideri comica la situazione non sembra importare troppo a Barbara. Una Nicole arrabbiata la fa semplicemente ridere. «È così piccola e la faccia le diventa tutta rossa,» dice Barbara. «Tendo a vederla come una bambolina e penso "Ma non è buffa?".»

Barbara, inoltre, fa il possibile per distogliere Nicole dai pensieri negativi. Ricorda una volta in cui Nicole era infuriata con il fratello e un amico di lui perché l'avevano esclusa dal gioco. «Allora l'ho presa in braccio e fatto con lei questo giochino,» spiega Barbara orgogliosamente. Ha indicato la calzamaglia rossa di Nicole e le ha chiesto: «Ehi, che cosa è successo alle tue gambe? Sono diventate tutte rosse e pelose!». Questa volta, lo scherzo ha fatto ridere Nicole, che probabilmente ha percepito l'affetto e il calore della mamma, e ha dimenticato la sua ira per rivolgersi ad altri obiettivi. Barbara pensa di aver condotto la cosa in modo efficace e con successo. «Mi sono comportata così volutamente, perché ho imparato... che è il modo migliore di agire,» afferma. Quel che comunque Barbara ha perduto è l'occasione per parlare a Nicole di sentimenti come la gelosia e l'esclusione. Questo incidente avrebbe potuto fornirle l'opportunità di empatizzare con Nicole, aiutandola a definire le sue emozioni. Avrebbe potuto anche fornire a Nicole delle indicazioni per risolvere il conflitto con il fratello. Invece, Nicole ha recepito semplicemente il messaggio che la collera non è poi un sentimento tanto importante e che la cosa migliore da fare è inghiottire il rospo e guardare dall'altra parte.

Il genitore censore

I genitori censori hanno molto in comune con i genitori che trascurano le emozioni dei figli, con poche differenze. Sono notevolmente critici e mancano di empatia quando descrivono le esperienze emotive dei figli. Non si limitano a ignorare, negare o sminuire le emozioni negative dei loro figli: le disapprovano. Di conseguenza, i loro figli sono spesso rimproverati, richiamati alla disciplina o puniti per il fatto di esprimere tristezza, collera o paura.

Piuttosto che cercare di comprendere le emozioni di un bambino, i genitori censori tendono a focalizzare l'attenzione sul comportamento che si accompagna all'emozione. Se un bambino batte i piedi dal nervoso, ad esempio, sua madre potrebbe sculacciarlo per il suo comportamento sgradevole e impertinente senza neppure indagare su cosa l'aveva fatto arrabbiare tanto. Un padre potrebbe sgridare il figlio per la sua fastidiosa abitudine di piangere quando è ora di andare a letto, senza neppure curarsi di individuare un collegamento tra le lacrime e la paura del buio.

I genitori censori possono essere fin troppo attenti nel valutare le esperienze emotive dei propri figli, soppesando con estenuante precisione la situazione prima di decidere che effettivamente merita conforto, oppure critica o in qualche caso la punizione. Joe lo spiega in questo modo: «Se Timmy è *sinceramente* di cattivo umore per una buona ragione – perché ad esempio gli manca la mamma che rimane fuori per la notte – io lo posso capire, provo empatia verso di lui e cerco di tirarlo su. Lo abbraccio oppure lo coccolo, insomma cerco di fargliela passare». Ma se Timmy è agitato per una ragione che a Joe non piace – «tipo che gli ho detto di fare un pisolino o cose del genere» – Joe reagisce bruscamente. «Fa il triste soltanto perché vuol fare il moccioso, e allora io lo ignoro o gli dico di darsi una regolata.» Joe giustifica questa distinzione come una forma di disciplina. «Timmy deve imparare a non farlo (cioè a diventare triste per le ragioni sbagliate) e allora gli dico: "Ehi, piagnucolare non ti porterà da nessuna parte".»

Molti genitori censori vedono nelle lacrime dei figli una forma di manipolazione, e ciò li disturba. Ecco cosa ne pensa un altro di loro: «Quando mia figlia piange e fa il broncio è per attirare l'attenzione». Inserire le lacrime o i capricci dei figli in questo schema non fa altro che trasformare situazioni emozionali in conflitti di potere. I genitori possono pensare «Mio figlio piange perché vuole qualcosa da me, e io devo darglielo oppure dovrò sorbirmi altre lacrime, altri capricci e bronci».

Sentendosi messi all'angolo, oppure ricattati, i genitori rispondono con la collera e la punizione.

Come molti genitori noncuranti, alcuni genitori censori temono le situazioni sentimentalmente connotate perché hanno paura di perdere il controllo delle emozioni. «Non mi va di arrabbiarmi perché mi sembra di perdere l'autocontrollo,» dichiara Jean, madre di Cameron, cinque anni. Dovendo affrontare figli ribelli, questi genitori si sentono a loro volta spinti verso emozioni e comportamenti che temono in se stessi. In queste circostanze, possono sentirsi giustificati nel punire il figlio «che li ha fatti arrabbiare». Come spiega Jean: «Se Cameron si mette a strillare, io gli dico: "Non intendo tollerarlo!". Poi, se continua a farlo, allora si becca una sculacciata».

Linda, che ha sposato un uomo di temperamento piuttosto violento, teme che suo figlio Ross, quattro anni, possa crescere «come suo padre». Disperando di salvarlo da questo destino, reagisce violentemente a sua volta. Quando Ross è nervoso «scalcia e bercia, per cui gliele do per calmarlo,» spiega. «Forse sbaglio, ma davvero non voglio che abbia un cattivo carattere.»

Allo stesso modo, alcuni genitori reprimono o puniscono i loro figli per il fatto che esprimono le loro emozioni al fine di «renderli più forti». Ragazzi che mostrano paura o tristezza sono particolarmente vulnerabili a questo tipo di trattamento da parte di genitori censori che sono convinti che il mondo sia duro e che i loro figli facciano meglio a non essere lamentosi o «piagnoni».

In alcuni casi estremi, ci sono genitori determinati a insegnare ai loro figli a non esprimere affatto sentimenti negativi. «Sicché Katy è triste,» mormora sarcastico un padre, riferendosi alla figlia. «Che cosa ci posso fare? Solleticarle il mento? Non penso proprio che sia questa la cosa da fare. Io penso invece che la gente debba risolvere i suoi problemi.» Questo padre ha adottato un approccio «occhio per occhio dente per dente» nei confronti della collera della sua bambina: quando lei si arrabbia, lui si infuria. Se Katy «perde le staffe», Richard reagisce sculacciandola oppure «dandogliele sulla testa».

Naturalmente, censure tanto totalitarie e reazioni così brusche sono rare anche tra i genitori censori. È più comune che i genitori censurino i sentimenti dei figli solo in determinate circostanze. Alcuni genitori sembrano intolleranti soltanto in alcuni casi. Ad esempio, alcuni genitori tollerano le emozioni negative fin tanto che l'episodio si può circoscrivere in un lasso di tempo giudicato accettabile. Un padre nei nostri studi ci parla di una vera e propria «sveglia» che gli suona nella testa. Dice che tollera il cattivo comportamento nel figlio «finché non suona la campanella». A quel punto «è tempo di scrollare Jason,» comminandogli la punizione, che consiste nel venire isolato dal resto della famiglia.

Alcuni genitori disapprovano l'esperienza che i loro figli fanno con le emozioni negative – specialmente la tristezza – perché la considerano uno «spreco di energia». Un padre, che si descriveva come un «realista dal cuore freddo», sostiene di opporsi alla tristezza del figlio come a «tempo buttato via, in cui non si produce nulla di costruttivo».

Alcuni considerano la tristezza come un lusso prezioso e limitato: spreca il tuo patrimonio di lacrime in questioni di poco conto e non te ne rimarranno quando affronterai i veri dolori della vita. Ma, sia che venga misurata in tempo perso o in lacrime sprecate, la tristezza per i genitori censori comporta comunque un problema: i bambini che la buttano via. «Ho detto a Charley di conservare la sua tristezza per cose più importanti, come la morte di un cane,» dice Greg. «Perdere un giocattolo o strappare la pagina di un libro non è una cosa per cui perdere tempo intristendosi. Ma la morte di un animale che amavi – ecco qualcosa per cui vale la pena di intristirsi.»

Con metafore di questo genere operanti nella vita familiare, non c'è da stupirsi che un bambino possa venir punito per essersi intristito per questioni frivole. E se i suoi genitori, da bambini, sono stati a loro volta trascurati emotivamente, possono essere indotti a considerare la tristezza del figlio come un lusso che solo le persone emotivamente «privilegiate» possono permettersi. Karen, una madre con cui abbiamo lavorato e che era stata abbandonata dai genitori e allevata da una serie di parenti, privata da bambina del giusto conforto emotivo, ora dimostrava scarsa tolleranza nei confronti dell'«umor nero» della figlia.

C'è una certa sovrapposizione tra il comportamento dei genitori noncuranti e quello dei genitori censori. In effetti, gli stessi genitori che si identificano come noncuranti un giorno possono scoprire che si comportano più come censori.

Anche i figli dei genitori noncuranti hanno molto in comune con quelli dei genitori censori. La nostra ricerca rivela che i figli di entrambi i gruppi hanno difficoltà a confidare nel proprio giudizio. Dopo che gli è stato ripetuto fino alla nausea che i loro sentimenti sono inadeguati o privi di validità, questi ragazzi crescono convinti che dentro di loro c'è qualcosa di strutturalmente sbagliato a causa dei sentimenti che provano. La loro stima di sé ne soffre. Hanno molta difficoltà a imparare a regolare le loro proprie emozioni e a risolvere i loro problemi. Hanno maggiori difficoltà rispetto agli altri a concentrarsi, nell'apprendimento, a trattare con i coetanei. Inoltre, possiamo affermare che i ragazzi che vengono rimproverati, isolati, picchiati o puniti in qualsiasi altro modo per aver espresso i loro sentimenti ricevono un avvertimento molto preciso: l'intimità emozionale è una questione molto rischiosa che può portare all'umiliazione, all'abbandono, al dolore e alla violenza. Se avessimo un metro di valutazione per misurare l'intelligenza emotiva, questi bambini, per loro sfortuna, totalizzerebbero con ogni probabilità un punteggio assai basso.

L'ironia tragica di questi risultati è che i genitori che non si curano o disapprovano le emozioni dei loro figli lo fanno, di solito, animati dalle più genuine preoccupazioni nei loro confronti. Nel tentativo di proteggere i figli dal dolore delle emozioni, evitano o mettono fine a situazioni che potrebbero portare con sé lacrime o capricci. Nel nome della necessità di creare uomini forti, puniscono i loro figli per il fatto di aver lasciato via libera alle lacrime e al dispiacere. Nel nome della necessità di allevare donne di buon carattere, le inducono a inghiottire la collera e a porgere l'altra guancia. Ma alla fine, tutte queste strategie falliscono perché ai bambini non viene data la possibilità di sperimentare le loro emozioni e di confrontarsi veramente con esse e crescono effettivamente impreparati ad affrontare le sfide della vita.

Il genitore lassista

Diversamente dai genitori censori e noncuranti, alcuni soggetti con cui abbiamo lavorato hanno dimostrato di accettare le emozioni dei loro figli, e di essere dispostissimi ad accogliere qualunque sentimento i loro figli esprimessero. Definisco i genitori che appartengono a questo gruppo come «lassisti». Si tratta di genitori pieni di empatia nei confronti dei loro figli, e che comunicano loro che, qualunque fase stiano attraversando, per papà e mamma va sempre bene.

Il problema è che i genitori lassisti sembrano spesso incapaci di – o non intenzionati a – offrire ai loro figli una guida per trattare le proprie emozioni negative. Questi genitori hanno una filosofia di non coinvolgimento nei sentimenti dei figli. Tendono a considerare la collera e la tristezza come cose da lasciare sfogare: permetti a tuo figlio di sfogare le sue emozioni e il tuo lavoro di genitore è compiuto.

I genitori lassisti sembrano avere poca dimestichezza sul come aiutare i loro figli a imparare qualcosa dalle loro esperienze emotive. Non insegnano ai figli come fare a risolvere i loro problemi e molti hanno difficoltà a porre dei limiti al comportamento dei ragazzi. Qualcuno potrebbe definirli genitori ultrapermissivi poiché, in nome di un'accettazione incondizionata, permettono ai figli di farla franca con manifestazioni inappropriate o incontrollate di emozioni. Un bambino arrabbiato diventa aggressivo, e può ferire gli altri con parole o atti. Un bambino triste piange in maniera inconsolabile, senza sapere come fare a calmarsi o a confortarsi. Anche se per i genitori queste manifestazioni negative possono sembrare accettabili, per il bambino che ha scarsa esperienza della vita, possono sembrare spaventose, come entrare in un buco nero di emozioni e di dolore, senza sapere come fare a uscirne.

La nostra ricerca ha rivelato che molti genitori lassisti non sembrano avere le idee chiare su cosa insegnare ai bambini riguardo le emozioni. Alcuni dicono di non averci mai pensato troppo. Altri esprimono una sensazione vaga, come se volessero dare ai loro figli «qualcosa di più». Ma sembrano sinceramente perplessi riguardo a cosa un genitore potrebbe offrire, a parte un amore incondizionato.

Louann, ad esempio, esprime genuina preoccupazione per suo figlio, Toby, quando un altro bambino lo tratta male. «Lui si agita tanto e questo fa male anche a me,» dice. Ma quando le si chiede come risponde alle esigenze del figlio. Louann non sa aggiungere altro che: «Cerco di fargli capire che gli voglio bene, indipendentemente da ciò che il mondo pensa di lui». Anche se questa è di sicuro un'ottima informazione per Toby, probabilmente non lo aiuta molto a rimettere in sesto il rapporto con il suo compagno di giochi.

Come i genitori censori e quelli noncuranti, anche i lassisti possono reagire in questo modo a problemi della loro infanzia. Sally, il cui padre era fisicamente violento, da piccola non aveva il permesso di esprimere collera o frustrazione. «Voglio che i miei bambini possano gridare e strillare quanto gli pare,» spiega. «Voglio che sappiano che possono dire "Mi hanno maltrattato e la cosa non mi va".»

Eppure, Sally ammette che spesso si sente frustrata e che la sua pazienza arriva a un limite. «Quando Rachel fa qualcosa di sbagliato, vorrei riuscire a dirle "Non è stata una buona idea, forse dovremmo provare a fare in modo diverso".» E invece spesso si sorprende a «strillare e a gridare» contro Rachel, e a volte anche a sculacciarla. «Mi accorgo di essere arrivata al limite ed è l'unica cosa che funziona,» lamenta.

Un'altra mamma, Amy, ricorda che da piccola provava un gran senso di melanconia – un'esperienza che ora sospetta fosse depressione clinica. «Penso che mi derivasse dalla paura,» ricorda, «e forse era paura di provare delle emozioni.» Quale che ne fosse l'origine, Amy non ricorda nessun adulto che volesse parlare con lei dei suoi sentimenti. «La gente continuava a dirmi "Sorridi!" ed era una cosa che odiavo.» Come risultato, Amy ha continuato a tener nascosta la sua tristezza e a ritrarsi dalla vita. Quando è cresciuta è diventata una fanatica della corsa, e ha trovato sollievo dalla depressione nell'esercizio fisico solitario.

Ora che Amy ha due figli si rende conto che uno dei suoi ragazzi sta attraversando i suoi stessi momenti di tristezza ricorrente e sente per lui una profonda empatia. «Alex la descrive come una "sensazione buffa", che è esattamente il modo in cui la definivo io quando ero bambina.» Decisa a non pretendere sorrisi da Alex quando quest'ultimo si sente giù, Amy gli dice: «So come ti senti perché anch'io mi sentivo così».

Eppure, Amy trova difficile stare con Alex quando questi è malinconico. In effetti, si ritrae e lascia suo figlio più o meno nelle stesse condizioni in cui lasciavano lei da piccola. Alex affronta da solo la sua ansia e la sua paura, perché sua madre non è disponibile a offrirgli un'àncora di salvezza emotiva.

Quale effetto può avere questo approccio disponibile ma non «allenante» dei genitori lassisti sui loro figli? Non positivo, purtroppo. Privi di una guida da parte degli adulti, questi ragazzi non imparano a regolare le proprie emozioni. Spesso mancano della capacità di ritrovare la calma quando sono arrabbiati, tristi o agitati, e ciò rende difficile per loro la concentrazione e l'apprendimento di nuove capacità. Di conseguenza, questi bambini possono non andare troppo bene a scuola. E hanno anche difficoltà a cogliere i segnali sociali, il che significa che possono trovare arduo stringere e mantenere delle amicizie.

Di nuovo, anche in questo caso c'è un'ironia della sorte. Con il loro atteggiamento di accettazione, i genitori lassisti vorrebbero dare ai figli la possibilità di essere felici. Ma, poiché non riescono a offrire loro una guida sul come affrontare le emozioni più difficili, ottengono dei figli che, come quelli dei genitori noncuranti o censori, mancano di intelligenza emotiva e non sono adeguatamente attrezzati per il futuro.

L'allenatore emotivo

Per molti versi, i genitori-allenatori non sono molto differenti da quelli lassisti. Entrambi i gruppi mostrano di accettare incondizionatamente i sentimenti dei figli. Nessuno dei due gruppi cerca di ignorare o di negare le emozioni dei figli. E neppure sminuiscono o ridicolizzano i loro figli per le emozioni che esprimono.

Tuttavia, tra i due gruppi esistono significative differenze, e questo perché i genitori-allenatori fungono da guida dei loro figli nel mondo delle emozioni. Vanno oltre la semplice accettazione dell'emozione e pongono dei limiti nei confronti dei comportamenti inaccettabili, insegnando ai loro figli come fare a regolare i sentimenti, trovando adeguate valvole di sfogo e risolvendo i problemi.

I nostri studi hanno mostrato che i genitori-allenatori hanno una forte consapevolezza delle loro emozioni e di quelle delle persone che amano. Inoltre, riconoscono che tutte le emozioni – anche quelle che sono generalmente considerate negative, come la tristezza, la collera e la paura – possono svolgere funzioni positive nella nostra vita. Una mamma, ad esempio, parlava del fatto che la collera contro la burocrazia l'aveva indotta a scrivere delle lettere di protesta. E un altro papà parlava della rabbia di sua moglie come di una forza creativa che le aveva dato l'energia necessaria per intraprendere nuovi progetti sulla loro casa.

Anche i sentimenti malinconici sono messi in una luce positiva. «Quando mi sento triste so che vuol dire che devo rallentare e prestare più attenzione a quanto succede nella mia vita, per scoprire che cosa le manca,» afferma Dan, il quale estende questa idea a sua figlia. Piuttosto che disapprovare o cercare di lenire i sentimenti di Jennifer, Dan vede nei suoi momenti di tristezza un'opportunità per starle più vicino. «È il momento in cui devo prenderla in braccio e parlarle, e poi lasciarle dire quello che ha in mente.» Una volta che papà e figlia si trovano sulla stessa lunghezza d'onda, Jennifer ha l'occasione per imparare qualcosa di più sul mondo delle sue emozioni e sul modo in cui è meglio rapportarsi con gli altri. «Nove volte su dieci, Jennifer non sa esattamente da dove le viene quel sentimento,» dice Dan. «Così io la aiuto a identificarlo... Poi parliamo di quello che faremo la prossima volta e di come l'affronteremo.»

Molti genitori-allenatori esprimono apprezzamento per le manifestazioni emotive dei loro figli, che giudicano come la dimostrazione di condividere gli stessi valori. Una mamma affermò di essersi sentita particolarmente gratificata quando aveva visto gli occhi della figlia riempirsi di lacrime mentre guardava un programma televisivo. «Mi è piaciuto perché mi ha fatto capire che ha un cuore, che non si preoccupa soltanto di se stessa ma anche di altre cose; che si preoccupa delle altre persone.»

Un'altra madre racconta come si è sentita orgogliosa – ma anche sorpresa – la volta che sua figlia di quattro anni sbottò, dopo una lite: «Non mi piace quel tono di voce, mamma! Mi fa male ai sentimenti quando mi parli con quel tono!». Una volta superato lo choc, la mamma si meravigliò della autorevolezza di sua figlia e le fece piacere che utilizzasse la collera per chiedere rispetto per se stessa.

Forse perché questi genitori riescono a vedere un valore nelle emozioni dei loro figli hanno più pazienza quando questi sono arrabbiati, tristi o spaventati. Sembrano molto ben disposti a trascorrere del tempo con un bambino che piange o ha paura, prestando orecchio alle sue preoccupazioni, lasciando che sfoghi la sua collera o che semplicemente si abbandoni alle lacrime.

Dopo aver prestato ascolto a suo figlio Ben quando è agitato, Margaret spiega che spesso cerca di dimostrargli empatia raccontandogli «le storie di quando io ero bambina. A lui queste storie piacciono molto perché gli fanno capire che va benissimo avere dei sentimenti».

Jack afferma di compiere uno sforzo consapevole per sintonizzarsi sul punto di vista di suo figlio, Tyler, specialmente quando quest'ultimo è teso per una discussione con lui. «Se ascolto seriamente il punto di vista di Tyler, mi accorgo che lui si sente molto meglio, perché possiamo risolvere le cose in termini accettabili. Possiamo appianare le nostre divergenze come due persone, e non come farebbe un uomo con il suo cane.»

I genitori-allenatori incoraggiano nei loro figli l'onestà emotiva. «Voglio che i miei figli sappiano che il fatto di essere arrabbiati non vuol dire che siano cattivi, e che debbano necessariamente odiare la persona con cui sono in collera,» dice Sandy, madre di quattro figlie. «E voglio anche che sappiano che da quello che li ha fatti arrabbiare possono venir fuori delle buone cose.»

Allo stesso tempo, Sandy pone dei limiti al comportamento delle figlie, e cerca di insegnare loro a esprimere la collera in modi non distruttivi. Le piacerebbe che le figlie crescessero e rimanessero amiche per tutta la vita, ma sa bene che, perché questo accada, devono essere buone l'una con le altre, e nutrire il loro rapporto. «Io dico loro che va benissimo arrabbiarsi tra sorelle, ma non va bene dirsi cose cattive,» spiega. «Io dico loro che i membri della loro famiglia sono persone a cui potranno sempre rivolgersi per qualsiasi cosa, per cui non devono rendersele ostili.»

Porre limiti del genere è comune tra i genitori-allenatori, che possono accettare tutti i sentimenti ma non tutti i comportamenti. Di conseguenza, se questi bambini si comportano in modo che può essere nocivo per se stessi o per gli altri, o per il loro rapporto con gli altri, i genitori-allenatori di solito fanno cessare rapidamente il comportamento offensivo e reindirizzano i bambini verso un'attività o una modalità di espressione meno dannosa. Ma non deviano cercando di proteggere a tutti costi i figli da situazioni emotivamente anche pesanti: sanno che i bambini hanno bisogno di esperienze di questo genere per imparare a regolamentare i loro sentimenti.

Margaret, ad esempio, ha lavorato su tutta una serie di opzioni per suo figlio Ben, quattro anni, caratterizzato sin dalla culla da una personalità piuttosto capricciosa. Lasciato a sé con la sua collera, «spesso non fa altro che digrignare i denti e gridare e gettare le cose qua e là,» spiega Margaret. «Se la prende con il fratellino più piccolo o rompe un giocattolo.» Piuttosto che cercare di sradicare le emozioni negative da Ben – un tentativo che sarebbe infruttuoso secondo Margaret – lei cerca di insegnargli modi migliori per esprimere i suoi sentimenti. Quando percepisce che in lui cresce la tensione, lo indirizza verso attività che gli procurano un rilassamento fisico. Lo manda fuori a correre, o giù nel sotterraneo dove può mettersi a pestare su una batteria che gli è stata regalata recentemente proprio a questo scopo. Sebbene Margaret si preoccupi per il temperamento di Ben, sostiene di riconoscere un elemento positivo in questa sua personalità ostinata e testarda: «Non è uno che molla. Se lavora a un disegno e non gli piace come sta venendo, continua a lavorarci anche se questo significa rifarlo cinque o sei volte. Ma quando riesce a farlo come vuole, la frustrazione gli passa».

Anche se per i genitori può essere difficile osservare a distanza un figlio mentre si districa dai suoi problemi, i genitori-allenatori non si sentono obbligati a sistemare ogni cosa che non funziona nella vita dei loro bambini. Sandy, ad esempio, afferma che le sue quattro figlie spesso si lamentano quando lei fa presente che non può acquistare tutti i giocattoli e i vestiti che desidererebbero. Piuttosto che cercare di tacitarle, però, Sandy ascolta le lamentele e spiega loro che è perfettamente naturale se si sentano un po' giù: «Penso che se imparano a gestire una piccola frustrazione ora, sapranno far fronte in futuro a delusioni ben più grandi se sarà necessario».

Anche Maria e Dan sperano che la loro pazienza verrà ripagata un giorno. «Tra dieci anni, spero che Jennifer avrà avuto a che fare con questi sentimenti tante volte da sapere come reagirvi,» afferma Maria. «Spero che avrà tanta fiducia in se stessa per capire che va benissimo provare un'emozione e che c'è sempre qualcosa che si può fare al riguardo.»

Dato che i genitori-allenatori valutano il potere e gli obiettivi delle emozioni nelle loro esistenze, non temono di mostrare le proprie emozioni ai figli. Possono piangere di fronte a loro se sono tristi; possono perdere la pazienza e ammettere di essere arrabbiati. E, per la maggior parte del tempo, poiché questi genitori comprendono le emozioni e sanno di poter esprimere la propria collera, la tristezza e la paura in maniera costruttiva, servono ai figli come modello. In effetti, il modo in cui i genitori stessi esprimono le loro emozioni spiega molto chiaramente ai figli come comportarsi con esse. Ad esempio, un bambino che vede il padre intraprendere una discussione accesa e poi risolvere amichevolmente le divergenze, impara una lezione molto preziosa sulla risoluzione dei conflitti e sul potere stabilizzatore delle relazioni affettive. Allo stesso modo, un bambino che vede i genitori intristirsi – per un divorzio o per la morte dei nonni, ad esempio – può imparare una lezione importante su come affrontare il lutto e la disperazione. Questo è vero in particolare se intorno ai ragazzi ci sono adulti disponibili e affettuosi che possono offrire conforto e assistenza reciproca nella tristezza. Il bambino impara così che condividere la tristezza può portare a un livello maggiore di intimità e di legame reciproco.

Quando i genitori-allenatori dicono o fanno cose che feriscono i loro figli – cosa che naturalmente accade talvolta in tutte le famiglie – non si fanno scrupolo di scusarsi. Quando sono sotto tensione i genitori possono reagire senza pensarci, apostrofando un bambino con un termine sgarbato o alzando la voce con un'espressione minacciosa. I genitori si pentono di queste azioni e comunicano ai figli il loro dispiacere e il modo di imparare qualcosa dall'incidente. Così, l'avvenimento può rivelarsi una opportunità per sentirsi più vicini – specialmente se il genitore cerca di spiegare al figlio come si sentiva in quel momento e pensa insieme a lui a un modo per affrontare meglio, in seguito, situazioni del genere. Ancora, questo permette al genitore di dimostrare al figlio come comportarsi di fronte a sentimenti sgradevoli quali la colpa e il pentimento.

L'Allenamento emotivo funziona bene anche con le forme positive di disciplina che puntano a fornire ai ragazzi la chiara consapevolezza delle conseguenze delle loro azioni. In effetti, i genitori che praticano l'Allenamento emotivo scoprono generalmente che i problemi di comportamento diminuiscono via via che la famiglia si abitua allo stile dell'allenamento. E ciò può avvenire per molte ragioni.

La prima è che i genitori-allenatori reagiscono ai figli per lo più con emozioni tenute a un livello di intensità piuttosto basso. In altre parole, le emozioni non devono necessariamente raggiungere il parossismo prima che il bambino riesca ad attirare l'attenzione su di sé. Nel corso del tempo, questi figli giungono ad avere la sensazione chiara che i genitori li comprendono, empatizzano con loro e sono profondamente interessati a ciò che avviene nella loro vita. Insomma non hanno bisogno di recitare per attirare l'attenzione dei genitori.

La seconda è che se i figli sono allenati emotivamente sin da piccoli, imparano presto l'arte di calmarsi da soli, e riescono a rilassarsi anche sotto stress, cosa che rende più improbabile che si comportino male.

La terza è che i genitori-allenatori non disapprovano le emozioni dei loro figli, per cui eliminano un'occasione d'attrito con loro. In altre parole, i bambini non vengono rimproverati soltanto perché piangono per una delusione o per il fatto di essere arrabbiati. I genitori-allenatori pongono loro dei limiti, e inviano loro messaggi chiari su ciò che è un comportamento accettabile e su ciò che non lo è. Una volta che i bambini hanno appreso le regole e compreso le conseguenze cui vanno incontro se le infrangono, è molto più improbabile che si comportino male.

E, infine, questo stile di comportamento rende il legame emozionale tra genitori e figli molto solido, sicché i figli diventano più ricettivi nei confronti delle richieste dei genitori. I figli vedono nei genitori dei confidenti e degli alleati. Vogliono compiacere la tribù, non deluderla.

Una mamma racconta come questo fenomeno abbia giocato un suo ruolo in un caso di bugie. Suzanne aveva trovato un appunto piuttosto perfido tra le carte di scuola della figlia. Sebbene sul foglietto non ci fosse il nome della figlia, Laura, era evidentemente scritto di suo pugno. Quando Suzanne affrontò l'argomento, la bambina si oppose e rifiutò di ammettere che era stata lei a scrivere il biglietto. Ma Suzanne sapeva che Laura stava mentendo. L'incidente preoccupò Suzanne per molti giorni, dato che sentiva compromessa la sua fiducia nella buona fede della figlia. Alla fine si decise ad affrontare l'argomento, ma stavolta condividendo con Laura i suoi sentimenti riguardo alla situazione.

«So che stai mentendo riguardo al biglietto,» esordì Suzanne chiaramente e fermamente. «E ciò mi fa sentire molto delusa e molto triste. Credo che tu sia una persona onesta, ma ora so che stai mentendo. Voglio che tu sappia che quando ti sentirai pronta a dirmi la verità, io ti starò ad ascoltare e ti perdonerò.»

Passarono due minuti di silenzio, e poi Laura con le lacrime agli occhi ammise: «Ho detto una bugia sul biglietto, mamma». Ciò detto, Suzanne le diede un forte abbraccio ed entrambe parlarono a lungo del contenuto del biglietto, della bambina cui era indirizzato, e di come Laura avrebbe potuto risolvere il suo conflitto con lei. Suzanne ribadì poi alla bambina l'importanza che dava all'onestà nel loro rapporto. A quel che Suzanne sa, Laura non le ha più mentito.

Quando i figli si sentono emotivamente legati ai loro genitori, e i genitori utilizzano questo legame per aiutarli a padroneggiare i sentimenti e a risolvere i loro problemi, i risultati non mancano. Come abbiamo già affermato, i nostri studi dimostrano che i figli emotivamente allenati ottengono migliori risultati a scuola, stanno meglio in salute e stabiliscono relazioni più positive con i coetanei. Hanno anche minori problemi di comportamento, e riescono a ricuperare più rapidamente dopo esperienze negative. L'intelligenza emotiva che hanno acquisito permette loro di essere più preparati ad affrontare i rischi e le sfide che li attendono nella vita.

3
Le cinque fasi-chiave
dell'Allenamento emotivo

Ricordo il giorno in cui ho scoperto che l'Allenamento emotivo poteva funzionare con la mia stessa figlia, Moriah. A quel tempo, Moriah aveva due anni e ci trovavamo su un volo interno, diretti verso casa dopo aver fatto visita a certi parenti. Annoiata, stanca e irritabile, Moriah mi chiese di darle Zebra, il suo peluche preferito e allo stesso tempo il suo «oggetto di conforto». Purtroppo avevamo infilato distrattamente quella creatura nella valigia che avevamo spedito nel bagagliaio dell'aereo.

«Mi spiace, dolcezza, ma non possiamo ricuperare Zebra proprio adesso. È nella valigia grossa, da un'altra parte dell'aeroplano,» le spiegai.

«Voglio Zebra,» gemette dolorosamente.

«Lo so, amore, ma Zebra non è qui. È nel bagagliaio, sotto l'aeroplano e papà non può proprio prenderla prima di essere all'aeroporto. Mi spiace.»

«Voglio Zebra! Voglio Zebra!» insistette Moriah. Poi, si mise a piangere, contorcendosi sul suo seggiolino di sicurezza e sporgendosi inutilmente verso la borsa che avevo poggiato nel pavimento e in cui mi aveva visto pescare degli snack.

«Lo so che vuoi Zebra,» dissi, sentendomi salire la pressione. «Ma non è in quella borsa. Non è qui e non posso farci niente. Guarda, perché non leggiamo qualcosa su Ernie,» tentai iniziando a sfogliare uno dei suoi libri illustrati preferiti.

«Ernie no!» piagnucolò. Ormai era arrabbiata. «Voglio Zebra. La voglio *subito*!»

Da quel momento, cominciai a ricevere dagli altri passeggeri, dalle hostess e da mia moglie che sedeva dall'altra parte del corridoio, sguardi espliciti che mi pregavano di fare qualcosa. Io fissai il viso di Moriah, rosso di collera, e immaginai che doveva sentirsi molto frustrata. Dopo tutto, non ero forse capace di materializzare un panino al burro d'arachidi soltanto chiedendolo? Non riuscivo a far comparire grossi dinosauri viola schiacciando soltanto un bottone su uno schermo? E allora perché la privavo del suo giocattolo preferito? Come facevo a non capire che lei ci teneva proprio?

Mi sentii a disagio. Poi ebbi un'illuminazione. Certo, non potevo far comparire Zebra, ma potevo offrire a Moriah la cosa migliore dopo di lei: il conforto di un padre.

«Vorresti avere Zebra con te adesso,» le dissi.

«Sì,» mi rispose tristemente.

«E sei arrabbiata perché non riusciamo a prendertela.»

«Sì.»

«Vorresti che Zebra fosse qui proprio *adesso*,» ripetei, mentre lei mi guardava, con uno sguardo incuriosito e sorpreso.

«Sì,» mormorò. «La voglio *adesso*.»

«Sei stanca, e annusare Zebra, abbracciarla, ti farebbe sentire proprio bene. Vorrei anch'io che Zebra fosse qui, così potresti tenerla fra le braccia. Anzi ti dirò di più: vorrei che potessimo alzarci da queste poltrone e trovare un bel lettone morbido, pieno di animali e di cuscinoni per stenderci.»

«Sì,» concordò.

«Ma non possiamo avere Zebra, perché è da un'altra parte dell'aeroplano,» aggiunsi. «È per quello che ti senti frustrata.»

«Sì,» ammise con un sospiro.

«Mi dispiace tanto,» le dissi, osservando la tensione che si scioglieva sul suo viso. Moriah poggiò la testa sullo schienale del suo seggiolino. Continuò a lagnarsi piano piano per un po', ma ormai era più calma. Dopo qualche minuto si addormentò.

Anche se aveva solo due anni, Moriah sapeva con chiarezza quello che voleva: la sua Zebra. Quando si era resa conto che ottenerla era impossibile, non si era minimamente interessata alle mie scuse, alle mie argomentazioni o ai miei tentativi di distrarla. Ma il fatto che convalidassi i suoi sentimenti, però, aveva sortito un effetto completamente diverso. Scoprire che io comprendevo come si sentiva, sembrò rasserenarla. Per me fu una dimostrazione memorabile della forza dell'empatia.

Empatia: il fondamento dell'Allenamento emotivo

Immaginate per un istante che cosa significherebbe crescere in una casa senza empatia. Immaginate un luogo in cui i vostri genitori si aspettano che siate sempre felici, contenti e tranquilli. In questa casa la tristezza o la collera sono bandite come segni di fallimento o indizi di un potenziale disastro. La mamma e il papà diventano ansiosi ogni volta che vi sorprendono in uno dei vostri «momenti neri». Vi dicono che vi preferiscono contenti e ottimisti, vogliono che «guardiate le cose dal lato giusto», che non vi lamentiate mai, che non parliate male di niente e di nessuno. E voi, dato che siete solo ragazzi, pensate che i vostri genitori abbiano ragione. Che essere di cattivo umore significhi essere cattivi soggetti. E dunque fate del vostro meglio per avvalorare le loro aspettative.

Il problema, però, è che nella vostra vita continuano ad accadere cose che rendono pressoché impossibile mantenere questa facciata di felicità. La vostra sorellina entra in camera vostra e vi distrugge la collezione di fumetti. A scuola vi trovate nei guai per qualcosa che non avete commesso e il vostro migliore amico lascia che siate voi a venir puniti. Ogni anno partecipate alla gara di scienze e ogni anno il vostro progetto viene bocciato. Poi ci sono state quelle maledette vacanze che mamma e papà avevano programmato da mesi. E che si sono rivelate un pallosissimo viaggio in automobile, con la mamma che non faceva altro che sospirare davanti ai «sublimi panorami», mentre papà ha continuato a tenere sermoni sugli «affascinanti monumenti storici».

Eppure queste cose non dovrebbero infastidirti. Se chiami la tua sorellina «piccola peste puzzona», tua madre ti fa: «Voglio sperare che tu non intenda dire una cosa del genere!». Provi a parlare dell'incidente a scuola e tuo padre risponde: «Devi aver fatto qualcosa per provocare l'insegnante». Il progetto di scienze è un disastro? «Non pensarci. L'anno prossimo andrà meglio.» E le vacanze di famiglia? Non parliamone neppure («Dopo tutti i soldi che tuo padre e io abbiamo speso per portarvi nello Utah...»).

Sicché, dopo un po', impari a tenere la bocca chiusa. Se torni a casa da scuola con un problema, ti conviene andare in camera tua e affettare una bella faccia felice. Non c'è bisogno di mettere in agitazione la mamma e papà. Loro detestano i problemi.

A pranzo papà fa: «Com'è andata a scuola oggi?».

«Bene,» rispondi tu con un sorriso stiracchiato.

«Ottimo, ottimo,» replica lui. «Passami il sale.»

E che cosa impari crescendo in questa cosiddetta casa?

Be', per prima cosa impari che non sei poi così simile ai tuoi genitori, dato che loro non sembrano avere mai i sentimenti cattivi e pericolosi che invece senti in te stesso. Impari che, proprio perché hai questi sentimenti, evidentemente hai dei problemi.

La tua tristezza è una mosca nella minestra. La tua collera è di imbarazzo per tutto il clan. Le tue paure sono di ostacolo ai loro progressi. Il loro mondo sarebbe perfetto, probabilmente, se non fosse per te e per le tue emozioni.

Nel corso del tempo, impari che non ha molto senso parlare ai tuoi della tua vera vita interiore. E ciò ti fa sentire solo. Ma impari anche che finché affetti allegria, tutti sono molto contenti.

Certo, questo può creare un po' di confusione dentro di te – specialmente mentre diventi grande e ti imbatti in prove sempre più evidenti del fatto che la vita a volte è proprio un disastro. Arriva il giorno del tuo compleanno, e non ricevi neanche un giocattolo che ti piaccia. Il tuo migliore amico trova un nuovo migliore amico e tu te ne rimani in fila da solo alla mensa della scuola. Devi metterti l'apparecchio ai denti. La nonna che amavi di più muore.

Ma ciò nonostante, sembra che tu non debba sentire nessuna emozione negativa. E allora, diventi un maestro della contraffazione. O, meglio ancora, fai del tuo meglio per non provar nulla. Impari a evitare le situazioni che potrebbero portare a un conflitto, alla collera e al dolore. In altre parole, giri al largo da ogni intimo legame umano.

Negare le tue stesse emozioni, non è sempre facile, ma ci si può riuscire. Impari a cavartela con manovre diversive, distraendoti. Mangiare, a volte ti aiuta a sopprimere le emozioni negative. La TV e i videogiochi sono un ottimo modo per distogliere la mente dai problemi. E poi, aspetta soltanto un paio d'anni. Allora sì che potrai mettere le mani su qualche cosa di veramente divertente. Nel frattempo la cosa migliore da fare è mantenere la facciata allegra, far stare tranquilli i tuoi e tenere tutto sotto controllo.

Ma se le cose andassero diversamente? Se, crescessi in una casa in cui l'obiettivo principale della famiglia non fosse l'allegria ma la comprensione e l'empatia? Immagina se i tuoi genitori ti chiedessero «Come stai?» perché vogliono veramente sapere la verità. Forse potresti non sentirti obbligato a rispondere «Benissimo,» ogni volta soltanto perché non sai se saprebbero far fronte a te che rispondi «Giornataccia». Immagina se non balzassero direttamente alle conclusioni, non facessero di ogni problema una catastrofe che non sanno come aggiustare. Forse potrebbero semplicemente ascoltare quel che hai da dire, e poi potrebbero fare del loro meglio per comprenderti e aiutarti.

Se raccontassi di aver litigato con il tuo amico a scuola, tua mamma potrebbe chiederti com'è andata, come ti senti e magari se può darti una mano. Se ci fosse un malinteso con l'insegnante, i tuoi genitori non si schiererebbero immediatamente dalla sua parte. Ti darebbero ascolto attentamente mentre racconti la tua versione, e ti crederebbero, perché avrebbero fiducia in te e nel fatto che sei sincero. Se il tuo progetto di scienze fallisse, tuo papà potrebbe dirti che anche lui aveva avuto un'esperienza del genere quando era stato ragazzo, e sapeva come ci si sentiva lì, in piedi davanti alla classe mentre quella dannata cosa nella provetta fermenta. Se la sorellina ti rovinasse la collezione di fumetti, tua mamma potrebbe abbracciarti e dirti «Capisco perché sei così arrabbiato. Ci tenevi così tanto a quei libri. Li collezionavi da anni».

Probabilmente non ti sentiresti così solo. Capiresti che i tuoi genitori sono lì per te, indipendentemente da quanto può accadere. Capiresti che puoi rivolgerti a loro per un appoggio, perché saresti sicuro che comprendono quel che ti sta accadendo dentro.

Nella sua forma di base, l'empatia è la capacità di sentire quel che sente un'altra persona. In quanto genitori empatici, quando vediamo i nostri figli in lacrime possiamo immaginarci al loro posto e sentire il loro dolore. Osservando i nostri figli che battono i piedi furiosamente possiamo percepire la loro frustrazione e la loro ira.

Se riusciamo a comunicare questo tipo di comprensione emotiva ai nostri figli, diamo credito alla loro esperienza e li aiutiamo a imparare a rilassarsi. Questa capacità ci pone, come direbbero i canoisti che discendono un fiume, «nella corrente». Non importa quali rocce o quali rapide ci aspettano nel nostro rapporto con i nostri figli. Possiamo rimanere nella corrente e guidarli verso la foce. Anche se il corso del fiume dovesse diventare molto pericoloso, come avviene a volte nell'adolescenza, siamo in grado di aiutare i nostri figli a oltrepassare ostacoli e rischi che possono trovare sulla loro strada.

Come può essere tanto forte quest'empatia? Io credo che ciò avvenga perché l'empatia permette ai ragazzi di vedere i loro genitori come alleati.

Immaginate per un istante una situazione in cui William, otto anni, torna dal campo giochi con un'aria umiliata perché i ragazzini vicini di casa non hanno voluto giocare con lui. Suo padre, Bob, solleva gli occhi dal giornale giusto in tempo per dire: «Non ricominciamo. Senti, William, sei un ragazzo grande, adesso, non un bambino. Non devi rimanere male tutte le volte che qualcuno ti volta le spalle. Non devi far altro che dimenticarlo. Chiama uno dei tuoi compagni di scuola. Leggi un libro. Guarda un po' di TV».

Dato che, di solito, i figli credono a ciò che dicono i genitori, è piuttosto probabile che William pensi: «Papà ha ragione. Mi comporto come un bambino. E questo solo perché i ragazzini della porta accanto non vogliono giocare con me. Mi chiedo che cos'ho che non va. Perché non riesco a dimenticare tutto come dice papà? Sono proprio una lagna. Per questo nessuno mi vuole come amico».

Ora, pensate a come si potrebbe sentire William se il padre gli rispondesse diversamente. Se Bob posasse il giornale guardasse suo figlio e dicesse: «Hai l'aria triste, William. Dimmi un po' che ti succede».

E se Bob ascolta – ascolta veramente, con il cuore aperto – forse William arriverà ad avere un'opinione diversa di se stesso. La conversazione potrebbe proseguire più o meno così:

> *William:* Tom e Patrick non vogliono giocare con me a basket.
> *Bob:* Scommetto che la cosa ti fa sentire male.
> *William:* Proprio così. Mi fa impazzire.
> *Bob:* Lo vedo.
> *William:* Non capisco perché non posso giocare a basket con loro.
> *Bob:* Gliene hai parlato?
> *William:* No, non voglio.
> *Bob:* Cosa pensi di fare?
> *William:* Non lo so. Forse me ne infischio.
> *Bob:* Credi che sia l'idea migliore?
> *William:* Ma sì. Forse domani cambieranno idea. Intanto oggi telefono a un mio compagno di scuola, o leggo un libro. Magari guardo un po' di TV.

La differenza, naturalmente, sta tutta nell'empatia. In entrambi gli scenari, Bob è preoccupato per i sentimenti di suo figlio. Forse si preoccupa già da un po' per il fatto che William è «ipersensibile» ai rifiuti che gli oppongono i suoi amici. Vorrebbe che suo figlio fosse più forte. Nel primo scenario, però, Bob commette il solito errore: ovvero permette che i suoi obiettivi su William si intromettano nel loro rapporto. Invece di empatizzare con lui, lo critica, gli fa una minipredica, offre consigli non richiesti. Il suo sforzo, per quanto animato dalle migliori intenzioni, ottiene come risultato soltanto che William se ne vada via ancora più ferito, sempre più incompreso e più «lagna» che mai.

Per contrasto, nel secondo scenario, Bob si concede tempo per stare ad ascoltare il figlio, e lo rassicura sul fatto che ne comprende l'esperienza. Ciò aiuta William a sentirsi più a suo agio, più sicuro di sé. Alla fine il ragazzo arriva alle stesse conclusioni che il padre avrebbe potuto offrirgli (trovare un altro amico, leggere un libro, guardare la televisione). Ma ha trovato queste soluzioni da solo, se ne è fortificato, e non ha intaccato la sua autostima.

Ecco come funziona l'empatia. Quando cerchiamo di comprendere l'esperienza dei nostri figli, essi si sentono appoggiati da noi. Sanno che siamo dalla loro parte. Quando evitiamo di criticarli, sminuendo i loro sentimenti, o cercando di distrarli dai loro reali obiettivi, ecco che ci permettono di entrare nel loro mondo. Ci dicono come si sentono. Ci offrono le loro opinioni. Le loro motivazioni diventano meno misteriose, e ciò a sua volta si trasforma in un'ulteriore comprensione. I nostri figli cominciano a fidarsi di noi. Poi, quando il conflitto dovesse esplodere, avremo più terreno in comune a disposizione per risolvere insieme il problema. I nostri figli potrebbero arrivare anche ad arrischiarsi a ricercare con noi una soluzione. Chissà, forse un giorno potrebbero addirittura desiderare di ascoltare i nostri consigli.

Se ho cercato di rendere semplice il concetto di empatia è perché effettivamente è semplice. L'empatia non è altro che la capacità di mettersi nei panni dei propri figli, e rispondere di conseguenza. Ma solo perché l'empatia è un concetto semplice, non significa che sia sempre facile da praticare.

Nelle pagine seguenti, leggerete le cinque fasi dell'Allenamento emotivo, ovvero le fasi che i genitori percorrono per costruire l'empatia con i loro figli, valorizzandone l'intelligenza emotiva. Come ho già anticipato nel capitolo 1, queste fasi consistono nel:

1. Diventare consapevole dell'emozione del bambino.
2. Riconoscere in quell'emozione un'opportunità di intimità e di insegnamento.
3. Ascoltare con empatia, e convalidare sentimenti del bambino.
4. Aiutare il bambino a trovare le parole per definire le emozioni che sta provando.
5. Porre dei limiti, mentre si esplorano le strategie per risolvere il problema in questione.

Ho incluso nei capitoli successivi alcune strategie ulteriori per l'Allenamento emotivo, nonché descrizioni di alcune situazioni-tipo in cui l'Allenamento emotivo non è appropriato. Infine, troverete nelle pagine seguenti due autotest, uno per misurare la vostra consapevolezza emotiva, e un altro per valutare la vostra abilità come allenatore emotivo.

FASE N. 1. ESSERE CONSAPEVOLI DELLE EMOZIONI
DEL BAMBINO

I nostri studi dimostrano che, per poter sentire quel che i figli sentono, i genitori devono essere consapevoli in primo luogo delle loro stesse emozioni. Ma cosa significa diventare «consapevole delle emozioni»? Significa forse «avere sempre il cuore in mano?». Abbassare la guardia? Rivelare parti di se stessi che di solito si tengono ben nascoste? In questo caso, padri riservati o stoici si chiederanno che ne è stato dell'immagine virile e autarchica che hanno perfezionato sin dalle scuole medie. Ci si aspetta che si mettano a piangere ai film di Walt Disney, o che abbraccino gli altri papà dopo le partite di calcio? Le mamme che si impegnano a essere pazienti e gentili anche sotto stress potrebbero a loro volta preoccuparsi. Che cosa succede se ci si focalizza su sentimenti come il risentimento o la collera? Ve la prendete, vi lamentate, andate in collera con i vostri figli? Perdete il loro affetto e la loro lealtà?

In verità, la nostra ricerca dimostra che le persone possono essere emotivamente consapevoli – e quindi ben equipaggiate per l'Allenamento emotivo – anche senza indulgere in manifestazioni emotive eccessive, senza avere l'impressione di perdere il controllo. La consapevolezza emotiva significa soltanto che riconoscete il fatto di «provare» un'emozione, che sapete identificare i vostri sentimenti e siete sensibili alla presenza di emozioni nelle altre persone.

Il sesso influenza la consapevolezza emotiva?

La disponibilità che prova una persona nell'esprimere le sue emozioni è parzialmente influenzata da fattori culturali. Studi comparativi hanno evidenziato che gli italiani e i popoli latini in genere sono più «appassionati» ed espressivi. Che i giapponesi e gli scandinavi sono più inibiti e stoici. Tuttavia, retaggi culturali del genere non influiscono sulla capacità di sentire. Il fatto che alcune persone non sono esplicite nell'esprimere le loro emozioni e i loro affetti, non significa che non facciano esperienza di queste stesse emozioni dentro di sé. Né significa che siano incapaci di riconoscere e di reagire a quelle stesse emozioni quando le percepiscono negli altri. E non vi è dubbio che tutte le persone, quale che sia il loro retaggio culturale, hanno la capacità di essere sensibili ai sentimenti dei figli.

Gli americani crescono in una cultura che non incoraggia la manifestazione delle emozioni. Sebbene la mitologia popolare spesso rappresenti i maschi come dei bruti privi di emozioni, indifferenti ai sentimenti delle proprie compagne e dei propri figli, la ricerca psicologica racconta tutta un'altra storia. Gli studi condotti nel nostro laboratorio e in altre istituzioni mostrano che, nonostante le differenze nei modi in cui gli uomini e le donne esprimono le emozioni, entrambi i sessi ne hanno pressoché la stessa esperienza.

Per scoprire se un sesso era più empatico dell'altro, i miei colleghi e io abbiamo videoregistrato delle coppie che discutevano un argomento di contrasto all'interno del loro matrimonio.[1] Poi abbiamo chiesto a ognuno dei due partner di rivedere la cassetta e di dirci come si sentivano mentre la conversazione procedeva. Per valutare le loro risposte, abbiamo utilizzato una scala graduata in cui distinguevamo le emozioni positive da quelle negative. Quando i soggetti rivedevano passaggi in cui ricordavano sentimenti come la tristezza o la collera, dovevano

[1] J. Gottman, L. Katz, C. Hooven, *Meta-emotion. How Families Communicate Emotionally, Links to Child Peer Relations and Other Developmental Outcomes*, Hillsdale, N.J., Lawrence Erlbaum, 1997.

segnalare un punto «negativo». Quando invece rivedevano passaggi in cui si erano sentiti bene, sceglievano il «positivo». Quando abbiamo riproposto la registrazione abbiamo chiesto loro di descrivere anche il modo in cui pensavano che il loro partner si fosse sentito durante la conversazione. Confrontando le due valutazioni, fummo in grado di determinare con quanta accuratezza ogni membro della coppia era in grado di definire l'esperienza emotiva dell'altro. Sorprendentemente, ci rendemmo conto che i mariti hanno esattamente la stessa capacità delle mogli di indovinare che cosa prova il coniuge minuto per minuto. Quando poi invitammo dei terzi a prendere visione delle cassette e a valutarle, scoprimmo che gli estranei, maschi e femmine che siano, hanno le stesse capacità di cogliere le emozioni altrui. Inoltre, abbiamo scoperto che le persone che riescono a sintonizzarsi con più accuratezza sulle emozioni degli altri hanno reazioni fisiologiche che imitano quelle delle persone che stanno osservando. In altre parole, quando la frequenza delle pulsazioni dei soggetti videoregistrati si accresce, come conseguenza della collera, gli osservatori più empatici sperimentano una reazione analoga. Indipendentemente dal fatto che fossero uomini o donne, gli osservatori ben sintonizzati sulle emozioni dei soggetti videoregistrati avevano lo stesso tipo di reazioni fisiche.

Se gli uomini hanno la stessa capacità delle donne di empatizzare e rispondere alle emozioni perché, allora, comunemente si crede che gli uomini siano insensibili? La risposta è chiara. Sebbene gli uomini e le donne abbiano esperienze emotive interiori analoghe, gli uomini tendono a nascondere le loro emozioni al mondo esterno. Nei nostri studi abbiamo scoperto che le donne si sentono molto più libere di esprimere le loro emozioni a parole, mediante l'espressione del volto e il linguaggio del corpo. Gli uomini, invece, è più probabile che si tirino indietro, nascondano e svalutino i propri sentimenti. Una teoria sostiene che gli uomini si comportano così perché sono educati a svolgere nella società il ruolo dei «duri» e temono le conseguenze del «perdere il controllo». In effetti, alcuni uomini hanno in sé un senso tanto distorto della difesa maschile che si escludono completamente da ogni consapevolezza di esperienza emotiva. Io credo che casi tanto estremi rappresentino una percentuale piuttosto bassa all'interno della popolazione maschile – forse il 10%.

Sebbene la riluttanza degli uomini ad affrontare le emozioni abbia implicazioni importanti nei rapporti interni alle loro famiglie, ciò non impedisce affatto loro di essere ottimi allenatori emotivi. La ricerca mostra che la maggior parte degli uomini ha dentro di sé quel che serve alla bisogna. Sono intimamente consapevoli dei loro sentimenti, hanno la capacità di riconoscere e rispondere alle emozioni dei loro figli. Sono capaci di empatia. Per la maggior parte degli uomini, diventare consapevoli emotivamente non comporta l'apprendimento di nuove abilità, ma è semplicemente questione di permettere a se stessi di esperire quel che già effettivamente accade.

Quando i genitori temono di perdere il controllo

Lasciarsi andare alla percezione dei sentimenti può essere un problema anche per quei genitori che hanno paura di perdere il controllo delle proprie emozioni negative, come la collera, la tristezza e la paura. Questi genitori evitano di riconoscere in particolare la propria collera, per paura di alienarsi i figli o perché temono che i figli copino il loro stile emozionale, e perdano a loro volta il controllo di se stessi. Questi genitori possono anche temere di ferire i propri figli, psicologicamente o fisicamente.

Nei nostri studi, i genitori che perdono il controllo nei confronti di un'emozione mostrano una o più delle seguenti caratteristiche:

- Provano frequentemente le emozioni (collera, tristezza o paura) che temono.
- Credono di provarle con intensità eccessiva.
- Incontrano difficoltà nel ritrovare la calma dopo avere provato sentimenti molto intensi.
- Quando provano quell'emozione diventano disorganizzati e hanno problemi a «funzionare».
- Odiano il modo in cui si sentono quando provano l'emozione.
- Sono sempre in guardia contro l'emozione.
- Si scoprono ad agire in modo neutro (con calma, mostrando comprensione ed empatia) ma è solo un atteggiamento.
- Credono che quel sentimento sia distruttivo e persino immorale.
- Credono di aver bisogno di aiuto per far fronte a quell'emozione.

Madri e padri di questo genere tentano di compensare la paura che hanno di perdere il controllo cercando di diventare «supergenitori», e nascondendo le loro emozioni ai figli. Gli stessi genitori però potrebbero mostrare molta collera all'interno del loro rapporto di coppia – un sentimento di cui i loro figli potrebbero essere i testimoni involontari. Cercando di nascondere l'ira questi genitori spesso ignorano o svalutano i momenti emozionali con i propri figli. L'ironia in tutto ciò sta nel fatto che, cercando di nascondere le loro emozioni, questi genitori spesso allevano figli che sono anche meno capaci di gestire le emozioni negative di quanto non lo sarebbero stati se i genitori avessero insegnato loro a trattare i sentimenti in modo meno radicale. E questo perché i ragazzi crescono emotivamente distanti dai genitori. E, quindi, mancano di un modello di ruolo che gli insegni a gestire con efficacia le emozioni difficili.

Un esempio di ciò è Sofia, una donna che ho conosciuto all'interno dei nostri gruppi con i genitori. Allevata da genitori alcolisti, soffriva dei complessi di inferiorità comuni alle persone che hanno vissuto in quelle situazioni. Profondamente religiosa, Sofia era arrivata a credere che la strada per sollevarsi dalla sua infanzia travagliata e diventare un buon genitore passava attraverso una sorta di martirio e di incondizionata disponibilità. Questa costante negazione di sé la portava spesso a lottare contro sentimenti di risentimento e frustrazione. Cercava di sopprimere questi sentimenti quando comparivano, rimproverandosi di essere egoista. Ma non poteva mai sradicare definitivamente i «sentimenti egoisti». Sotto stress, a volte, «usciva dai gangheri» diventando incredibilmente aspra nei confronti dei figli e sottoponendoli a punizioni irrazionali. «Sapevo che i miei eccessi sono negativi per loro,» spiega, «ma non sapevo come evitarli.

Era come se fossi una persona a due velocità – buona e cattiva – e non avessi alcun controllo sull'interruttore.»

Solo dopo che sfuriate analoghe di suo figlio gli causarono dei problemi a scuola, Sofia decise di venire da noi per un consulto. E fu allora che cominciò a capire che il suo atteggiamento nei confronti dell'emozione finiva per danneggiare i figli. Negando in continuazione i propri sentimenti, aveva privato i figli di un modello di gestione delle emozioni negative che emergono naturalmente nella vita familiare, quali la collera, il risentimento, la gelosia. Comunque, cambiare atteggiamento non le fu facile. Dovette imparare a focalizzare l'attenzione su emozioni e pensieri che in precedenza aveva considerato «egoisti» o «narcisisti», o perfino «peccaminosi». Ma, così facendo, ora è in grado di far fronte ai suoi stessi bisogni prima di venirne travolta, perdendo così il controllo. Ha cominciato altresì a scoprire che entrare in contatto con le sue emozioni negative può servirle per diventare una guida migliore per i suoi figli, quando sono loro a essere arrabbiati, tristi o spaventati. «È un po' come seguire le istruzioni di salvataggio che danno sugli aeroplani,» spiega. «Devi essere tu per prima a mettere la maschera di ossigeno se vuoi aiutare i tuoi figli.»

Che cosa possono fare i genitori che temono di perdere il controllo per sentirsi più adeguati al compito di occuparsi delle questioni emozionali che impegnano i propri figli? In primo luogo, ricordarsi che va benissimo esprimere la collera se il figlio fa qualcosa che la provoca. Il punto sta nell'esprimere il sentimento in modo non distruttivo per il rapporto. Se vi arrabbiate con i vostri figli dimostrate loro due cose: 1) I sentimenti più intensi possono essere espressi e padroneggiati. 2) Il loro comportamento vi interessa veramente. Potete utilizzare la vostra collera per dimostrare passione e sincerità finché continuate a comunicare nel rispetto reciproco. La nostra ricerca mostra che è meglio evitare il sarcasmo, il disprezzo, i commenti offensivi nei confronti del figlio, dato che tutte queste manifestazioni intaccano la stima di sé. È anche meglio concentrare l'attenzione sulle azioni piuttosto che sul carattere dei ragazzi. Esprimete commenti specifici, e dite a vostro figlio in che modo le sue azioni influiscono su di voi.

Inoltre, ciò vi aiuterà ad acquisire consapevolezza dei diversi livelli della vostra eccitazione emotiva. Se vi accorgete di essere infuriati, ma ciò nonostante riuscite a parlare razionalmente con vostro figlio, e a raggiungere una qualche forma di comprensione reciproca, non perdete il contatto con lui. Ditegli che cosa vi passa per la testa, ascoltate le sue risposte e continuate a parlargli. Se, invece, vi sentite a tal punto inferociti da non riuscire a pensare con chiarezza, staccatevi dalla situazione e tornateci sopra quando avrete ricuperato la calma. I genitori dovrebbero fare un passo indietro anche quando si sentono sul punto di fare o dire qualcosa di distruttivo, come insultare o picchiare il figlio. Picchiare, fare del sarcasmo, le minacce, le affermazioni umilianti, o le espressioni di disprezzo dovrebbero essere definitivamente abolite. Piuttosto che picchiare o lanciare commenti malevoli sui figli, i genitori farebbero meglio a tirare il fiato, ripromettendosi di ritornare sulla discussione una volta che si siano calmati.

Se sentite di correre il rischio di ferire seriamente vostro figlio sia dal punto di vista fisico sia da quello psicologico, dovreste vedere un esperto. Il vostro medico di famiglia o un consultorio potranno senz'altro fornirvi dei punti di riferimento.

Infine, i genitori che temono di perdere il controllo farebbero bene a ricordarsi del potere di guarigione del perdono. Tutti i genitori possono di tanto in tanto fare degli errori, e perdere la calma con i loro figli, dicendo o facendo cose di cui poi arrivano a pentirsi. Ma dai quattro anni in su i bambini riescono a capire il concetto di *scusa*. Per cui non perdete l'occasione di fare un passo indietro e di porre riparo a un'azione di cui vi pentite. Spiegate a vostro figlio come vi sentivate al momento dell'incidente e come vi siete sentiti dopo. Questo per vostro figlio può essere un esempio positivo del modo in cui si possono gestire i sentimenti di rimorso e dispiacere. Forse insieme a lui potreste anche riuscire a escogitare nuove soluzioni che potrebbero aiutarvi a prevenire in futuro malintesi e conflitti del genere.

Tenete a mente che in genere i bambini apprezzano l'intimità e l'affetto con i loro genitori. È nel loro interesse cercare di sanare il rapporto. E danno ai genitori tantissime «altre occasioni». Ricordate anche che il perdono è una strada a doppio senso. Funziona meglio nelle famiglie in cui anche ai bambini è permesso di tanto in tanto essere di malumore, e dove i genitori perdonano apertamente i loro figli.

Anche se costruire la propria consapevolezza emotiva si rivela a volte il compito di un'intera esistenza, i genitori possono cogliere i primi risultati positivi delle nuove intuizioni sin da subito. Una madre che finalmente si abbandona a una manifestazione di rabbia si trova in una posizione molto migliore per concedere al figlio la stessa facoltà. Una volta che un padre concede a se stesso di accettare la propria tristezza, sarà molto più capace di prestare ascolto alla tristezza di suo figlio.

AUTOTEST DI CONSAPEVOLEZZA EMOTIVA

Il test seguente è concepito per aiutarvi a gettare uno sguardo sulla vostra stessa vita emotiva, per scoprire fino a che punto vi concedete l'esperienza della collera e della tristezza e che tipo di rapporto avete in generale con l'emozione. Qui non ci sono risposte giuste o sbagliate, ma la chiave per interpretare i risultati in fondo al test vi permetterà di valutare il vostro livello di consapevolezza emotiva. Comprendere questo aspetto di voi stessi potrà fornirvi intuizioni sul perché reagite in un certo modo alle emozioni degli altri e in particolare a quelle dei vostri figli.

Collera

Cominciate dando un'occhiata al più recente passato, diciamo alle ultime settimane della vostra vita. Pensate alle cose che avete trovato stressanti, e che vi hanno causato sentimenti di frustrazione, irritazione o collera. Inoltre, pensate a persone nella vostra vita che vi sembra vi abbiano risposto con impazienza, frustrazione, collera o irritazione. Considerate i pensieri, le immagini e i sentimenti fondamentali che avete avuto di fronte a queste manifestazioni di collera e di tensione negli altri e in voi stessi.

Leggete ognuna delle seguenti affermazioni, che sono tutte tratte da dichiarazioni fornite da persone che hanno partecipato ai nostri gruppi di studio. Valutate il grado di accordo che sentite nei confronti delle affermazioni. Poi segnate la risposta che vi si adatta meglio.

V = vero   F = falso   NS = non so

1. Provo diversi tipi di collera.   V F NS

2. O sono calmo o scoppio di rabbia.
   Non c'è molto altro.   V F NS

3. Le persone intorno a me si accorgono
   che sono anche solo leggermente irritato.   V F NS

4. Posso dire già prima di arrabbiarmi se
   sarò furioso o solo sgradevole.   V F NS

5. Negli altri riesco a distinguere anche il
   minimo segno di irritazione.   V F NS

6. La collera è tossica.   V F NS

7. Quando mi arrabbio mi verrebbe da
   masticare qualcosa, addentarla, maciul-
   larla e divorarla.   V F NS

8. Sento i segnali dell'ira nel mio corpo.   V F NS

9. I sentimenti sono una faccenda privata.
   Io cerco di non esprimerli.   V F NS

10. Quando sono in collera ho l'impressio-
    ne di surriscaldarmi.   V F NS

11. Per me, sentirmi in collera è come
    essere una pentola che va sempre più
    sotto pressione.   V F NS

12. Per me, sentirmi in collera è come
rilasciare vapore, come lasciare sfogare
la pressione.   V   F   NS

13. Per me, sentirmi in collera è come la
pressione che aumenta e non si sfoga mai. V   F   NS

14. Arrabbiarmi mi fa sentire come se stessi
per perdere il controllo.   V   F   NS

15. Quando mi arrabbio gli altri capiscono
che non possono più trattarmi con
arroganza.   V   F   NS

16. La collera è il mio modo di diventare
serio e severo.   V   F   NS

17. La collera mi dà energia. Mi dà la
motivazione per affrontare le cose e non
esserne sconfitto.   V   F   NS

18. Tengo la collera repressa dentro di me.   V   F   NS

19. Io penso che se ti sforzi di reprimere la
collera ti attiri i guai.   V   F   NS

20. Dal mio punto di vista, la collera è
naturale, un po' come schiarirsi la gola.   V   F   NS

21. Per me la collera è come qualcosa che
va a fuoco, come qualcosa che sta per
esplodere.   V   F   NS

22. La collera, come il fuoco, può
consumarti.   V   F   NS

23. Cavalco la rabbia finché non si dissolve.   V   F   NS

24. Vedo la collera come una distruzione.   V   F   NS

25. Vedo la collera come una cosa incivile.   V   F   NS

26. Vedo la collera come un'inondazione.   V   F   NS

27. Per me non c'è molta differenza tra la collera e l'aggressione. V F NS

28. Penso che la collera di un figlio sia una brutta cosa e che vada punita. V F NS

29. L'energia della collera deve sfogarsi da qualche parte. Tanto vale esprimerla. V F NS

30. La collera ti dà lo stimolo e l'energia. V F NS

31. Per me collera e dolore vanno insieme. Quando vado in collera è perché qualcuno mi ha fatto male. V F NS

32. Per me collera e paura vanno insieme. Quando vado in collera è perché sono profondamente insicuro. V F NS

33. Arrabbiarsi ti fa sentire potente. Ti sembra di poter stare in piedi da solo. V F NS

34. La collera è per lo più impazienza. V F NS

35. Affronto il fatto di essere arrabbiato semplicemente lasciando passare il tempo. V F NS

36. Per me collera significa scoraggiamento e frustrazione. V F NS

37. Tengo la mia collera come imbottigliata. V F NS

38. È vergognoso che la gente ti veda arrabbiato. V F NS

39. La collera va bene finché è sotto controllo. V F NS

40. Vorrei dire che quando la gente si arrabbia è come se si buttasse addosso dei sacchi di spazzatura. V F NS

41. Liberarmi dell'ira è come espellere
qualcosa di molto spiacevole dal mio
corpo.   V F NS

42. Trovo imbarazzante il fatto di esprimere
delle emozioni.   V F NS

43. Se una persona fosse sana non dovrebbe
arrabbiarsi.   V F NS

44. La collera implica un coinvolgimento o
un contatto fisico.   V F NS

Tristezza

E ora pensate a quando, recentemente, vi siete sentiti
tristi, scoraggiati o rifiutati. Pensate alle persone che vi
hanno espresso sentimenti di tristezza, depressione o
malinconia. Quali pensieri, quali immagini e quali sentimenti fondamentali vi vengono in mente quando pensate all'espressione di queste emozioni tristi in voi stessi e
negli altri? Leggete ognuna di queste affermazioni sulla
tristezza e segnate la risposta che meglio si adatta alla
vostra reazione.

1. Prima di tutto vorrei dire che la tristezza è
tossica.   V F NS

2. La tristezza è come una malattia, e libe-
rarsi della tristezza è come guarire da una
malattia.   V F NS

3. Quando sono triste voglio stare da solo.   V F NS

4. Sento moltissimi tipi di tristezza.   V F NS

5. Posso dire quando sono anche solo un po' triste.   V   F   NS

6. Posso dire quando le altre persone sono anche solo un po' tristi.   V   F   NS

7. Il mio corpo mi lancia segnali forti e chiari del fatto che avrò una giornata triste.   V   F   NS

8. Vedo la tristezza come qualcosa di produttivo. Ti fa capire che devi rallentare.   V   F   NS

9. Penso che la tristezza possa essere una buona cosa. Si può dire che cosa manca nella tua vita.   V   F   NS

10. La tristezza è un modo naturale di sentire una perdita o un lutto.   V   F   NS

11. La tristezza va bene se passa in fretta.   V   F   NS

12. Prestare ascolto alla tristezza è purificante.   V   F   NS

13. La tristezza è inutile.   V   F   NS

14. Non c'è nulla di meglio di un «buon pianto».   V   F   NS

15. La tristezza non è una cosa da sprecare per cose di poco conto.   V   F   NS

16. La tristezza c'è per una ragione.   V   F   NS

17. Tristezza significa debolezza.   V   F   NS

18. La tristezza significa che puoi empatizzare.   V   F   NS

19. Sentirsi tristi è sentirsi senza aiuto o senza speranze.   V   F   NS

20. È inutile dire alla gente che ci si sente
tristi. V F NS

21. A volte mi faccio un bel pianto. V F NS

22. Essere triste mi fa paura. V F NS

23. Far vedere alla gente che si è tristi
significa perdere il controllo. V F NS

24. Se riesci a mantenere il controllo,
la tristezza può essere un piacere. V F NS

25. È meglio non far vedere alla gente
che si è tristi. V F NS

26. La tristezza è come sentirsi violati. V F NS

27. La gente dovrebbe essere lasciata sola
quando è triste, come se fosse in
quarantena. V F NS

28. Comportarsi allegramente è l'antidoto
alla tristezza. V F NS

29. Un'emozione si può trasformare in
un'altra se ci si pensa su abbastanza. V F NS

30. Mi riprendo in fretta dalla tristezza. V F NS

31. La tristezza fa riflettere. V F NS

32. La tristezza di un bambino riflette
un carattere negativo. V F NS

33. È meglio non reagire alla tristezza
di un bambino. V F NS

34. A volte, quando mi sento triste, quel
che sento è disgusto di me stesso. V F NS

35. Dal mio punto di vista, le emozioni sono
sempre lì, fanno parte della vita. V F NS

36. Essere controllati significa essere
sostenuti, positivi, non tristi. V F NS

37. I sentimenti sono privati, non pubblici. V F NS

38. Se sei troppo emotivo con i bambini
potresti perdere il controllo e diventare
violento. V F NS

39. Nella vita è meglio non indulgere troppo
in emozioni negative. Meglio accentuare
quelle positive. V F NS

40. Per superare un'emozione negativa,
non devi far altro che continuare nella
routine dell'esistenza. V F NS

Punteggio

Le persone che sono consapevoli della collera e della
tristezza, parlano di queste emozioni in modi differenti.
Possono facilmente individuare le emozioni in se stessi
e negli altri. Fanno esperienza di una gran varietà di sfumature di queste emozioni, e lasciano che esse entrino a
far parte della loro vita. Queste persone hanno maggiori
probabilità di reagire a manifestazioni minori di collera
o di tristezza nei loro figli rispetto a persone con una
consapevolezza emotiva inferiore.

Potreste essere più consapevoli di un'emozione e meno dell'altra? È possibile. La consapevolezza non è uni-
dimensionale, e può cambiare con il tempo.

COLLERA. Per calcolare il vostro punteggio nella collera, sommate le domande a cui avete risposto «vero»

nella prima lista e poi sottraete le domande cui avete risposto «vero» nella seconda lista. Maggiore è il vostro punteggio, maggiore è la consapevolezza che avete della collera.

Lista n. 1: 1, 3, 4, 5, 7, 8, 10, 11, 12, 15, 16, 17, 19, 20, 27, 29, 30, 31, 32, 33, 44.

Lista n. 2: 2, 6, 9, 13, 14, 18, 21, 22, 23, 24, 25, 26, 28, 34, 35, 36, 37, 38, 39, 40, 41, 42, 43.

Se avete risposto «non so» più di dieci volte, sarà meglio che cominciate a lavorare per migliorare la vostra consapevolezza della collera in voi stessi e negli altri.

TRISTEZZA. Per calcolare il vostro punteggio sommate le risposte «vero» alle domande nella lista n. 1 e poi sottraete il numero di volte in cui avete risposto «vero» alle domande nella lista n. 2. Maggiore è il punteggio, maggiore è la vostra consapevolezza della tristezza.

Lista n. 1: 4, 5, 6, 7, 8, 9, 10, 12, 16, 18, 21, 24, 25, 31, 35.

Lista n. 2: 1, 2, 3, 11, 13, 14, 15, 17, 19, 20, 22, 23, 26, 27, 28, 29, 30, 32, 33, 34, 36, 37, 38, 39, 40.

Consigli per un'autoconsapevolezza emotiva

Dopo aver portato a termine i test, potreste scoprire in voi il desiderio di approfondire la consapevolezza della vostra vita emotiva. Tra i modi più comuni per farlo ci sono la meditazione, la preghiera, tenere un diario e molte forme di espressione artistica come suonare uno strumento musicale o dipingere. Tenete presente che creare una migliore consapevolezza dei propri sentimenti richiede un po' di solitudine, un elemento che probabilmente scarseggia nei genitori impegnatissimi di oggi. Se però rammentate a voi stessi che il tempo che trascorrete da soli potrebbe aiutarvi a diventare genitori migliori, non vi sembrerà più tanto tempo perso. Chi vive in coppia potrebbe stabilire dei turni per permettere a ciascuno di uscire da soli per una passeggiata mattutina o di tanto in tanto isolarsi per un week-end di meditazione. I genitori *single* potrebbero affidarsi a una baby-sitter o scambiarsi i turni con altri genitori.

Tenere un registro delle emozioni può essere anche un modo eccellente per diventare via via sempre più consapevoli dei propri sentimenti. Più avanti troverete una tabella settimanale per annotare tutta la varietà delle emozioni che sorgono dentro di voi. Oltre al registro potreste tenere un piccolo «diario emotivo», e scriverci su dei pensieri sulle vostre emozioni e sui sentimenti che provate giorno per giorno. Un'abitudine come questa vi aiuterà a rendervi sempre più conto degli avvenimenti o dei pensieri che possono provocare le vostre emozioni e del modo in cui reagite. Vi ricordate, ad esempio, l'ultima volta in cui avete gridato o avete perso la pazienza? Qual era stato l'elemento catalizzatore? Come vi siete sentiti riguardo a quell'emozione? Dopo, vi siete sentiti sollevati o vi siete vergognati? Gli altri si sono accorti di quel che vi stava capitando? Ne avete parlato con qualcuno? Ecco il tipo di cose di cui prendere nota in un registro di emozioni. Potete usarlo anche per prendere nota delle vostre reazioni alle emozioni altrui, in particolare alle emozioni dei vostri figli. Ogni volta che vedete arrabbiato, triste o spaventato vostro figlio, potreste prendere nota delle vostre reazioni.

I registri delle emozioni possono essere utili anche alle persone che si sentono a disagio o in ansia riguardo alle proprie reazioni emotive. Questo perché il processo di dare un nome alle emozioni e scriverne qualcosa può aiutarli a definire il contenuto delle emozioni stesse. Emozioni che un tempo potevano sembrare misteriose e incontrollabili, improvvisamente assumono dei connotati e dei limiti precisi. I nostri sentimenti ci diventano più trattabili e non ci spaventano più tanto.

Mentre lavorate al vostro registro emotivo, prendete nota del tipo di pensieri, di immagini e di linguaggio che i vostri sentimenti suscitano in voi. Cercate degli spunti nelle metafore che utilizzate per descrivere i vostri sentimenti. Ad esempio, qualche volta vedete la vostra collera o quella di vostro figlio come distruttiva, esplosiva e, quindi, spaventosa? Oppure siete più inclini a percepirla come rinvigorente, purificante ed energizzante? Che cosa vi dicono queste immagini riguardo alla vostra volontà di accettare e di lavorare con le emozioni negative della vostra esistenza? Notate riguardo alle emozioni atteggiamenti o percezioni che vorreste modificare?

Settimana del...

Emozione	Lun.	Mar.	Mer.	Giov.	Ven.	Sab.	Dom.
Felicità							
Affetto							
Interesse							
Eccitazione							
Orgoglio							
Desiderio							
Amore							
Essere amati							

Gratitudine							
Stress							
Dolore							
Tristezza							
Irritazione							
Collera							
Pietà							
Disgusto							
Colpa							
Invidia							
Rimpianto							
Vergogna							

ESSERE CONSAPEVOLI DELLE EMOZIONI DEI BAMBINI

I genitori consapevoli delle proprie emozioni possono utilizzare questa sensibilità per sintonizzarsi sui sentimenti dei figli – per quanto sottili o intensi essi siano. Comunque, essere una persona sensibile ed emotivamente consapevole, non significa necessariamente che sempre si sia in grado di interpretare e comprendere i sentimenti dei propri figli. I ragazzi, spesso, esprimono le loro emozioni indirettamente e con modalità che lasciano gli adulti perplessi. Se ascoltiamo attentamente e ad animo aperto, tuttavia, potremo spesso decodificare il messaggio che i nostri figli, inconsciamente, nascondono nel modo in cui interagiscono nel gioco, nel comportamento di ogni giorno.

David, un padre che ha partecipato ai nostri gruppi di studio, ha raccontato come un incidente con sua figlia di sette anni lo ha aiutato a comprendere le radici della sua rabbia e gli ha mostrato di che cosa lei aveva bisogno. Carly era stata di «umor nero» tutto il giorno, e aveva continuato ad attaccar briga con il fratellino di quattro anni, cercando ogni pretesto per prendersela con lui e inventando offese di cui, a suo dire, era stata vittima, tra cui la classica «Jimmy continua a fissarmi!». In ogni situazione, Carly accusava Jimmy di essere il provocatore, mentre era chiaro che il bambino non faceva nulla di male. Quando David chiese a Carly perché fosse così arrabbiata con il suo fratellino fin troppo tollerante, le sue domande non fecero che provocare silenzio o lacrime. E più provava, più Carly si metteva sulle difensive.

Alla fine della giornata, David arrivò in camera da letto di Carly per aiutarla ad andare a dormire. La trovò ancora imbronciata. Aprì il cassettone per prenderle il pigiama e ne trovò soltanto uno pulito, un vecchio, consunto vecchio pigiamino con i piedini. «Pensi che ti vada?» chiese David con un sorrisetto mentre mostrava il capo alla sua dinoccolata figliola. David ricuperò un paio di forbici e insieme a Carly tagliarono via i piedi del pigiama per permettere alla ragazza di indossarlo. «Non riesco a credere che tu stia crescendo tanto in fretta,» le disse. «Stai proprio diventando una ragazza grande.»

Cinque minuti più tardi, Carly si unì alla famiglia in cucina per uno spuntino della buonanotte. «Era una bambina diversa,» ricorda di aver notato David. Era vivace, aveva voglia di parlare. Riuscì perfino a dire una battuta per far ridere Jimmy.

«Qualcosa è successo durante l'episodio con il pigiama, ma non sono sicuro di sapere che cosa,» disse David agli altri genitori del gruppo. Dopo aver lanciato la questione, la risposta però gli giunse piuttosto chiaramente. Carly, da ragazzina seria e sensibile qual era, era sempre stata gelosa del carattere gradevole e dolce di Jimmy. E, per qualche ragione, in quella giornata in particolare, aveva avuto bisogno di venir rassicurata riguardo al suo ruolo all'interno della famiglia. Forse voleva sapere che David le voleva bene in modo diverso da come amava Jimmy. Forse il fatto che il padre riconoscesse con tanta dolcezza che la figlia stava crescendo era stato il suo toccasana.

Il punto è che i bambini – come tutti del resto – hanno ragioni precise per le loro emozioni, sebbene spesso non siano in grado di articolarle verbalmente. Quando ci accorgiamo che i nostri ragazzi si arrabbiano o sono tesi riguardo a una questione che ci sembra irrilevante, forse può essere utile fare un passo indietro e osservare il grande quadro che è la loro vita. Un bambino di tre anni non può dire: «Mi spiace di essere stato noioso ultimamente, mamma. Ma il trasferimento nel nuovo asilo mi ha davvero stressato». Un ragazzino di otto anni probabilmente non vi dirà: «Mi sento così teso quando tu e papà discutete di questioni economiche,» ma forse è proprio quello che prova.

Tra i bambini dai sette anni in giù, i segnali dei sentimenti vengono rivelati spesso nei giochi di fantasia. «Far finta», trasformandosi in personaggi diversi, in scenari e situazioni differenti, permette ai bambini di sperimentare le emozioni da una posizione di sicurezza. Ricordo mia figlia Moriah che utilizzava la sua Barbie in questo modo quando aveva quattro anni. Giocando nella vasca da bagno con la bambola, un giorno mi disse: «Barbie si spaventa molto quando tu ti arrabbi». Era il suo modo per intraprendere un'importante conversazione tra di noi, su quello che mi faceva innervosire, sul fatto che alzassi la voce quando ero nervoso e su come si sentiva lei in quei casi. Grato per l'occasione che mi dava di parlarne, io rassicurai Barbie (e mia figlia) che non volevo proprio spaventarla, e che anche se qualche volta mi arrabbiavo, questo non significava che non le volessi bene. Poiché Moriah stava interpretando il ruolo di Barbie, io mi rivolsi direttamente alla bambola e la confortai. Questo, credo, semplificò a Moriah il compito di parlare con me dei sentimenti che provava quando io mi arrabbiavo.

Non tutti i messaggi da parte dei ragazzi sono così facili da decifrare. Eppure, è tipico che i bambini esprimano le loro paure attraverso giochi in cui parlano di argomenti seri come l'abbandono, la malattia, il dolore, la morte. (C'è forse da stupirsi che i bambini facciano finta di avere la forza e la magia dei Power Ranger?) I genitori più avvisati possono trarre segnali dalle paure che si esprimono nei giochi dei bimbi. In seguito, essi potranno rivolgere la propria attenzione precisamente a quelle paure e offrire le giuste rassicurazioni.

Sintomi di squilibri emozionali nei bambini possono anche rivelarsi comportamenti quali il mangiare troppo o la perdita dell'appetito, gli incubi notturni, e il fatto di accusare dolori di testa o di pancia. I bambini che hanno imparato a fare i loro bisogni nel vasino, possono improvvisamente riprendere a bagnare il letto.

Se sospettate che vostro figlio si senta triste, arrabbiato o spaventato, potrà essere utile che cerchiate di mettervi nei suoi panni, e vi sforziate di vedere il mondo dal suo punto di vista. Questo potrà essere più difficile di quanto sembri, specialmente se considerate quanta esperienza di vita avete voi e di cui lui è sprovvisto. Quando muore un animale, ad esempio, voi sapete che il dolore con il tempo passa. Ma un bambino che prova questo sentimento per la prima volta potrebbe sentirsi del tutto sovrastato dall'intensità di questa esperienza. Voi, però, potete eliminare le differenze nella vostra esperienza, e cercare di ricordare che vostro figlio sta affrontando la vita da un punto di vista molto più immediato, privo di esperienza e vulnerabile.

Quando sentite che il vostro cuore si unisce a quello di vostro figlio, quando vi accorgete di provare quello che prova vostro figlio, ecco che state provando l'empatia, che è al fondamento dell'Allenamento emotivo. Se riuscite a mantenervi con vostro figlio all'interno di questa emozione, anche se a volte può essere difficile e scomodo, potrete passare alla fase successiva, che consiste nel riconoscere in questo momento emozionale un'occasione per costruire la fiducia e offrire una guida.

FASE N. 2: RICONOSCERE NELL'EMOZIONE UN'OPPORTUNITÀ
DI INTIMITÀ E DI INSEGNAMENTO

Si dice che in cinese l'ideogramma che rappresenta l'«opportunità» sia inscritto in quello che significa «crisi». Il collegamento tra questi due ideogrammi si può percepire in modo estremamente significativo nel ruolo dei genitori. Sia che si tratti di un pallone bucato, di un compito in classe di matematica andato male, o del tradimento di un amico, le esperienze negative possono costituire una straordinaria opportunità per empatizzare, costruire intimità con i nostri figli e insegnare loro come fare a padroneggiare i sentimenti.

Per molti genitori, riconoscere nelle emozioni negative dei figli un'occasione per stabilire un legame, per insegnare qualcosa, è un vero sollievo, una liberazione, una gioia. Possiamo considerare la collera dei nostri figli come qualcosa di diverso da una semplice sfida alla nostra autorità. Le paure dei bambini non sono più la prova della nostra incompetenza come genitori. E la loro tristezza non è più una delle tante, dannatissime cose che devo mettere a posto oggi.

Per ripetere un'idea proposta da un genitore-allenatore in un incontro di studio, un bambino ha bisogno dei genitori specialmente quando è triste o arrabbiato o spaventato. La capacità di aiutare a rilassarsi un bambino teso e agitato può essere quel che ci fa sentire veramente genitori. Riconoscendo le emozioni dei nostri figli, li aiutiamo ad apprendere delle tecniche per rilassarsi da soli, ovvero delle capacità che saranno loro utili per tutta la vita.

Sebbene alcuni genitori cerchino di ignorare i sentimenti negativi dei bambini sperando che se ne andranno da soli, in realtà le emozioni non funzionano quasi mai in questo modo. Al contrario, le emozioni negative si dissolvono quando i bambini possono parlarne, dar loro un nome, e sentirsi compresi. Ha senso, dunque, riconoscere le emozioni quando sono ancora a un livello basso, prima che deflagrino in crisi aperte. Se il vostro cinquenne vi sembra nervoso riguardo a una prossima visita dentistica, è meglio esplorare questa paura un giorno prima che aspettare fino al momento in cui il bambino si troverà sulla poltrona del dentista in preda a una vera e propria crisi nervosa. Se il vostro dodicenne è invidioso perché il suo migliore amico ha ottenuto nella squadra di calcio il posto che lui stesso stava inseguendo da tempo, è meglio aiutarlo e parlare con lui di questi sentimenti invece che lasciare che dopo una settimana la tensione porti a un conflitto tra i due amici.

Rivolgere l'attenzione a sentimenti di intensità ancora controllabile prima che deflagrino, dà alle famiglie la possibilità di esercitarsi nell'ascolto e nell'abilità di risolvere i problemi quando ancora sono modesti. Se esprimete interesse e preoccupazione per il giocattolo rotto o la sbucciatura al ginocchio, queste esperienze costituiranno per vostro figlio un materiale solido su cui costruire. Egli imparerà che siete un suo alleato e che entrambi potete collaborare. Così, se dovesse scoppiare una crisi davvero grossa sarete pronti ad affrontarla insieme.

FASE N. 3: ASCOLTARE CON EMPATIA, E CONVALIDARE
I SENTIMENTI DEL BAMBINO

Quando vi accorgete che una situazione presenta un'opportunità per costruire intimità e insegnare a risolvere i problemi, siete pronti per la fase forse più importante dell'Allenamento emotivo: l'ascolto empatico.

In questo contesto, ascoltare significa molto più che una semplice raccolta dei dati che ci giungono attraverso le orecchie. Gli ascoltatori empatici utilizzano gli occhi per cogliere le prove fisiche dell'emozione dei bambini. Usano l'immaginazione per vedere la situazione nella prospettiva del bambino. Usano le parole per riflettere, in modo rilassato e non critico su quel che hanno ascoltato e per aiutare i bambini a dare un nome alle loro emozioni. Ma, cosa più importante di tutte, usano i loro cuori per sentire quel che i loro figli sentono.

Per sintonizzarvi sulle emozioni dei vostri figli dovete prestare attenzione al linguaggio del loro corpo, alle espressioni del loro viso e ai loro gesti. Non può esservi sfuggito il sopracciglio corrucciato, la mascella serrata, o il tamburellare del piede. Che cosa vi dicono questi segnali su quel che vostro figlio prova? Assicuratevi che anche vostro figlio possa leggere il linguaggio del vostro corpo. Se il vostro obiettivo è quello di parlare in modo rilassato e attento, adottate una postura che esprima questa vostra intenzione. Sedetevi al suo livello, fate un bel respiro, rilassatevi e concentratevi. La vostra attenzione farà capire a vostro figlio che prendete seriamente le sue preoccupazioni, e che volete investire del tempo sull'argomento.

Mentre vostro figlio rivela i suoi sentimenti, riflettete a quel che state sentendo e prendete nota di tutto. Ciò rassicurerà vostro figlio che state ascoltando con attenzione e che pensate che i suoi sentimenti siano validi. Ecco un esempio:

Quando il postino recapita un pacco-dono per il compleanno di Nicky, il suo fratellino di quattro anni, Kyle reagisce con irritazione. «Non è giusto!» Generalmente il papà del bambino risponde spiegando che, a suo tempo, la giustizia sarà ristabilita. «Quando arriverà il tuo compleanno, probabilmente la nonna manderà anche a te un pacchetto.»

Anche se questa affermazione spiega senz'altro la logica del momento, nega i sentimenti di Kyle. Ora, oltre a sentirsi geloso del regalo, Kyle si sentirà anche arrabbiato perché il padre non capisce la sua posizione poco invidiabile.

Immaginate, invece, come si potrebbe sentire Kyle se il padre, alla sua esclamazione, avesse risposto con una semplice osservazione: «Vorresti che la nonna avesse mandato un pacchetto anche a te, vero? Scommetto che è per questo che ti senti geloso». Già, proprio così, potrebbe pensare Kyle. Anche se è il compleanno di Nicky e io dovrei prendere le cose con calma, mi sento geloso. Papà mi capisce. Ora, Kyle si trova in una posizione migliore per ascoltare le parole del padre che gli spiega che, a suo tempo, le cose «andranno a posto».

Una mamma nei nostri gruppi di studio ebbe un'esperienza simile con sua figlia che un giorno era tornata a casa da scuola lamentando che «nessuno la voleva».

«Era difficile non contraddirla,» disse la mamma. «So che a scuola è molto popolare. Ma, quando io l'ho ascoltata e ho empatizzato con lei, invece di contraddirla, la crisi è stata superata in un minuto. Sto imparando che, quando lei parla, dei suoi sentimenti non serve a niente applicare la logica. È molto meglio limitarsi ad ascoltare.»

Ecco un altro esempio di ascolto empatico; preso dalla conversazione che una delle mamme dei nostri gruppi di studi ha avuto con la figlia, Megan, di nove anni. Notate che l'impegno principale della mamma è riconoscere i sentimenti della figlia.

Megan: Non voglio andare a scuola domani.
Mamma: Davvero? Strano? Di solito ti piace andare a scuola. Non è che magari c'è qualcosa che ti preoccupa?
Megan: Sì, un po'.

Mamma: E cos'è che ti preoccupa?

Megan: Non lo so.

Mamma: Insomma, qualcosa ti preoccupa ma non sei sicura di che cosa sia.

Megan: Già.

Mamma: Infatti mi sembri un po' tesa.

Megan: (in lacrime) Sì. È per colpa di Dawn e Patty.

Mamma: È successo qualcosa a scuola con Dawn e Patty?

Megan: Sì. All'intervallo Dawn e Patty hanno fatto finta di non vedermi.

Mamma: E questo ti ha fatto stare male, vero?

Megan: Sì, tanto.

Mamma: Mi sembra di capire che domani non vuoi andare a scuola perché hai paura che Dawn e Patty all'intervallo facciano ancora finta di non vederti.

Megan: Sì. Tutte le volte che mi avvicinavo, loro se ne andavano e si mettevano a fare qualcos'altro.

Mamma: Caspita! Mi sarei sentita malissimo se le mie amiche si fossero comportate così con me.

Megan: Anch'io. Mi veniva proprio da piangere.

Mamma: Oh, tesoro! (L'abbraccia). Mi dispiace proprio che ti sia successa questa cosa. Vedo che ti senti proprio triste e arrabbiata per come ti hanno trattato le tue amiche.

Megan: Sì. Non so che cosa fare domani. Non so se mi va di andare a scuola.

Mamma: Perché non vuoi che le tue amiche feriscano di nuovo i tuoi sentimenti?

Megan: Sì, e poi io gioco sempre con loro. Tutti gli altri hanno i loro amici.

La conversazione continua e Megan fornisce alla madre ulteriori dettagli sul suo rapporto con le ragazze. La madre ci spiega che molte volte ha avuto la tentazione di spiegare alla figlia che cosa doveva fare. Voleva dire cose come: «Non ti preoccupare. Dawn e Patty cambieranno modo di comportarsi domani,» oppure «Lasciale perdere. Trova delle amiche nuove».

Ma la mamma resistette alla tentazione, perché voleva comunicare alla figlia comprensione, ma anche permetterle di trovare da sola una risposta al problema.

Penso che sia stata un'intuizione giusta. Se la mamma avesse detto a Megan di non preoccuparsi, o se le avesse fatto capire che c'era una soluzione molto semplice al problema, sarebbe stato come dire che trovava i problemi della figlia poco rilevanti, futili. Invece, nella sua mamma Megan trovò una confidente e si sentì confortata. Dopo molti altri minuti di ascolto e di riflessione su quanto la figlia le stava raccontando, la mamma di Megan cominciò a esplorare le possibilità di gestire la situazione. E, dato che Megan aveva capito che la madre comprendeva il suo dilemma, fu ricettiva ai suoi consigli. Ecco come continuò la conversazione.

Megan: Non so proprio che fare.
Mamma: Vuoi che ti dia una mano e ti dia qualche idea di quello che farei io?
Megan: Sì.
Mamma: Forse potresti parlare a Dawn e a Patty e spiegare loro come ti senti per il fatto che ti ignorano.
Megan: No, non credo. Sarebbe imbarazzante.
Mamma: Già, ti capisco. Ci vorrebbe troppo coraggio. Hmm. Non so. Pensiamoci un attimo. (Passa

un po' di tempo mentre la mamma strofina le spalle della figlia) Forse potresti aspettare e vedere che cosa succede. Sai com'è fatta Dawn. Un giorno magari è insopportabile, e il giorno dopo torna a essere quella di sempre. Forse domani potrebbe essere di nuovo la tua migliore amica.

Megan: Ma se poi non lo è?

Mamma: Non sono sicura. Tu hai qualche idea?

Megan: No.

Mamma: Non c'è nessun altro con cui ti piacerebbe giocare?

Megan: No.

Mamma: Cos'altro fate nel campo giochi?

Megan: Si gioca soltanto a pallone.

Mamma: E a te non va di giocare a pallone?

Megan: Non ci ho mai giocato.

Mamma: Ah.

Megan: Solo Krista ci gioca.

Mamma: Vuoi dire Krista, la tua amica di Camp Fire?

Megan: Sì.

Mamma: Ti ho visto con Krista agli incontri di Camp Fire e non mi sembravi a disagio con lei. Forse potresti chiederle di insegnarti a giocare.

Megan: Forse.

Mamma: Bene. Allora hai un'altra idea.

Megan: Sì, potrebbe funzionare. Ma se non funziona?

Mamma: Mi sembri ancora preoccupata. Come se avessi paura che non ci sarà proprio nessuno per giocare e non saprai che cosa fare da sola.

Megan: Sì.

Mamma: Non ci sono dei giochi che ti diverti a fare da sola?

Megan: Tipo saltare la corda?

Mamma: Sì, anche.

Megan: Potrei portarmi la corda, proprio in caso che...

Mamma: Bene. Così se non giocherai con Dawn e Patty e se giocare a palla non ti dovesse piacere, potrai sempre saltare la corda.

Megan: Sì, posso fare così.

Mamma: Perché non vai a prendere subito la corda e non la metti nello zaino, così non te la scordi domani?

Megan: D'accordo. E poi posso chiamare Krista per vedere se può venire qui domani dopo la scuola?

Mamma: Questa sì che è un'ottima idea!

Attraverso un approccio empatico, con un po' di pazienza e lasciando che fosse Megan stessa a giungere alle sue conclusioni, sua madre è riuscita a guidarla verso una serie di soluzioni attuabili.

Quando sentite che vostro figlio è in un momento di tensione emotiva, tenete conto del fatto che condividere con lui semplici osservazioni di solito è meglio che sottoporlo a molte domande per fare andare avanti la conversazione. Potreste chiedere a vostro figlio «Perché ti senti triste?» e scoprire che lui non ha una risposta da proporre. È un bambino, e non ha il beneficio (o lo svantaggio) di anni e anni di introspezione, per cui è probabile che non abbia una risposta sulla punta della lingua. Forse si sente triste a causa dei litigi dei suoi genitori, o perché è troppo stanco, oppure è preoccupato per il saggio di pianoforte. Ma forse non è in grado di articolare nessuna di queste spiegazioni. E, anche quando finalmente gli viene in mente una risposta, potrebbe temere che non sia abbastanza buona da giustificare il sentimento. In questo caso, la domanda non farà altro che metterlo a tacere. Invece è meglio riflettere su quel che notate. Potreste dire: «Sembri un po' stanco, oggi». Oppure «Ho notato che hai corrugato la fronte quando ho menzionato il saggio,» e aspettare una sua replica.

Inoltre, cercate di evitare domande di cui già conoscete le risposte. Interrogazioni del tipo «A che ora sei tornato stanotte?» oppure «Chi ha rotto la lampada?» introducono un'atmosfera di sfiducia e di tensione, come se non aspettaste altro che vostro figlio vi dica una bugia. È meglio che conversazioni del genere vengano introdotte da osservazioni dirette: «Ho visto che hai rotto la lampada e non mi ha fatto piacere». Oppure «Sei tornato dopo l'una stanotte, e non penso che sia una cosa accettabile».

Raccontargli degli esempi tratti dalla vostra vita può essere un modo efficace di dimostrargli la vostra comprensione. Prendete il caso di Kyle, il ragazzino che se l'era presa per il regalo di compleanno del fratellino. «Anch'io ero geloso quando ero piccolo e la zia Mary riceveva un regalo.» Questo avrebbe rassicurato Kyle sul fatto che le sue emozioni sono valide, dato che anche papà le aveva sperimentate. E, sentendosi compreso, avrebbe potuto accettare la spiegazione rassicurante che «La nonna forse manderà anche a te un pacchetto per il tuo compleanno».

FASE N. 4: AIUTARE IL BAMBINO A TROVARE LE PAROLE
PER DEFINIRE LE EMOZIONI CHE PROVA

Una fase semplice ed estremamente importante dell'Allenamento emotivo, consiste nell'aiutare i bambini a dare un nome alle emozioni che stanno provando. Negli esempi precedenti, il papà di Kyle ha aiutato il figlio a identificare la sensazione sgradevole che stava provando come «gelosia». La mamma di Megan ha utilizzato moltissime definizioni per aiutare la figlia a «classificare» il suo problema, tra cui «tesa», «preoccupata», «ferita», «arrabbiata», «triste», «spaventata». Fornire ai figli le parole può aiutarli a trasformare una sensazione amorfa, raccapricciante e sgradevole in qualcosa di definibile, e quindi con confini ben precisi, come ogni altro normale elemento all'interno della vita quotidiana. La collera, la tristezza e la paura diventano così esperienze comuni a tutti e che tutti sono in grado di gestire.

Dare un nome alle emozioni, va di pari passo con l'empatia. Un genitore vede il figlio in lacrime e dice: «Ti senti triste, non è vero?». Ora il bambino non solo si sente compreso, ma ha anche una parola per definire il suo stato d'animo.

Studi specifici indicano che l'atto di dare un nome alle emozioni ha di per sé un effetto rasserenante sul sistema nervoso, e aiuta i ragazzi a ricuperare più in fretta dalle situazioni di turbamento. Sebbene non si sappia con esattezza come agisca questo effetto rasserenante, la mia teoria è che parlare di un'emozione mentre la si sta provando impegna il lobo cerebrale sinistro, che è il centro del linguaggio e della logica. Ciò, a sua volta, può aiutare il bambino a concentrarsi e a tranquillizzarsi. Come abbiamo già discusso in precedenza, le implicazioni connesse all'insegnare a un bambino a calmarsi da solo sono davvero notevoli. I ragazzi che sanno tranquillizzarsi da soli sin da piccoli mostrano molti segni di intelligenza emotiva. È probabile che riescano a concentrarsi meglio, ad avere migliori relazioni interpersonali, a riuscire meglio a scuola e godano di una salute più robusta.

Il mio consiglio ai genitori, quindi, è di aiutare i figli a trovare le parole per descrivere quel che stanno provando. Ciò non significa suggerire ai bambini quel che *dovrebbero* sentire. Significa semplicemente aiutarli a sviluppare un vocabolario con cui esprimere le loro emozioni.

Maggiore sarà la precisione con cui i ragazzi riusciranno a esprimere i loro sentimenti, meglio sarà, per cui cercate di aiutarli a «sputare il rospo». Se vostro figlio è arrabbiato, ad esempio, potrebbe sentirsi frustrato, infuriato, confuso, tradito o geloso. Se è triste potrebbe sentirsi ferito, abbandonato, geloso, svuotato, depresso.

Tenete conto che la gente spesso prova emozioni miste, che per qualche ragazzo possono essere problematiche in sé. Un ragazzo che va al campeggio estivo, ad esempio, può sentirsi sia orgoglioso della sua indipendenza, sia spaventato all'idea di provare nostalgia di casa. «Tutti sono contenti di partire, ma io mi sento in ansia,» può pensare. «Cos'ho che non va?» I genitori possono aiutarlo in una situazione del genere, guidandolo a esplorare la gamma delle sue emozioni, e rassicurandolo che è normale a volte provare due sentimenti diversi allo stesso tempo.

FASE N. 5. PORRE DEI LIMITI, MENTRE SI AIUTA IL BAMBINO
A RISOLVERE IL PROBLEMA

Una volta che avrete passato del tempo ad ascoltare vostro figlio e ad aiutarlo a dare un nome e comprendere le sue emozioni, probabilmente, vi troverete naturalmente portati a intraprendere un processo di «soluzione del problema». Questo processo può avere anch'esso cinque fasi: 1) porre i limiti; 2) identificare gli obiettivi; 3) pensare alle possibili soluzioni; 4) valutare le soluzioni proposte alla luce dei valori familiari; 5) aiutare il bambino a scegliere la soluzione.

A prima vista, questo processo potrebbe sembrare piuttosto macchinoso, ma con la pratica diventa automatico e di solito si può compiere in breve tempo. Ed è proprio questo il modo in cui si deve procedere alla soluzione dei problemi con i bambini: rapidamente ma frequentemente.

Potete guidare vostro figlio attraverso queste fasi, ma non sorprendetevi se, con l'esperienza, sarà proprio lui a prendere l'iniziativa e a cominciare a risolvere problemi complessi per conto suo.

Porre i limiti
Specialmente nel caso dei bambini più piccoli, la risoluzione dei problemi inizia spesso con il genitore che pone dei limiti a un comportamento inopportuno. Un bambino si sente frustrato, e quindi esprime i suoi sentimenti in modo inadeguato, ad esempio picchiando un compagno, rompendo un giocattolo o dicendo parolacce. Dopo che il genitore ha riconosciuto l'emozione che sta dietro il comportamento riprovevole e lo aiuta a dargli

un nome, è necessario che il bambino capisca che certi comportamenti sono inaccettabili e non verranno più tollerati. In seguito i genitori potranno guidare il bambino a pensare a modi più appropriati per padroneggiare i sentimenti negativi.

«Ti fa infuriare il fatto che Danny ti abbia preso quel giocattolo,» potrebbe esordire il genitore. «Anch'io sarei infuriato. Ma non va bene che tu lo picchi. Che cosa potresti fare, invece?» Oppure: «Va bene sentirsi geloso nei confronti di tua sorella perché ti ha rubato il posto davanti in macchina, ma non va bene dirle quelle cose cattive. Non riesci a pensare a un altro modo di affrontare questi sentimenti?».

Come insegna Ginott, è importante che i bambini capiscano che il problema non è nei *sentimenti*, ma nei *comportamenti*. Tutti i sentimenti e tutti i desideri sono accettabili, ma non tutti i comportamenti lo sono. Di conseguenza, è compito dei genitori porre dei limiti agli atti, ma non ai desideri.

Questo principio acquista senso specialmente se considerate che non è facile per i bambini cambiare il modo di sentire riguardo a una situazione particolare. Le sensazioni di un bambino che prova tristezza, paura o ira non scompaiono solo perché un genitore gli dice: «Smetti di piangere», oppure, «Non dovresti sentirti così». Se diciamo a un bambino come dovrebbe sentirsi, ciò gli farà perdere la fiducia nei sentimenti che prova, una situazione che lo porterà a dubitare di se stesso e a una diminuzione della stima di sé. D'altro canto, se diciamo a un ragazzo che ha ragione a provare quel che prova, ma ci sono modi migliori per esprimere questi sentimenti, gli lasciamo intatti il suo carattere e la sua stima di sé.

Inoltre, gli facciamo sapere che ha la comprensione di un adulto dalla sua parte, e che questo adulto lo aiuterà a trovare una soluzione, per cui non deve sentirsi schiacciato dalle circostanze.

Quali sono i comportamenti che un genitore dovrebbe limitare? Ginott non dà risposte pronte, ed è giusto che sia così: sono i genitori stessi che dovrebbero fissare delle regole per i figli fondandole sui loro valori familiari. Dovrebbero tuttavia anche definire una guida riguardo alla permissività, che da Ginott viene definita come la possibilità di «accettare l'infantilismo degli infanti».[2] I genitori dovrebbero accettare, in sostanza, «che una camicia pulita indossata da un bambino normale non potrà rimanere pulita a lungo, e che correre e non camminare è il mezzo di locomozione usuale per un bambino; che un albero è fatto per salirci e uno specchio per fare le smorfie. Permettere questo tipo di comportamento "innesta fiducia e una capacità sempre maggiore di esprimere sentimenti e pensieri". L'eccessiva permissività, d'altro canto, deve essere evitata perché crea ansia e sempre nuove richieste di privilegi che non possono venir concessi».

Ginott, inoltre, suggerisce ai genitori di pensare a un sistema di regole basato su tre «zone» di comportamento – una zona verde, una zona gialla e una zona rossa.

La zona verde comprende i comportamenti autorizzati e desiderati. È il modo in cui vogliamo che i nostri figli si comportino, e su cui diamo loro una totale libertà.

La zona gialla è un comportamento che non è autorizzato, ma viene tollerato soltanto per due ragioni. La pri-

---

[2] H.G. Ginott, *Between Parent and Child*, New York, Macmillan, 1965, p. 110.

ma, quando può essere considerato un «margine d'errore per i principianti». Tuo figlio di quattro anni non può stare seduto tranquillo per tutta la funzione religiosa, ma ti aspetti che con il tempo migliori. La seconda, il «margine d'errore per i tempi difficili». Un bambino di cinque anni dà in escandescenze quando ha il raffreddore. Un adolescente sfida l'autorità materna mentre i genitori divorziano. Potreste non approvare questo tipo di comportamenti, e dovreste farlo capire. Ma potete tollerarli, avvertendo vostro figlio che lo state facendo solo per le circostanze eccezionali.

La zona rossa sono i comportamenti che non possono essere tollerati, senza nessuna eccezione. Tra questi ci sono le attività pericolose alla salute propria e degli altri. I comportamenti illegali, o quelli che voi considerate immorali, non etici o socialmente inaccettabili.

Quando pongono questi limiti sui comportamenti inadeguati, i genitori dovrebbero comunicare ai figli le conseguenze cui vanno incontro se infrangono le regole. Le conseguenze per un comportamento corretto sono l'attenzione, la lode, privilegi o ricompense. Conseguenze per comportamenti sanzionabili sono la negazione dell'attenzione, la perdita dei privilegi o l'assenza di ricompense. I ragazzi rispondono meglio se le conseguenze sono concrete, lealmente definite e connesse direttamente al cattivo comportamento.

L'esclusione temporanea, è un metodo piuttosto popolare utilizzato per punire il cattivo comportamento tra i bambini piuttosto piccoli – tra i tre e gli otto anni. I bambini vengono temporaneamente esclusi dall'interazione positiva con i loro coetanei e le persone che si prendono cura di loro. Utilizzata correttamente, l'esclusione temporanea può essere un modo efficace per aiutare i bambini a smettere di comportarsi male, a calmarsi e ricominciare in modo più positivo. Sfortunatamente, però, molti genitori ed educatori riutilizzano l'esclusione temporanea in modo scorretto. Associano l'esclusione a parole e ad atteggiamenti bruschi, facendo sentire i bambini umiliati e rifiutati. In questo modo non si ottiene molto. Io cerco di stimolare i genitori a utilizzare le esclusioni temporanee con grande sensibilità.[3]

Un'altra conseguenza del cattivo comportamento dei bambini tra i genitori americani sono le punizioni corporali. Una ricerca del 1990 sugli studenti universitari, ad esempio, rivelava che il 93% erano stati picchiati da bambini, e il 10,6% riferiva di aver subito punizioni corporali abbastanza severe da causare lividi o ferite.[4] Sebbene il picchiare i bambini sia piuttosto comune negli Stati Uniti, non è così diffuso tra i genitori nel mondo. Solo l'11% dei genitori in Svezia, ad esempio, afferma di picchiare i figli[5] – una statistica che molti mettono in

---

[3] Per ulteriori informazioni sull'uso efficace delle esclusioni temporanee, raccomando l'ottimo libro di Carolyn Webster-Stratton, *The Incredible Years: A Trouble-Shooting Guide for Parents of Children Aged 3-8*, Toronto, Umbrella Press, 1993. Questo testo fornisce una guida graduale all'affrontare i problemi della disciplina e del controllo, e gli interventi che propone sono stati accuratamente studiati, sperimentati e provati efficaci. Per i preadolescenti e gli adolescenti, raccomando due libri basati anch'essi su ricerche: Gerald Patterson e Marian Forgatch, *Parents and Adolescents Living Together: The Basics*, Eugene, Oregon, Castalia Press, 1987, e *Parents and Adolescents Living Together: Part 2*, Eugene, Oregon, Castalia Press, 1989.

[4] A.M. Graziano e K.A. Namaste, *Parental Use of Physical Force in Child Discipline* «Journal of Interpersonal Violence», vol. 5(4), 1990, pp. 449-63.

[5] W.W. Deley, *Physical Punishment of Children: Sweden and the U.S.A.* «Journal of Comparative Family Studies», vol. 19(3), 1988. R.J.

relazione alla bassa incidenza della violenza in generale in quella nazione.

Molti genitori che picchiano i figli, dicono di farlo per ottenere obbedienza. In effetti, molti bambini fanno quel che gli si ordina per evitare il dolore fisico. Il problema è che la minaccia di una punizione fisica funziona fin troppo bene a breve scadenza. Arresta immediatamente il cattivo comportamento spesso senza discussione, ma elimina anche le possibilità di insegnare al bambino l'autocontrollo e la strada verso la risoluzione dei problemi. Ma, sul lungo periodo, picchiare i figli può rivelarsi del tutto fallimentare. In effetti, picchiare ha conseguenze negative, perché fa sentire i ragazzi impotenti, trattati ingiustamente e in collera con i genitori. Dopo essere stati picchiati, i bambini sono più inclini a pensare alla vendetta che al miglioramento di se stessi. Un senso di umiliazione può far sì che neghino di aver fatto qualcosa di male, oppure che la volta successiva cerchino di escogitare sistemi per sfuggire alla punizione.

Picchiare i figli insegna loro, ad esempio, che l'aggressione è un modo corretto per ottenere quel che si vuole. Alcuni studi dimostrano che i bambini picchiati sono inclini a picchiare i propri compagni di giochi, specialmente quelli più piccoli e deboli. Le punizioni corporali possono avere anche ripercussioni a lungo termine. Le ricerche hanno indicato che, in relazione alla severità delle punizioni ricevute, i bambini picchiati sono più aggressivi degli altri. Da adolescenti è più probabile che arrivino a picchiare i propri genitori. Da adulti, è più probabile che diventino

Gelles e A.W. Edfeldt, *Violence Toward Children in the United States and Sweden*, «Child Abuse and Neglect», vol. 10(4), 1986, pp. 501-10.

violenti e tollerino la violenza nelle loro relazioni. E, infine, le persone che sono state punite fisicamente da piccole sono più spesso indifferenti alla sorte dei genitori anziani. Sebbene un'ampia maggioranza dei genitori americani ricorra alle punizioni corporali, credo che molti di loro desidererebbero trovare un modo migliore per reagire ai cattivi comportamenti dei figli. È interessante notare che in alcuni studi su genitori che si sono esercitati in altri sistemi educativi si è evidenziato che, una volta che i genitori trovano alternative efficaci alle botte, molti di essi smettono di picchiare i figli.

Le famiglie ottengono risultati migliori con i metodi attraverso cui si pongono dei limiti ma che permettono ai figli di mantenere la dignità, la stima di sé e il potere su se stessi. Quando ai figli si danno delle regole comprensibili e un senso di controllo sulle proprie esistenze, è meno probabile che si comportino male. Quando imparano a regolare le proprie emozioni negative, diminuisce la necessità da parte dei genitori di porre limiti e imporre la disciplina. E quando possono contare su alleati affidabili come mamma e papà, i figli sono più aperti alla reciproca soluzione dei problemi.

Identificare gli obiettivi
Una volta che il genitore ha ascoltato con empatia il figlio, ha dato un nome ai suoi sentimenti e posto limiti ai comportamenti inaccettabili, può fare un altro passo in avanti, ovvero identificare degli obiettivi nella risoluzione dei problemi. Se questo non vi dovesse sembrare una conseguenza logica, è probabilmente perché state correndo troppo: vostro figlio ha forse bisogno di un altro po' di tempo per esprimere i propri sentimenti. Se vi trova-

ste in questa situazione, cercate di non scoraggiarvi. Non dovete far altro che continuare a stimolare vostro figlio a parlare. Riflettete su quanto state ascoltando e osservando. Empatizzate e «classificate». Potrà esservi d'aiuto fare domande che prevedano risposte aperte, come «Che cosa pensi che ti renda triste (o arrabbiato o ansioso)?», «Ti è successo qualcosa, oggi?». Potete offrire le vostre ipotesi per aiutare il bambino a dare un nome alle cose. Alla fine è abbastanza probabile che vostro figlio arrivi al punto in cui vi chiederà: «Ora so perché mi sento male e so quali sono i problemi che mi hanno provocato questo tipo di sensazioni. Che cosa posso fare per risolverli?».

Per identificare un obiettivo rispetto alla soluzione dei problemi, chiedete al bambino che cosa vorrebbe ottenere riguardo al problema in questione. Spesso la risposta è semplice: sistemare un aquilone sbilenco, risolvere un problema di matematica particolarmente ostico. Altre situazioni possono richiedere chiarimenti ulteriori. In seguito a una lotta con la sorella, vostro figlio potrebbe cercare di stabilire se è meglio cercare di ottenere vendetta, oppure trovare un modo per evitare i conflitti futuri. E, a volte, potrà sembrare che non ci siano soluzioni in vista. L'animale preferito di vostro figlio è morto. Il suo migliore amico si trasferisce in un altro stato. Lui stesso non è riuscito a ottenere la parte cui aspirava nella recita scolastica. In casi come questi, l'obiettivo può essere, semplicemente, riuscire ad accettare la perdita o trovare un conforto.

Pensare alle possibili soluzioni

Cooperate con vostro figlio per elaborare delle opzioni che riescano a risolvere i problemi. Le idee dei genitori possono essere un'importante risorsa, specialmente per i ragazzi più giovani che spesso incontrano notevoli difficoltà nell'elaborare soluzioni alternative. È importante, tuttavia, astenersi da un intervento troppo pressante. Se volete veramente che vostro figlio si impadronisca delle conclusioni, dovreste incoraggiarlo a generare da solo le sue idee.

Il modo migliore per gestire questo processo di ideazione dipende dall'età del bambino. La maggior parte dei bambini sotto i dieci anni non sono granché come pensatori astratti. Di conseguenza, potrebbero incontrare notevoli difficoltà nel tenere a mente più di un'opzione alla volta. Quindi, non appena arriverete a elaborare insieme un'idea è probabile che un bambino di questa età cerchi di metterla senz'altro in pratica, prima di considerare le altre alternative. Ricordo la conversazione con mia figlia Moriah, quando aveva quattro anni, sulle strategie per far fronte alla sua paura di «un mostro» che aveva incontrato in un incubo. «Potresti fare un disegno dei tuoi sentimenti», le suggerii, e un istante dopo era già partita in cerca delle sue matite. Poiché, probabilmente non vorrete spegnere il suo entusiasmo, potreste trovarvi nelle condizioni di sperimentare una soluzione dopo l'altra e poi chiedere al bambino di decidere, *ex post*, quale funzionava meglio.

I giochi di ruolo o di fantasia possono a loro volta rappresentare un modo concreto e alla mano di dimostrare soluzioni alternative ai bambini più piccoli. Potete usare delle marionette o delle bambole, oppure «sceneggiare» in prima persona le varie soluzioni di un problema. Dato che i bambini piccoli pensano spesso «in bianco e nero», ovvero attraverso grandi contrasti, potrebbe rivelarsi utile rappresentare le due versioni di una situazione – quella con la soluzione «giusta» e quella con la soluzione «sbagliata». Due marionette, ad esempio, potrebbero venir coinvolte nella disputa per un giocattolo. Nel primo scenario, una marionetta afferra il giocattolo senza nemmeno chiederlo. Nella seconda, una marionetta propone di giocare un po' per uno.

Con ragazzi più grandi, potete utilizzare processi ideativi più radicali, in cui voi e vostro figlio cercate di affrontare ogni soluzione possibile tra quelle che vi vengono in mente. Per favorire il flusso delle idee creative, premettete sin dall'inizio che nessuna idea è troppo stupida per non essere presa in considerazione, e che non comincerete a sfoltire la lista delle opzioni prima di averle poste tutte sul tavolo. Potrete poi mostrare al bambino che prendete molto sul serio il processo decisionale annotando per iscritto le opzioni da voi generate.

Una tecnica per incoraggiare la crescita del bambino mentre siete intenti a elaborare soluzioni è stabilire dei rapporti tra i «trionfi» passati e quelli futuri. Potete ricordargli un obiettivo già raggiunto e poi incoraggiarlo a visualizzarlo, cercando di ottenere qualcosa di nuovo con un successo analogo.

Recentemente, ho avuto l'opportunità di sperimentare questa tecnica con Moriah, quando lei dovette affrontare il problema delle amicizie all'asilo. Era talmente preoccupata che non voleva proprio andare all'asilo quella volta. Decisi allora che, piuttosto che dirle quello che doveva fare, le avrei chiesto di darmi le sue idee, mentre a mia volta le avrei offerto delle informazioni per aiutarla a pensare alla situazione in modo nuovo. La conversazione si sviluppò più o meno così:

Moriah: Non voglio andare a scuola perché quando dobbiamo scegliere le compagne per la lezione di nuoto, Margaret vuole essere la mia compagna, ma io preferisco stare con Polly.

Io: Vedo che questo problema ti fa stare veramente male.

Moriah: Sì, è proprio un guaio.

Io: Cosa puoi fare per risolverlo?

Moriah: Non lo so. Margaret mi piace, però sono stufa di essere sempre la sua compagna. Forse potrei prendere per mano Polly prima che Margaret mi chieda di essere la sua compagna.

Io: Bene. Questa è un'idea. Devi essere velocissima, però forse ce la puoi fare.

A questo punto, ho sentito la tentazione di lanciarle uno dei miei suggerimenti, ma ho capito che sarebbe stato molto meglio per la crescita di Moriah tenermi in disparte e limitarmi ad allenarla, lasciando che fosse lei, in prima persona, a esplorare la situazione dal suo punto di vista e dalla sua esperienza. Ecco come è continuata la conversazione

Io: Non riesci a pensare a nient'altro.

Moriah: No.

Io: D'accordo, bè' parliamone un altro po'. A scuola ti senti un po' annoiata e frustrata. Ti ricordi qualche altra volta che ti sei sentita così?

Moriah: Sì, una specie. Come quando Daniel mi tirava i capelli.

Io: Mi ricordo. Che cosa hai fatto allora?

Moriah: Gli ho detto che volevo che smettesse. Che l'avrei detto alla maestra se non la piantava.

Io: E ha funzionato?
Moriah: Sì. Ha smesso.
Io: Ti vieni in mente qualcosa che potresti fare anche in questa situazione?
Moriah: Be', forse potrei parlare a Margaret e dirle che per un po' non la voglio come compagna. Potrei dirle che voglio esserle ancora amica, ma qualche volta voglio stare anche con Polly.
Io: Ottimo. Ora hai due soluzioni. Sapevo che ti sarebbe venuta qualche buona idea.

Valutare le soluzioni proposte alla luce dei valori familiari
È giunto il tempo di passare in rassegna le idee che avete prodotto e decidere quale tentare e quale eliminare. Incoraggiate vostro figlio a considerare ogni soluzione separatamente, chiedendogli:
«È la soluzione giusta?»
«Pensi che funzionerà?»
«È sicura?»
«Come pensi di sentirti dopo? Come si sentiranno gli altri?».
L'esercizio fornisce un'altra opportunità per esplorare con il bambino la necessità di porre dei limiti ad alcuni comportamenti. Ad esempio, se Moriah avesse suggerito di rimanere a casa da scuola il giorno in cui avesse avuto dei problemi con la sua compagna di nuoto, io avrei potuto farle notare che quella non era una soluzione perché si sarebbe trovata davanti lo stesso problema il giorno successivo. Conversazioni del genere permettono ai genitori di rinforzare i valori familiari. Io avrei potuto dirle: «Noi pensiamo che sia meglio affrontare

i problemi piuttosto che cercare di nascondersi restandosene a casa». Avrei potuto utilizzare questa situazione anche per rinforzare in Moriah un'etica della cortesia: «Sono contento che tu abbia pensato di dire a Margaret che vuoi ancora esserle amica. Penso che sia importante essere sensibili nei confronti dei sentimenti degli amici».

Aiutare il bambino a scegliere la soluzione
Una volta che voi e vostro figlio avete esplorato le implicazioni delle varie ipotesi, incoraggiatelo a scegliere una o più opzioni e mettetele alla prova.

Anche se desiderate incoraggiare i bambini a pensare per conto loro, questa può essere l'occasione buona per offrire ai ragazzi una solida guida. Non dovete temere di raccontare a vostro figlio come avete affrontato problemi analoghi quando eravate giovani. Che cosa avete appreso da questa esperienza? Quali errori avete commesso, quali decisioni vi hanno fatto sentire orgogliosi? Insegnare ai vostri figli i vostri valori all'interno di un contesto di collaborazione, li può aiutare a risolvere i problemi con molta maggiore efficacia di quanto non si possa ottenere esprimendo concetti astratti non collegati alla vita di tutti i giorni.

Anche se volete aiutare i vostri figli a prendere delle decisioni giuste, tenete presente che i bambini imparano molto dagli errori. Se vostro figlio sembra propendere pericolosamente verso un'idea che sapete essere impraticabile ma innocua, potreste decidere di fargli provare in ogni caso a metterla in pratica. Così, se fallirà, potrete incoraggiarlo a saggiare un'altra opportunità.

Una volta che vostro figlio sceglierà una soluzione, aiutatelo a elaborare un piano concreto per proseguire.

Ad esempio, due fratelli che hanno litigato per chi deve sbrigare le faccende decidono di pianificare una divisione dei compiti. Incoraggiateli a stendere delle regole di base specifiche, a designare delle responsabilità e a mettersi d'accordo sugli orari. (Jason lava i piatti del pranzo, Joshua quelli della cena, e dopo una settimana si scambiano i compiti.) Può essere anche una buona idea preparare un piano per valutare se la soluzione funziona. I due fratelli possono accordarsi, ad esempio, di sperimentare la soluzione per un mese, e poi parlarne ed eventualmente elaborare dei cambiamenti. In questo modo, i ragazzi arrivano a capire che la soluzione può essere qualcosa su cui lavorare costantemente, e che è sempre aperta a migliorie.

La soluzione sbagliata di un problema aiuta i ragazzi ad analizzare i loro errori. Dopo di che è possibile riprendere di nuovo in mano il problema. Ciò insegnerà ai vostri figli che sbagliare una soluzione non significa che lo sforzo sia un fallimento totale. Tenete presente che tutto fa parte di un processo di apprendimento e che ogni aggiustamento successivo li porta più vicini a un risultato positivo.

4

Strategie di Allenamento emotivo

Quando voi e vostro figlio praticherete regolarmente le cinque fasi dell'Allenamento emotivo, è probabile che diventerete sempre più abili, più consapevoli dei vostri sentimenti e più disponibili a esprimerli. Vostro figlio può anche imparare ad apprezzare i benefici di lavorare con un genitore-allenatore per risolvere i suoi problemi. Questo non significa che l'Allenamento emotivo garantisca in ogni caso una navigazione tranquilla. La famiglia è destinata comunque a imbattersi in qualche difficoltà. Possono esserci momenti nei quali vorrete partecipare alle emozioni di vostro figlio, ma per i più disparati motivi non riceverete da lui un'indicazione chiara. Possono anche esserci momenti in cui, qualunque cosa si dica o faccia, sembra che non si riesca a trasmettere un messaggio al figlio. Vi sembra che lui sia chiuso nel suo mondo e che voi stiate parlando con un muro.

Qualora nel corso dell'Allenamento emotivo si verificassero questi ostacoli, potrebbero dimostrarsi utili le strategie che elencheremo in questo capitolo. Sono basate su quanto io e i miei colleghi abbiamo appreso dai gruppi di studio con i genitori, dall'attività clinica e dagli studi osservativi. Ho anche incluso una descrizione di situazioni familiari tipiche in cui l'Allenamento emotivo risulta scarsamente efficace. In queste situazioni, di solito è meglio sperimentare altre tecniche e rimandare ad altri momenti l'Allenamento emotivo. Infine, in chiusura di capitolo, troverete un test che vi servirà a costruire e a valutare le vostre abilità di genitori-allenatori.

Strategie aggiuntive

Evitate le critiche eccessive, i commenti umilianti o sarcastici nei confronti di vostro figlio
La nostra ricerca dimostra chiaramente che un simile atteggiamento di disprezzo ha un effetto distruttivo per la comunicazione tra genitori e figli e per l'autostima dei figli. Negli esperimenti di laboratorio che abbiamo condotto con le famiglie, abbiamo visto i genitori assumere questo comportamento in diversi modi, uno dei quali è quello di ripetere alla lettera, in tono di scherno, i commenti dei figli. (Ad esempio il bambino potrebbe dire: «Non ricordo questa storia». «Non te la *ricordi*?» era la risposta dei genitori in tono di scherno.) Durante l'esercizio con i videogiochi, alcuni genitori erano troppo ansiosi per gli errori dei propri bambini, facevano notare loro ogni sbaglio e li soffocavano con una sequela ininterrotta di critiche. Altri si sostituivano ai figli nel gioco, dimostrando così di considerarli incapaci. Nelle interviste sulle emozioni dei propri figli, molti genitori ci dicevano di reagire ai capricci dei bambini in età prescolare con l'irrisione e lo sbeffeggiamento.

Quando tre anni dopo verificammo la situazione di queste famiglie, trovammo che i figli, che erano stati trattati dai genitori in maniera irriguardosa e sprezzante, erano gli stessi ragazzi che sperimentavano le maggiori difficoltà nell'apprendimento scolastico e nelle amicizie. Questi ragazzi avevano i livelli più alti di ormoni collegati allo stress. Inoltre avevano maggiori problemi comportamentali, secondo quanto riferivano i loro insegnanti e, secondo le loro mamme, si ammalavano frequentemente.

L'atteggiamento di scherno da parte dei genitori può essere osservato sia nella vita reale sia nelle esperienze di laboratorio. In ogni istante, genitori bene intenzionati sgretolano la fiducia in se stessi dei propri ragazzi, correggendo continuamente il loro modo di fare, deridendo i loro sbagli e immischiandosi senza bisogno anche quando i figli cercano di eseguire i compiti più semplici. Senza pensarci, etichettano i propri figli con definizioni che si incollano in maniera indelebile all'idea che il bambino si forma di se stesso. (Bobby è «iperattivo». Katie è «tranquilla». Bill è «pigro». Angie è «la nostra bambolotta».) È anche comune sentire genitori che scherzano con altri adulti a spese dei propri figli o vedere genitori che non prendono sul serio la tristezza dei figli e fanno commenti del tipo: «Su, smettila di fare il bambino».

Ovviamente i genitori che seguono con sincero interesse la vita emotiva dei propri ragazzi, difficilmente assumono questi atteggiamenti di disprezzo. Tuttavia i nostri studi dimostrano che perfino i genitori che abbiamo identificato come genitori-allenatori qualche volta, senza volerlo, trattavano i propri figli con disprezzo. Perciò esorto tutti i genitori a vigilare contro l'abitudine insidiosa alla critica, al sarcasmo e allo scherno. State attenti a non prendere in giro i vostri figli. Date loro spazio, quando cercano di imparare nuove cose, anche se questo significa lasciarli sbagliare. Evitate di etichettarli dipingendoli in maniera macchiettistica e riferitevi piuttosto ai loro specifici comportamenti. Dite: «Non arrampicarti sui mobili a casa della nonna», invece di «smettila di essere così pestifero!».

Anche se qualche ragazzo è meno sensibile, non per questo è fatto di gomma. I figli guardano ai genitori per trovare la propria identità e tendono a credere a tutto quello che i genitori dicono su di loro. Se i genitori degradano o umiliano i figli, scherzando ai loro danni, criticandoli sistematicamente o immischiandosi nelle loro attività, i figli non avranno più fiducia nei loro genitori. E senza fiducia, l'intimità è perduta, l'ascolto è compromesso e risolvere insieme i problemi diventa impossibile.

Per allenare vostro figlio usate il «sostegno graduale» e l'elogio

«Il sostegno graduale» è una tecnica che le famiglie che praticano l'Allenamento emotivo hanno adottato con successo per guidare i figli durante l'esperimento di laboratorio del videogioco. Il loro comportamento è in netto contrasto con quello dei genitori ipercritici, già descritti. Innanzitutto i genitori-allenatori parlano ai figli lentamente e con calma, dando loro le informazioni sufficienti a iniziare il gioco. Poi aspettano che il bambino faccia qualcosa di giusto e approvano specificamente l'azione ben fatta, senza abbandonarsi a elogi generici. (Per esempio, un padre potrebbe dire: «Bene! Hai premuto il pulsante proprio al momento giusto». Questo tipo di elogio mirato è assai più efficace che l'uso di vaghi complimenti come: «Bene! Ora hai capito come si fa!»).

Poi, dopo l'elogio, i genitori offrono di solito un altro insegnamento. Infine, ripercorrono tutti i livelli del gioco in modo che i figli lo apprendano per incrementi successivi. Definiamo «sostegno graduale» questa tecnica di insegnamento, perché i genitori usano ogni piccolo successo per accrescere la sicurezza del bambino, aiutandolo a raggiungere il livello successivo di competenza.

In contrasto con i genitori ipercritici, descritti nel paragrafo precedente, i genitori-allenatori raramente ricorrono alla critica o all'umiliazione per insegnare ai figli. Né si dimostrano invadenti, sostituendosi ai figli e mettendosi a giocare al loro posto.

La pacata lentezza dei genitori-allenatori che adottano il metodo del «sostegno graduale» può essere paragonata al modo in cui Mister Rogers parla ai bambini nell'omonima trasmissione della televisione pubblica americana. Paragonate questo stile a quello di un altro celebre programma televisivo per ragazzi, *Sesame Street*. Mentre *Sesame Street* ricorre a personaggi spiritosi e impressionanti e a un ritmo veloce, per catturare e tener desta l'attenzione dei bambini, Mister Rogers parla direttamente alla telecamera in un tono misurato e gentile che i ragazzini possono facilmente seguire. La ripetizione meccanica di *Sesame Street* funziona per insegnare ai bambini i numeri, l'alfabeto e cose simili. Ma le maniere tranquille e il tono rassicurante di Mister Rogers sono più adatti per insegnare ai bambini concetti complicati, relativi ai sentimenti e al comportamento.

Ignorate il vostro «programma educativo»
Anche se i momenti in cui affiorano le emozioni possono costituire opportunità meravigliose per l'empatia, per la

costruzione di legami affettivi e per l'Allenamento emotivo, essi possono anche rappresentare una sfida difficile per quei genitori che perseguono quello che io definisco un «programma educativo», ossia un obiettivo da raggiungere in relazione a un particolare problema che, a giudizio del genitore, dev'essere risolto nell'interesse del figlio. Tali programmi riguardano spesso la promozione di valori ammirevoli come il coraggio, la parsimonia, la gentilezza e la disciplina. Possono variare a seconda dei casi. I genitori possono preoccuparsi che uno dei propri ragazzi sia troppo sicuro di sé e che l'altro sia troppo timido. Mentre alcuni bambini sono considerati pigri e indisciplinati, altri sono giudicati troppo seri, privi di spontaneità e di allegria. A prescindere dal problema specifico, i programmi educativi inducono i genitori a sorvegliare un comportamento, nel costante tentativo di correggere la condotta del figlio. Quando sorgono conflitti sui temi oggetto del programma educativo, i genitori attenti ritengono che sia loro responsabilità, anzi loro obbligo morale, mettere in chiaro il proprio punto di vista: «Siccome sei sbadato, anche oggi non hai dato da mangiare al gatto e così hai fatto soffrire quella povera bestiola». «Per la tua impulsività hai speso nei biglietti per i concerti parte dei tuoi risparmi e questo è poco serio.»

Approvo quei genitori che condividono con i figli i propri valori e credo che questo insegnamento sia una parte estremamente importante del loro ruolo. Tuttavia i genitori devono essere consapevoli che, se i loro programmi educativi non vengono comunicati con sensibilità, possono ostacolare l'intimità emozionale con il figlio. Ad esempio, i programmi educativi dei genitori spesso impediscono alle madri e ai padri di ascoltare con empatia i figli. Quando ciò accade, il programma si ritorce contro di sé perché ha in pratica l'effetto di intaccare la capacità dei genitori di influire sulle decisioni dei figli. Vi do un esempio: Jean, una madre sensibile e attenta che partecipa a uno dei gruppi di genitori che intervengono nei nostri studi, da tempo si preoccupava della «cupa tristezza» del figlio Andrew. Jean era preoccupata perché il bimbo di nove anni tendeva ad «assumere il ruolo della vittima» e si chiedeva con apprensione come questa sua attitudine potesse influire nelle relazioni con gli altri. Di conseguenza, in un breve dialogo con Andrew su un litigio che il bimbo aveva avuto con la sorella maggiore, Jean cercò di indurlo ad assumersi maggiori responsabilità nel tentativo di andare d'accordo con la sorella.

«Qual è il problema, tesoro?» esordì la madre. «Mi sembri triste.»

«Vorrei avere una sorella più gentile,» rispose Andrew.

«Be', tu sei gentile verso di lei?»

Immaginate ora come si deve essere sentito Andrew a seguito di questa domanda. Prima la mamma sembra interessata ai suoi sentimenti. Ma non appena lui si confida, lei reagisce con una critica. Certo, è una critica benevola e blanda, ma è pur sempre una critica.

Immaginate invece quali sarebbero stati i sentimenti di Andrew se Jean avesse risposto con un'osservazione come: «Capisco perché qualche volta provi questa sensazione». Una frase simile avrebbe indicato ad Andrew con chiarezza che la madre era attenta alla sua tristezza ed era pronta ad aiutarlo a comprendere i suoi sentimenti verso la sorella e ad arrivare a una soluzione. Invece,

Jean scaricò la colpa sulle spalle di Andrew: una mossa destinata a mettere Andrew sulla difensiva e a renderlo meno disponibile a riconoscere la propria parte di responsabilità nel contrasto con la sorella.

I programmi educativi dei genitori possono essere di ostacolo anche in situazioni in cui un genitore sa che il figlio si è comportato male, afferma Alice Ginott-Cohen, un'educatrice familiare che collaborava con il marito, Haim Ginott. Alice suggerisce ai genitori di rinviare il colloquio su una cattiva azione dei figli dopo aver identificato i sentimenti che hanno motivato il cattivo comportamento.

Per cogliere l'emozione che sottostà a una cattiva condotta è meglio evitare domande del tipo: «Perché l'hai fatto?». Una domanda simile suona come un'accusa o una critica. È probabile che il figlio si metta sulla difensiva, invece di offrire informazioni utili. Bisogna invece provare a chiedergli, in tono partecipe, come si sentiva quando si è comportato male.

Certamente non vi sarà facile ignorare il vostro programma educativo dinanzi a un comportamento sbagliato, soprattutto quando sentite l'impellente bisogno di fare a vostro figlio un «predicozzo». Ma un sermone morale su una cattiva azione, senza tenere in conto i sentimenti che l'hanno provocata, è solitamente inefficace. È come mettere un panno freddo sulla fronte di vostro figlio, senza curare l'infezione che provoca la febbre.

Ecco un altro esempio: una mamma arriva all'asilo per riprendere il figlio di tre anni con un'ora di ritardo. Il bambino, che spesso la madre definisce «testardo», comincia a tenere il broncio. Si rifiuta di indossare il giubbetto e di uscire. La madre si trova davanti un'alternativa: o lo sgrida perché è disubbidiente, o si ferma a pensare agli eventi appena trascorsi e cerca di capire quale sia la condizione emotiva del bambino. Se sceglie la seconda opzione, può dire: «Oggi ero in ritardo, vero? Quasi tutti i tuoi amici erano già andati a casa. Ti sei preoccupato?». Il bambino, vedendo che i suoi sentimenti di ansia e di tensione vengono riconosciuti, può provare subito una sensazione di sollievo e abbracciare la mamma. Non si rifiuterà più di indossare il giubbetto e madre e figlio potranno andarsene.

Per riuscire a entrare in rapporto con il figlio, la madre ha dovuto ignorare il proprio programma educativo che mirava a rendere meno «testardo» e più accondiscendente il bambino. Troppo spesso i genitori reagiscono al cattivo comportamento dei figli esattamente in maniera opposta. Si attengono ancor più rigidamente al proprio programma educativo ed esprimono preoccupazione per un problema del figlio come se fosse parte di un perdurante difetto del suo carattere. Spesso rimproverano al figlio una sua caratteristica particolare. Andrew è ipersensibile. Janet è troppo aggressiva. Bobby è troppo timido. Sarah è troppo svagata. Etichettare così i propri figli ostacola l'empatia. Le etichette sono distruttive perché, sfortunatamente, i bambini credono ai genitori e quindi cercano di confermare nei fatti le idee dei genitori come se fossero profezie divine.

Nel suo libro di memorie, *Father to the Man*, lo scrittore Christopher Hallowell ricorda i tentativi di suo padre di insegnargli a costruire una scatola di legno. «Se non sei capace di costruire una scatola di legno,» disse il padre, «non sei capace di fare nulla.» Dopo molta fatica, Hallowell fabbricò una scatola, anche se poco solida. Riflettendo sull'episodio, scrisse che «ogni volta che mio padre la esaminava, storceva il naso e diceva: "Non hai fatto una scatola quadrata. Non potrai mai essere un buon costruttore se non riesci a far le cose quadrate". Infine smise di guardarla storto e non mi disse più nulla sulla scatola. Per molti anni vi tenni chiuse le mie cianfrusaglie e, ogni volta che aprivo il coperchio, provavo un certo affetto per quella scatola, anche se mi tornava sempre in mente lo sguardo di disapprovazione di mio padre».[1]

Per Hallowell, uno scrittore di successo, questo episodio triste diventò un ricordo persistente del suo rapporto con il padre. A noi può servire come monito per ricordare quanto forte sia l'impatto delle critiche dei genitori sui figli.

Come genitori nessuno di noi vuole che i nostri figli si accontentino di costruire scatole traballanti. Non vogliamo che i figli crescano pigri, ritrosi, aggressivi, stupidi, codardi, falsi. Ma non vogliamo nemmeno che questi difetti divengano le caratteristiche con cui i nostri figli definiscono se stessi. Come si può evitare questo genere di etichette negative? La risposta è astenersi dalle critiche generali e persistenti sui tratti della personalità del bambino. Quando si correggono i figli, bisogna concentrare l'attenzione su un episodio specifico, che è avvenuto qui e ora nella loro vita. Invece di dire: «Sei così distratto e confusionario», bisogna dire: «Nella tua stanza i giocattoli sono sparsi dappertutto». Invece di dire: «Leggi troppo lentamente», è bene dire: «Se ogni sera ti dedi-

[1] C. Hallowell, *Father to the Man. A Journal*, New York, Morrow, 1987, p. 64.

cherai alla lettura per mezz'ora, imparerai a leggere più in fretta». Invece di «Sei muto come un pesce», dite: «Se parli più forte, la cameriera può sentire quello che dici».

Create la mappa mentale della vita quotidiana di vostro figlio

Non sempre i bambini sono particolarmente bravi nell'esprimere le proprie emozioni. Vostro figlio un giorno può apparire turbato, senza essere in grado di descrivervi il suo stato d'animo e di motivarlo. Quando questo succede, è utile conoscere la gente, i luoghi e i fatti che entrano nella vita di vostro figlio. In questo modo sarete nella condizione di poter meglio individuare la possibile fonte di turbamento di vostro figlio e potrete aiutarlo a identificarla. Gli darete anche dimostrazione che per voi il suo mondo è importante e questo può aiutarlo a sentirsi più vicino a voi.

Mi piace pensare a questo genere di conoscenza come se fosse una mappa, che i genitori cercano di elaborare mentalmente con uno sforzo consapevole. Considerando tale mappa, un genitore potrebbe dire: «Questo è il mondo di mio figlio e queste sono le persone che lo popolano. Conosco i loro nomi, i loro volti e le loro personalità. Conosco i sentimenti di mio figlio verso ognuno di loro. Quelli sono gli amici migliori di mio figlio e quello è il suo nemico. Mio figlio pensa che quell'insegnante è buono, quello è divertente, mentre quell'altro lo intimidisce. Questa è l'organizzazione della sua scuola. So dove lui si sente più a suo agio e conosco i pericoli che lui sa di dover affrontare lì. Questo è il suo orario giornaliero. Queste materie lo interessano molto e queste gli riescono difficili».

Creare una mappa simile del mondo emotivo di vostro figlio richiede molto lavoro e attenzione per i dettagli. I genitori devono trascorrere del tempo nell'asilo, a scuola e nelle attività di dopo scuola. Devono parlare con i propri bambini e ragazzi e conoscere gli amici e gli insegnanti dei figli. E come per ogni altra comunità, anche questa mappa dev'essere regolarmente aggiornata. I genitori che si avvalgono di una simile mappa, si accorgono che essa offre il terreno comune per discussioni importanti.

Evitate di «schierarvi con il nemico»

Quando i ragazzi si sentono trattati male, possono rivolgersi ai genitori per ottenere lealtà, simpatia e appoggio. Queste sono buone occasioni di Allenamento emotivo, purché i genitori non commettano l'errore di «schierarsi con il nemico». Ovviamente non è una cosa facile, soprattutto quando i genitori si sentono naturalmente schierati con quelle figure che impersonano l'autorità, come gli insegnanti, i direttori o i genitori di altri ragazzi, verso i quali è facile che i loro figli dimostrino sentimenti ostili.

Immaginate ad esempio che una ragazza sovrappeso torni a casa scontenta perché l'insegnante di danza ha fatto un commento indelicato sulla sua corporatura. Se la madre cerca, senza successo, di far stare a dieta la figlia, può essere tentata di dirle che l'insegnante ha ragione. Questo, probabilmente, suscita nella ragazza l'impressione che tutti siano contro di lei. Diverso invece il risultato se la madre empatizza con la ragazza e dice qualcosa come: «Mi dispiace tanto quello che ti è capitato. Devi esserti sentita imbarazzata e offesa». Questo può avvicinare la ragazza alla madre. E se nel corso del tempo la madre mantiene il suo atteggiamento di empatia e di sostegno, alla fine la figlia può accettare l'aiuto materno.

Che fare però se *voi* siete il nemico, oggetto dell'ira di vostro figlio? Ritengo che l'empatia funzioni anche in situazioni simili, particolarmente se siete sinceri rispetto alla vostra posizione, cosa che vi consente di non arroccarvi sulla difensiva. Immaginiamo ad esempio che vostro figlio sia arrabbiato perché gli avete proibito di guardare la televisione se non migliora il suo rendimento scolastico. Senza cambiare decisione, potete dire: «Capisco perché sei così in collera. Se fossi nei tuoi panni, proverei anch'io la stessa sensazione».

La sincerità e l'apertura mentale dinanzi a un conflitto possono incoraggiare vostro figlio a esprimere a propria volta i suoi sentimenti, soprattutto se lo invitate alla discussione con commenti del tipo: «Può darsi che io mi sbagli; non ho sempre ragione. Vorrei sentire cosa ne pensi tu». Certo: molti genitori trovano difficile assumere una posizione così disarmata, eppure essa può risultare utile se contribuisce a far sì che i figli vedano in voi una persona giusta e disposta ad ascoltare.

Ricordate che lo scopo delle vostre conversazioni non dev'essere necessariamente quello di cercare un accordo, ma di comunicare comprensione. Se vostro figlio se ne esce all'improvviso con battute del genere: «Le tabelline sono stupide» o «gli anelli al naso sono belli», può venirvi la tentazione di lanciarvi in una filippica per dimostrargli che si sbaglia. Ma potreste ottenere risultati migliori cercando di instaurare un dialogo. Esordite, dicendo qualcosa di simile: «Anch'io ho fatto fatica a imparare le tabelline». Oppure: «Gli anelli al naso, personalmente, mi sono indifferenti, ma perché a te piacciono?».

*Pensate alle esperienze di vostro figlio riferendole
a situazioni simili nel mondo degli adulti*
È una tecnica utile in situazioni in cui si fa fatica a provare empatia per il proprio figlio. Forse lui si sente turbato da qualcosa che giudicate insignificante o infantile. Qualcuno ha fatto una battuta sui suoi occhiali, quando si è alzato in piedi per essere interrogato, oppure è ansioso per il primo giorno di campeggio estivo. Sapendo che supererà queste prove (e molte altre), vi sentite tentati di minimizzare le sue preoccupazioni o di ignorarle. Anche se questa reazione farà sentire meglio *voi*, non servirà molto ad aiutare vostro figlio. Anzi, potrà sentirsi peggio, sapendo che sua madre o suo padre pensano che è sciocco.

Un modo per creare una *forma mentis* più simpatetica è di trasporre la situazione di vostro figlio nel mondo degli adulti. Pensate a cosa provereste, se per caso sentiste un collega che fa un commento sul vostro aspetto fisico, mentre vi alzate per parlare in una riunione di lavoro. Oppure ricordate come vi sentivate nervoso il primo giorno che avete iniziato un nuovo lavoro.

Adele Faber ed Elaine Mazlish danno questo consiglio per aiutare i genitori a comprendere la gelosia che provano i bambini piccoli quando nasce un fratellino o una sorellina: immaginate che vostra moglie o vostro marito porti a casa un amante, annunciando che tutti insieme d'ora in poi vivrete felici sotto lo stesso tetto.[2]

[2] A. Faber ed E. Mazlish, *Siblings Without Rivalry*, New York, Norton 1987, p. 36.

Non cercate di imporre le vostre soluzioni ai problemi di vostro figlio

Uno dei metodi più veloci per vanificare l'Allenamento emotivo è dire al proprio figlio, quando è triste o arrabbiato, come risolvereste voi il suo problema. Per capire perché, pensate a come questa infelice dinamica si verifichi comunemente nel matrimonio. Lo scenario tipico può essere questo: la moglie torna a casa di malumore per un litigio che ha avuto con una collega. Il marito analizza il problema e, nel giro di pochi minuti, delinea un piano per risolverlo. Ma la moglie, invece di provare gratitudine per il consiglio, si sente ancora peggio. Ciò dipende dal fatto che il marito non ha dimostrato di comprendere la sua tristezza e la sua frustrazione. Le ha solo dimostrato quanto il problema possa essere risolto semplicemente. Agli occhi della moglie, questo può implicare che lei non è molto intelligente, altrimenti avrebbe trovato la soluzione da sola.

Immaginate come si sentirebbe meglio la moglie se, invece di ricevere un consiglio bell'e pronto, il marito si offrisse di praticarle un massaggio rilassante. Mentre le massaggia la schiena, si limita ad ascoltarla, mentre la moglie espone dettagliatamente il problema e i suoi sentimenti al riguardo. Fatto questo, lei comincia da sola a elaborare una soluzione. Poi, siccome si fida del marito e si sente molto bene dopo il massaggio, può chiedergli il suo parere. Alla fine, il marito ha l'opportunità di offrirle il suo consiglio e la moglie può ascoltare la soluzione che le viene proposta. Invece di sentirsi abbattuta, si sente rispettata e sostenuta dal consorte.

La stessa dinamica si applica al rapporto tra genitori e figli. I genitori possono sentirsi frustrati dalla indisponibilità dei figli ad accettare i consigli non sollecitati; specialmente considerando la saggezza ed esperienza che i genitori potrebbero comunicare loro. Ma non è questo il modo in cui i bambini, di solito, imparano. Proporre una soluzione prima di empatizzare con i figli è come cercare di costruire una casa senza gettare le fondamenta.

Fate sentire importante vostro figlio offrendogli possibilità di scelta e rispettando i suoi desideri
Da adulti è facile dimenticare quanto si sentano impotenti i bambini. Ma se si guarda al mondo con i loro occhi, ci si può accorgere di quanto la società insista sul fatto che i bambini devono obbedire e mostrarsi accondiscendenti. La maggioranza dei bambini piccoli ha un controllo minimo sulla propria vita quotidiana. I bambini piccoli vengono tolti dal lettino ancora addormentati e trasportati in automobile all'asilo nido. I bambini più grandi e i ragazzi scattano al suono della campanella nel cortile della scuola e si mettono in riga per entrare. I genitori impongono regole come: «Niente dolce, se prima non pulisci il piatto». Oppure: «Non puoi uscire di casa conciato *così*». C'è poi la classica regola: «Devi fare così, perché lo dico io». Potete immaginare di trattare in questo modo il consorte o un amico?

Non sostengo che sia sbagliato richiedere ai figli di obbedire e di collaborare. L'obbedienza è spesso necessaria per la sicurezza e la salute dei ragazzi e per la serenità dei genitori. Ma sembra che spesso i genitori eccedano nel far capire ai figli chi è il più forte. In genere non lo fanno con cattiveria, ma come risultato della fretta e della tensione. Per soddisfare al momento giusto tutte le esigenze che si presentano oggi nella vita familiare, è necessario che i figli si adeguino. («No, non puoi giocare ora con i colori. Abbiamo appena pulito la stanza e non c'è tempo per rimetterla in ordine una seconda volta!» «No, non possiamo fermarci al parco. Se ci fermassimo, arriveremmo in ritardo all'allenamento di tuo fratello.»)

Purtroppo, per molti ragazzi, questo pesante richiamo all'obbedienza significa che i loro desideri e le loro preferenze vengono abitualmente ignorati. Alcuni bambini sono privi della possibilità di scegliere anche nelle cose elementari, come il vestire, il mangiare, il modo di trascorrere il tempo. Di conseguenza, molti crescono senza un'idea chiara di quel che preferiscono e quel che non gradiscono. Alcuni non imparano mai a scegliere. Tutto ciò ostacola la capacità del bambino di agire responsabilmente.

I bambini hanno bisogno di fare pratica nel valutare le diverse opzioni e nel trovare le soluzioni. Hanno bisogno di verificare cosa succede quando scelgono in base al sistema dei valori della famiglia e cosa succede quando scelgono di ignorarlo. Queste lezioni sono talvolta dolorose, ma, grazie all'Allenamento emotivo, possono anche diventare importanti occasioni per i genitori di assumere un ruolo di guida.

I genitori devono sapere che prima un bambino impara a esprimere le proprie preferenze e a fare scelte consapevoli meglio è per lui. Una volta che il bambino diventa adolescente, aumentando la libertà e i rischi a essa collegati, le decisioni irresponsabili possono rivelarsi molto più pericolose.

Oltre a promuoverne il senso di responsabilità, offrire ai bambini la possibilità di scegliere li aiuta a costruire la propria autostima. Un bambino che vede costantemente limitate dai genitori le proprie scelte, riceve questo mes-saggio: «Non solo tu sei piccolo, ma i tuoi desideri non contano molto». Se il bambino accetta questo messaggio, può forse diventare obbediente e accondiscendente, ma avrà un concetto di sé assai scarso.

Certamente, dare ai bambini la possibilità di scegliere e rispettare i loro desideri richiede tempo e pazienza. Ricordate che un ricercatore ha rilevato che i bambini in età prescolare avanzano tre richieste al minuto. Non è necessario rispondere a tutte queste richieste, ma molte di esse non esigono per essere soddisfatte un grosso sforzo da parte dei genitori. Vostra figlia vuole togliere la crosta dal pane. Vostro figlio vuole vedere ancora un po' i cartoni animati prima che cambiate canale. La vostra bambina non vuole che le compriate il gelato con le nocciole. Il vostro bambino vuole che lasciate la luce accesa nell'ingresso. Per quanto possa sembrare stupefacente, dare ascolto e soddisfare questi desideri può avere conseguenze di lungo periodo. Il bambino riceve il messaggio: «Quello che voglio ha importanza; come mi sento io è qualcosa che conta». Col tempo, questa consapevolezza può diventare la base di decisioni come: «Io sono un ragazzo a cui piace suonare il pianoforte». Oppure: «Sono uno a cui piace la matematica».

Condividete i sogni e le fantasie di vostro figlio

Questa tecnica è molto utile per sintonizzarvi sulla stessa lunghezza d'onda di vostro figlio, facilitando l'empatia. È particolarmente utile quando i bambini esprimono desideri che è impossibile soddisfare. Immaginate, ad esempio, che vostro figlio adolescente vi dica di volere una nuova mountain bike, ma non siete sicuri di poter affrontare la spesa. Se reagite come fanno molti genitori, il vostro primo impulso è di sentirvi irritati. «Ma se ti ho appena comprato una nuova bicicletta da corsa l'anno scorso. Pensi che io sia un miliardario?»

Immaginate cosa potrebbe succedere se prendeste in considerazione il suo desiderio per qualche attimo e accettaste di condividere la sua fantasia. In tal caso potreste rispondere così: «Sì, capisco perché ti piacerebbe avere una mountain bike. Ti piacciono i percorsi fuori strada, vero?». Potreste anche spingervi oltre, aggiungendo: «Non sarebbe bello se anche tutti i tuoi amici avessero una mountain bike? Immagina se io potessi accompagnare il gruppo dei tuoi amici in campeggio per una settimana. Porteremmo le tende, l'attrezzatura per la pesca e...».

Poi potreste parlare del divertimento di andare in campeggio con o senza mountain bike. Manterreste la decisione di non spendere soldi per comprargli la bicicletta, ma potreste anche cominciare a pensare come vostro figlio potrebbe guadagnarsi i soldi per comprarsela. La cosa importante è che vostro figlio sappia che lo avete ascoltato e che pensiate che non ci sia nulla di sbagliato nei suoi desideri.

Siate sinceri con vostro figlio

Quasi tutti i bambini sembrano possedere un sesto senso per capire se i loro genitori, in particolare i padri, stanno dicendo la verità. Perciò l'Allenamento emotivo dev'essere qualcosa di più che la semplice ripetizione meccanica di frasi come: «Capisco» o «Anch'io me la prenderei per questo». Potete dire la cosa giusta, ma se non la dite con cuore sincero, non avvicinerete a voi vostro figlio. Anzi, fingere un interessamento insincero può farvi perdere credibilità agli occhi di vostro figlio, incrinando il vostro rapporto. Perciò fate in modo di capire veramente vostro figlio. Se avete qualche dubbio, riflettete su quello che sentite e che vedete. Fate qualche domanda. Cercate di tenere aperta la comunicazione. Ma non fingete mai.

Leggete insieme i libri per ragazzi
I libri di buon livello per l'infanzia e l'adolescenza possono rappresentare un'ottima occasione per genitori e figli di imparare a riconoscere le emozioni. I racconti possono aiutare i bambini a costruire un vocabolario per parlare dei sentimenti e a illustrare i diversi modi con cui le persone reagiscono all'ira, alla paura e alla tristezza.

Libri ben selezionati e adatti alle diverse età possono persino offrire ai genitori l'opportunità di affrontare argomenti delicati, come «da dove vengono i bambini» e «cosa è successo al nonno quando è morto».

Queste conversazioni in famiglia possono anche essere alimentate dalla visione di programmi televisivi o di film. Ma penso che i libri siano migliori perché il lettore e l'ascoltatore possono fermarsi a ogni punto e discutere la trama del racconto. Leggere ad alta voce dà inoltre ai bambini l'impressione che tutta la famiglia partecipa alla narrazione e perciò essi possono identificarsi maggiormente con la vicenda e con i personaggi.

La buona letteratura per l'infanzia può anche aiutare gli adulti a tenersi in contatto con il mondo emotivo dei piccoli. Una mamma nei nostri gruppi di lavoro ci ha detto di aver letto con la sua bambina di dieci anni un racconto su un gruppo di ragazzine preadolescenti che erano tristi perché una di loro doveva trasferirsi in un'altra città. Anche se era una storia semplice su una situazione comune, la madre ne fu profondamente toccata, ricordando la sensazione di perdita che lei stessa aveva sofferto quando, all'età di sua figlia, aveva dovuto trasferirsi in un'altra città. Rammentando come possano essere intense le amicizie infantili a quell'età, la madre capì meglio il significato dei rapporti affettivi che sua figlia stava maturando.

Purtroppo molti genitori smettono di leggere ad alta voce con i loro bambini una volta che questi imparano a leggere da soli. Ma altri continuano fino all'adolescenza, alternandosi nella lettura di libri sempre più complessi. Come i pasti familiari, consumati insieme regolarmente, tali abitudini di lettura forniscono la sicurezza che il genitore e il figlio dispongono di un terreno comune per condividere qualcosa di gradevole.

Qualora non conosciate buoni libri per ragazzi, gli insegnanti di vostro figlio o il bibliotecario di quartiere possono offrire altri suggerimenti.

Siate pazienti nel processo educativo

Per essere bravi genitori-allenatori dovete dare a vostro figlio il tempo di esprimere i suoi sentimenti e non dovete mostrarvi impaziente. Se vostro figlio è triste, può darsi che pianga. Se è arrabbiato, può battere i piedi. Per voi può essere fastidioso stare con lui quando si trova in questo stato. Può sembrarvi di dover sopportare ogni giorno un nuovo guaio.

Tuttavia è utile ricordare che lo scopo dell'Allenamento emotivo è di esplorare e comprendere le emozioni e non di sopprimerle. Nell'immediato sembra che la soluzione più facile sia trascurare la condizione negativa di vostro figlio, ignorandola e sperando che si risolva da sola. Potete formarvi la convinzione illusoria che basta il semplice trascorrere del tempo a migliorare le cose. Da questa attitudine potete ricavare un sollievo nel breve periodo, ma sorgeranno maggiori difficoltà a lungo termine. È assai più difficile affrontare i problemi quando sono stati trascurati e quando vostro figlio si è distaccato da voi emotivamente.

Al contrario, le soddisfazioni per noi genitori vengono quando abbiamo prestato attenzione ai sentimenti dei nostri figli. È impossibile accettare e legittimare l'emozione di un bambino quando si desidera che quell'emozione sgradevole scompaia. L'accettazione e la legittimazione provengono dall'empatia, ossia dall'immedesimarsi con il sentimento di vostro figlio in quel momento.

Quando empatizzate, controllate se riuscite a percepire fisicamente le emozioni che condividete. Paragono questa pratica al modo in cui lasciamo che un brano musicale suggestivo susciti le nostre emozioni, facendoci sentire eccitati, tristi, appassionati e ispirati. Potete scegliere di condividere i sentimenti di vostro figlio nello stesso modo, permettendo che risuonino dentro di voi. Se riuscite a far questo, potrete dirgli con cuore sincero: «È triste che papà debba partire senza di te». «Anch'io mi arrabbierei se un mio amico mi picchiasse.» «Capisco che quando ti rimprovero, tu lo trovi odioso.»

Ricordate anche che non avete sempre bisogno di parole per comunicare la vostra comprensione. La vostra disponibilità a star seduto in silenzio con vostro figlio, mentre entrambi siete alle prese con i vostri sentimenti, è una dimostrazione più che eloquente della vostra empatia. Anzitutto può indicare a vostro figlio che lo prendete sul serio. Inoltre può indicargli che non considerate insignificante il suo problema, ma degno di attenzione e di riflessione.

Mentre siete insieme con lui e condividete la sua emozione, ricordate che un abbraccio o un massaggio alla schiena sono spesso più utili delle parole, specialmente se vostro figlio è alle prese con la tristezza o la paura.

Qualche volta un bambino può affermare di non sentirsi disposto a parlare di un argomento e in genere questo stato d'animo dev'essere rispettato. Cercate però di fissare con lui l'occasione di parlarne il prima possibile. Poi, prendete nota e affrontate l'argomento come promesso.

Una volta che vi sforzate di essere vicino alle emozioni di vostro figlio, troverete giorno dopo giorno le occasioni di stabilire con lui un contatto significativo. Da una sequenza di episodi apparentemente banali potrete formare un legame importante e durevole. Diventerete quello che un mio amico, lo psicologo dell'età evolutiva Ross Parke, definisce «un raccoglitore di momenti». Riconoscerete che le vostre interazioni con lui sono opportunità preziose e saprete apprezzare aspetti che altri non colgono. E quando guarderete indietro, vedrete nel rapporto con vostro figlio una collana di perle da custodire gelosamente.

Capire la base di potere dei genitori

Per «base di potere» intendo l'elemento nella relazione tra genitori e figli che rende possibile ai genitori porre limiti alla condotta sbagliata dei figli: qualcosa che tutti i ragazzi vogliono e di cui hanno bisogno. Per alcuni genitori la base di potere possono essere le minacce, l'umiliazione o le sculacciate. Altri, troppo permissivi, ritengono di non avere alcuna base di potere. Per i genitori-allenatori la base di potere è il legame emotivo tra genitore e figlio.

Quando avete un legame emotivo con vostro figlio, i limiti scaturiscono dalle vostre reazioni sincere ai suoi comportamenti sbagliati. Vostro figlio è sensibile alla vostra collera, alla vostra delusione e alle vostre preoccupazioni e perciò non dovete ricorrere a metodi negativi come le sculacciate e le proibizioni per mettere in chiaro i vostri sentimenti.

Siccome in questa equazione il rispetto e l'affetto sono molto importanti, è facile capire perché sia di importanza cruciale evitare i commenti sarcastici e le umiliazioni quando correggete il comportamento di vostro figlio. Un bambino che è stato appena sculacciato o che è stato definito disordinato o cattivo o stupido ha l'inclinazione a cercare di vendicarsi contro i suoi genitori invece che a compiacerli.

Se in passato avete fatto ricorso a metodi come l'umiliazione e le sculacciate, potete chiedervi se è possibile spostare la vostra base di potere da queste pratiche negative alla condivisione di sentimenti positivi. Credo che tale mutamento sia possibile, ma richiederà un grosso sforzo. Dovrete correggere vecchi schemi di disciplina della condotta infantile, inserendo nelle interazioni con vostro figlio l'Allenamento emotivo. Dovrete sforzarvi di costruire un rapporto basato sulla fiducia invece che sull'intimidazione.

Mentre lavorate per attuare questo cambiamento, vi servirà tenere in mente due principi fissati da Haim Ginott: 1) tutti i sentimenti sono permessi, ma non tutti i comportamenti lo sono; 2) il rapporto genitori-figli non è una democrazia. È il genitore che determina quale comportamento è permesso.

Se vostro figlio è adolescente o preadolescente, potrete discutere apertamente la questione della base di potere nel vostro rapporto, soprattutto per quanto riguarda la fissazione delle regole. Cercate di arrivare a stabilire le regole (e le conseguenze dell'infrazione delle regole) attraverso il compromesso e la discussione rispettosa. Non abbiate paura di essere decisi, soprattutto quando è in gioco la sicurezza e il benessere di vostro figlio. In quanto siete adulti, conoscete meglio di vostro figlio quali comportamenti sono potenzialmente pericolosi. Ricordate anche che le ricerche scientifiche dimostrano che i bambini i cui genitori controllano le amicizie, le attività e i luoghi di ritrovo, hanno minori probabilità di assumere comportamenti a rischio. È meno probabile che entrino a far parte di una compagnia deviante, che si trovino nei guai con la polizia, che assumano droghe, che compiano azioni teppistiche o criminose, che divengano sessualmente promiscui o che fuggano di casa.

Per alcuni genitori ricollocare su un terreno positivo la propria base di potere è più difficile che per altri. Questo accade soprattutto quando nel rapporto genitore-figlio sono svaniti la fiducia, il rispetto e l'affetto. In casi simili la psicoterapia familiare è spesso efficace e io inviterei i genitori a considerare questa opzione. Non siate sorpresi se lo psicoterapeuta che avete scelto vuole avere sedute individuali con vostro figlio. E rammentate che lo psicoterapeuta potrebbe fungere da avvocato di vostro figlio nel «tribunale familiare». È difficile dire quanto tempo è necessario perché la terapia familiare si riveli efficace. Come per il dentista, molto dipende da quanto a lungo i problemi sono stati ignorati. Ma la ricerca dimostra che gli psicoterapeuti stanno sviluppando metodi ragionevolmente efficaci per aiutare le famiglie a ristabilire la fiducia e la comunicazione. Perciò ci sono molti motivi di speranza.

Credere nella natura positiva dello sviluppo umano

Più conosco i bambini, più credo che il corso naturale dello sviluppo umano sia dominato da una forza incredibilmente positiva. Con ciò intendo dire che il cervello dei bambini è naturalmente modellato per ricercare sicurezza, amore, conoscenza e comprensione. Vostro figlio vuol essere affettuoso e altruista. Vuole esplorare l'ambiente circostante, scoprire che cosa produce il fulmine e cosa c'è dentro un cane. Vuol sapere cos'è giusto e buono e cosa è sbagliato e cattivo. Vuole conoscere i pericoli nel mondo e come evitarli. Vuole in ogni modo fare la cosa giusta, diventare sempre più forte e capace. Vostro figlio vuol essere il genere di persona che voi ammirerete e amerete.

Poiché tutte queste forze naturali aiutano il vostro compito di genitore, potete aver fiducia nei sentimenti di vostro figlio e sapere di non essere soli.

Quando l'Allenamento emotivo è inopportuno

È difficile stabilire con certezza la frequenza con cui i genitori devono ricorrere all'Allenamento emotivo per costruire l'intimità e insegnare le capacità di affrontare i problemi. La vita quotidiana dei bambini, che imparano a convivere con i coetanei e a superare le crisi di ogni giorno, sembra piena di opportunità favorevoli. Tuttavia l'Allenamento emotivo non dev'essere percepito come una panacea per ogni sentimento negativo che possa insorgere. Innanzitutto, richiede un certo grado di pazienza e di creatività e dunque per attuarlo nel migliore dei modi è necessario che i genitori non siano distratti e che siano calmi. È anche utile che i bambini siano pronti a recepire l'insegnamento. Da un punto di vista strategico è preferibile cogliere le occasioni in cui vostro figlio è più ricettivo.

Ovviamente vi sono situazioni in cui l'Allenamento emotivo dev'essere rimandato. Eccone alcune.

Quando avete poco tempo

Oggi genitori e figli passano gran parte del tempo insieme tenendo d'occhio l'orologio, per cercare di arrivare in orario all'asilo, a scuola e sul luogo di lavoro. Anche se le emozioni dei ragazzi affiorano spesso in questi momenti di stress, non si tratta di occasioni ideali per l'Allenamento emotivo, che è un processo graduale. I ragazzi non sono robot e non possiamo aspettarci che maturino le loro esperienze emotive secondo un ritmo temporale a loro estraneo.

Una donna d'affari in uno dei nostri gruppi di studio ha descritto perfettamente la follia di cercare di praticare l'Allenamento emotivo quando il tempo stringe. Un mattino stava lasciando la bimba all'asilo prima di recarsi a un importante incontro con un cliente. Giunta all'ingresso dell'asilo, la bimba di quattro anni improvvisamente si alterò: «La mia insegnante Katie non c'è,» disse alla madre. «Non voglio restare».

La donna guardò l'orologio e capì che aveva solo cinque minuti da dedicare alla figlia se non voleva arrivare in ritardo. Ripercorrendo mentalmente le fasi dell'Allenamento emotivo, fece sedere la bambina e cominciò ad affrontare il problema: «Sembri triste... Dimmi cosa c'è... Ti senti a disagio perché non c'è la tua insegnante preferita... So come ti senti... Ti senti triste perché devi cominciare la giornata senza di lei... Devo andar via presto... Cosa possiamo fare perché tu ti senta meglio?».

Nel frattempo la bambina biascicava qualche risposta e si sforzava di ricacciare indietro le lacrime. I minuti scorrevano implacabili. La bambina parve accorgersi della fretta di sua madre e questo peggiorò le cose. Più la madre cercava una soluzione, più la figlia si inquietava. Dopo venti minuti di frustrazione, la madre rinunciò a persuadere la bimba e lasciò la figlia singhiozzante tra le braccia della supplente. Guidando a folle velocità, si recò all'appuntamento di lavoro. «Quando arrivai, il cliente se n'era andato», si lamentò la donna.

Riflettendo in seguito sull'episodio, la madre si accorse dell'errore. «Le trasmettevo un messaggio confuso. Le dicevo che ero preoccupata e che volevo aiutarla, ma guardavo l'orologio e lei lo capiva. Questo la faceva sentire ancor più abbandonata.» Ripensandoci, la madre pensò che avrebbe semplicemente dovuto dire alla figlia che andare all'asilo quella mattina era una necessità sulla quale non si poteva discutere e che più tardi avrebbero parlato dei suoi «sentimenti di disagio». Poi, lasciando la figlia nelle mani esperte della supplente e in un ambiente nel quale la bimba cominciava a sviluppare le proprie facoltà di relazione sociale, avrebbe dovuto andarsene all'appuntamento.

In un mondo ideale, dovremmo avere sempre tempo di sederci e parlare con i nostri ragazzi quando si presentano emozioni così forti. Ma molti genitori non sempre ne hanno la possibilità. Perciò è importante fissare un momento – preferibilmente ogni giorno alla stessa ora – nel quale potete parlare a vostro figlio senza fretta né interruzioni. Nelle famiglie in cui ci sono i bambini piccoli, spesso si sceglie il momento prima di andare a letto o quando fanno il bagno. Con ragazzi in età scolare o con adolescenti, i colloqui intimi spesso avvengono quando si svolgono insieme i lavori domestici, come lavare i piatti o piegare la biancheria. Altre opportunità si presentano quando accompagnate regolarmente in macchina i vostri figli alle lezioni di musica o ad altri impegni. Scegliendo momenti simili per parlare, sarete anche sicuri che le questioni non verranno rinviate a data da destinarsi per mancanza di tempo.

Quando sono presenti altre persone
È difficile costruire fiducia e intimità se non si trascorre del tempo da soli con il proprio figlio. Per questo suggerisco di praticare l'Allenamento emotivo a tu per tu, piuttosto che di fronte ad altri famigliari, ad amici o a estranei. In questo modo, si eviterà di mettere il bambino in imbarazzo. Inoltre, sarete tutti e due più liberi di rispondere sinceramente, senza preoccuparvi di recitare una parte davanti agli altri.

Questo consiglio è particolarmente importante per famiglie che devono affrontare il problema della rivalità tra i diversi figli. Una madre in uno dei nostri gruppi di studio ha riferito il suo tentativo di intervenire in un litigio tra i figli usando le tecniche dell'Allenamento emotivo. «Ogni volta che cominciavo a empatizzare con uno dei due, l'altro andava su tutte le furie», raccontò.

Nelle circostanze ideali, un genitore obiettivo potrebbe svolgere una funzione di mediazione mentre i figli cercano di risolvere i propri contrasti. Ma l'Allenamento emotivo coinvolge un livello più profondo di empatia e di ascolto. È difficile empatizzare apertamente con due persone in conflitto senza dare l'impressione di schierarsi da una parte. Perciò l'Allenamento emotivo di solito funziona meglio se né il genitore né il figlio debbono preoccuparsi delle percezioni, delle interruzioni o delle obiezioni di un fratello o di una sorella. Trovandosi da solo con un genitore partecipe, un figlio potrebbe essere più disponibile ad abbassare la guardia e a condividere sentimenti genuini.

Ovviamente la chiave per il successo è dedicare lo stesso tempo a ogni figlio. Anche in questo caso, fissare in anticipo un momento particolare per restare da soli con ogni figlio a intervalli regolari, può garantire questa imparzialità.

I genitori devono anche essere consapevoli di come la presenza di loro coetanei o di congiunti (soprattutto i nonni) può influire sulla loro capacità di empatizzare e di ascoltare i figli. È difficile accettare i sentimenti dei vostri ragazzi se date retta al giudizio (esplicito o implicito) di vostra madre per la quale «i bambini non hanno bisogno di altro che di una buona sculacciata».

Se vi trovate in una situazione che richiede l'Allenamento emotivo, ma la presenza di altri lo rende impossibile, proponete a voi stessi di praticarlo in seguito. Potete dire a vostro figlio (senza metterlo in imbarazzo) che avete intenzione di discutere della questione in un altro momento. Poi fate in modo di mantenere la promessa.

Quando siete troppo arrabbiati o troppo stanchi perché l'allenamento sia produttivo
L'Allenamento emotivo richiede un certo livello di pensiero e di energia creativi. Uno stato accentuato di collera o di spossatezza possono interferire con la vostra capacità di pensare con chiarezza e di comunicare con efficacia. Potete accorgervi di non disporre della pazienza e della disponibilità necessarie per empatizzare e ascoltare. Inoltre possono esserci momenti nei quali siete troppo stanchi per trattare efficacemente le emozioni di vostro figlio. Se ciò accade, rimandate l'Allenamento emotivo a dopo, quando sarete riposati e avrete recuperato le energie necessarie. Questo significa semplicemente fare una passeggiata, un sonnellino, un bagno caldo o uscire per andare al cinema. Se vi accorgete che la stanchezza, la tensione o la collera interferiscono continuamente con la vostra capacità di dialogare con vostro figlio, forse è opportuno che consideriate di cambiare il vostro stile di vita. Uno psicologo o un medico possono aiutarvi a trovare possibili soluzioni.

Quando dovete affrontare comportamenti gravi
Qualche volta dovete impegnarvi in un tipo di disciplina che va oltre la sfera della semplice posizione di limiti prevista dalla fase n. 5 (cfr. p. 144). Quando vostro figlio si comporta in maniera tale da impensierirvi gravemente e da violare chiaramente il vostro codice morale, dovete esprimere la vostra disapprovazione. Anche se

potete comprendere le emozioni sottese al cattivo comportamento di vostro figlio, non è questo il momento di dimostrare empatia. L'Allenamento emotivo, che si rivolge ai sentimenti che possono aver indotto il figlio a un cattivo comportamento, dev'essere rinviato. Al momento dovete affermare inequivocabilmente un giudizio negativo sulle azioni di vostro figlio e spiegare perché la pensate in quel modo. È opportuno che esprimiate i vostri sentimenti di collera e di delusione, anche se non in maniera sprezzante. È anche opportuno esporre i valori in cui credete.

Questa può essere una lezione difficile per genitori sensibili ai motivi che hanno spinto i figli a comportarsi in un certo modo e che si sentono responsabili di quelle motivazioni. Se per esempio una coppia impegnata in una causa di divorzio scopre che la propria figlia tredicenne ha cominciato a marinare la scuola, può essere incerta su come reagire. Comprendendo la confusione e la tristezza della ragazza, i genitori possono essere tentati di non rimproverarla e di affrontare subito i sentimenti della figlia circa il loro divorzio. Ma trovare scuse alla cattiva condotta della figlia alla fine ha il solo effetto di nuocerle. Il metodo migliore è affrontare separatamente il problema delle assenze ingiustificate e quello dei suoi sentimenti per il divorzio.

Ecco un altro esempio, in circostanze meno drammatiche. Quando mia figlia Moriah aveva tre anni, avevamo un ospite in casa, che si fermò per diversi giorni. Una sera, dopo cena, ho trovato Moriah da sola, in piedi, nel soggiorno, con un pennarello rosso in mano. Davanti a lei, nella fiancata del nostro nuovo divano, color pesca, c'era un orrendo scarabocchio rosso.

«Cos'è successo qui?» le chiesi, chiaramente irritato. Moriah mi guardò con occhi spalancati, stringendo ancora in mano il pennarello. «Non ne ho idea», farfugliò. Bene, pensai. E così dobbiamo affrontare due problemi: il vandalismo e le menzogne. Nello stesso tempo ero consapevole che Moriah nelle ultime ventiquattr'ore era stata scontenta. Immaginavo che era stanca del fatto che le sue abitudini giornaliere fossero alterate dalla presenza dell'ospite. Intuii che si sentiva gelosa perché io e mia moglie avevamo passato tanto tempo a parlare con lui, invece che a giocare con lei. Questo poteva spiegare perché avesse agito in quel modo con il pennarello, tenendo un comportamento che lei sapeva essere sbagliato. E la menzogna era facile da capire: Moriah stava cercando di evitare la mia collera.

Sapevo che avrei potuto rispondere in maniera empatica, dicendo qualcosa come: «Moriah, hai scarabocchiato il divano perché eri arrabbiata?». Poi, avrei potuto aggiungere: «Capisco che tu ti senta in collera, ma scarabocchiare il divano non va bene».

Ma una simile reazione non avrebbe toccato la questione morale, assai più importante, che si era presentata e cioè la sua menzogna. Perciò decisi di rimandare il colloquio sulla sua irritazione e la sua gelosia. Quella sera avremmo parlato dell'importanza di dire la verità. Le ho detto che ero in collera per i segni sul divano, ma che lo ero ancor di più perché lei mi aveva detto una bugia in proposito.

Alla fine, dopo aver cancellato le macchie dal divano, Moriah, la mamma e io parlammo delle emozioni che avevano determinato l'episodio. Mia moglie e io ascoltammo e cercammo di capire la rabbia, la solitudine e la frustrazione di Moriah. Parlammo con nostra figlia degli altri possibili modi nei quali avrebbe potuto esprimere le sue emozioni, come ad esempio comunicarle a noi e chiedere la nostra attenzione.

Anche se non praticai con Moriah l'Allenamento emotivo subito dopo l'episodio, sapevo che il legame emotivo che avevo stabilito con mia figlia, in seguito alle precedenti attività, era all'opera in quella circostanza. Quando un figlio ha un forte legame emotivo con il genitore, l'inquietudine, la delusione o la collera del genitore creano in lui un dolore tale da trasformarsi in un fattore di disciplina. In quel caso lo scopo di vostro figlio diventa quello di ripristinare un buon rapporto, di tornare a una condizione nella quale possa sentirsi emotivamente vicino a voi. Perciò il figlio impara che deve attenersi a un certo codice di comportamento, se vuole ritrovare quel grado di conforto emotivo.

Quando vostro figlio «simula» un'emozione per manipolarvi

Non mi riferisco qui ai soliti capricci e alle lagne dei bambini, ma a quel genere di capricci e di lamentele simulate e insincere alle quali tutti i bambini ricorrono di quando in quando per ottenere quello che vogliono.

Ve ne do un esempio: il figlio di cinque anni di una coppia coinvolta nei nostri gruppi di studio si arrabbiò quando venne a sapere che la sera del giorno dopo i genitori lo avrebbero lasciato da solo con una baby-sitter per uscire e celebrare il loro anniversario. Dopo aver parlato a lungo con Shawn dei suoi sentimenti, i genitori non riuscirono a trovare una soluzione. Il bambino continuava a dire che si sarebbe sentito bene solo se avessero portato fuori anche lui. Alla fine la coppia smise di parlare e lo lasciò solo a piagnucolare nella sua stanza. Il bimbo continuò a piangere per trenta minuti, con i genitori che ogni tanto si affacciavano sulla porta per controllare. A un certo punto il padre vide Shawn che tranquillamente costruiva una torre con i suoi giochi, pur continuando a frignare con un tono che suonava convincente. «Si accorse che lo guardavo e aumentò il volume del pianto,» riferì il padre. «Poi, quando credette di essere di nuovo solo, lo vidi sorridere, consapevole del trucco che stava attuando.»

Shawn aveva sperato con il pianto di far cambiare idea ai genitori. Questo non significa che non fosse più arrabbiato all'idea di dover restare a casa con una baby-sitter. Ma per i genitori cercare di impegnarsi in un ascolto empatico e nell'Allenamento emotivo mentre il figlio stava tentando di manipolarli con le sue emozioni sarebbe stato infruttuoso. Dovevano invece far capire chiaramente al bambino che con il suo pianto non avrebbe potuto ottenere nulla da loro. E così fece suo padre. Si rivolse al figlio gentilmente, ma con fermezza: «So che sei arrabbiato, ma piangendo non farai cambiare idea a me e alla mamma. Noi andremo fuori a cena e tu resterai a casa con la baby-sitter». A quel punto il bambino capì finalmente che la situazione non era modificabile e smise di frignare. Dopo un po' di tempo, il padre chiese a Shawn se desiderava pensare a qualche modo per rendere più piacevole la serata con la baby-sitter, come ad esempio immaginare dei giochi o preparare qualcosa da mangiare e il bimbo acconsentì.

Quando decidete di rimandare l'Allenamento emotivo, assumete l'impegno con voi stessi e con vostro figlio di ritornare presto sull'argomento. Questa condotta è assai diversa dalle tattiche impiegate dai genitori che assumono un atteggiamento noncurante o censorio, descritti nel capitolo 2. Per essi, ignorare le emozioni rappresenta il tratto tipico del loro essere genitori. Si sentono a disagio nel trattare le emozioni forti e perciò le accantonano del tutto. Io vi suggerisco soltanto di rinviare la discussione a un momento in cui potrà essere più produttiva.

Se rimandate la discussione su un argomento, dicendo a vostro figlio che la affronterete in seguito, fate in modo di rispettare la promessa. Non mantenere la promessa non sempre ha gli effetti catastrofici rappresentati nei film o in televisione. I ragazzi sono molto giusti e comprensivi e vi offrono parecchie opportunità. Tuttavia, mantenere le promesse è una forma di rispetto e se voi darete il buon esempio, vostro figlio si comporterà di conseguenza.

Voglio anche suggerire ai genitori di rinviare l'Allenamento emotivo solo quando lo ritengono davvero necessario. In generale dovete dedicare il maggior tempo possibile all'Allenamento emotivo. Alcuni di voi dovranno abbandonare l'opinione che parlare dei sentimenti significa in qualche modo «viziare» i bambini o essere troppo «indulgente» con loro. Come mostrano i nostri studi, i ragazzi allenati emotivamente si comportano meglio poiché imparano a regolare le proprie emozioni. Non è neppur vero che concentrare l'attenzione sulle emozioni negative «peggiora la situazione». Se un bambino ha un problema difficile, i genitori dovrebbero aiutarlo nell'imparare ad affrontare il problema. Se invece il problema in questione è insignificante, parlarne non avrà comunque un effetto negativo.

Infine voglio ripetere che l'Allenamento emotivo non dovrebbe essere visto come una sorta di formula magica che elimina i conflitti familiari e la necessità di porre dei limiti. L'Allenamento emotivo può comunque aiutarvi ad avvicinarvi ai vostri figli. Esso getta le basi per un rapporto di collaborazione in cui i problemi possono essere risolti insieme. I vostri figli impareranno a confidarvi i loro sentimenti. Sapranno che non li criticherete né li demolirete «per il loro bene». I vostri ragazzi in futuro non nutriranno quel sentimento familiare a molti adulti che si può esprimere nella frase: «Amavo molto mio padre, ma in realtà non potevo parlare con lui». Quando i vostri figli avranno un problema, verranno da voi perché sanno che offrite loro più di un predicozzo e di qualche banalità. Voi li ascoltate davvero.

Ma la cosa veramente bella dell'Allenamento emotivo è che i suoi effetti dureranno negli anni dell'adolescenza. I vostri ragazzi avranno ormai interiorizzato i vostri valori e coglieranno i frutti dell'Allenamento emotivo. Sapranno come concentrarsi, come andare d'accordo con i compagni, e come affrontare emozioni forti. Eviteranno anche i rischi che capitano ai ragazzi che non dispongono di queste capacità.

Verifica la tua abilità come allenatore emotivo

Ecco un esercizio per verificare la vostra capacità di riconoscere l'intento del genitore e i sentimenti del figlio in diverse situazioni che coinvolgono emozioni intense.

Vi offrirà anche l'opportunità di mettere in pratica le risposte dell'Allenamento emotivo ai sentimenti negativi dei figli.

Per ogni caso[3] è riportata una risposta «sbagliata» da parte dei genitori. Poi vi si chiede di immaginare quali potrebbero essere nella situazione descritta il programma educativo del genitore (ossia l'intento che egli vuole raggiungere) e i sentimenti del figlio. E infine vi si chiede di offrire una nuova risposta che tenga conto dei sentimenti del figlio.

Esempio: Un bambino scompare in un grande magazzino e i genitori sono preoccupati per lui. Dopo un po', un dipendente del supermarket trova il bambino chiaramente turbato e lo aiuta a ritrovare i genitori.

Risposta sbagliata: «Stupido! Sono infuriato con te. Non ti porterò mai più con me a fare la spesa».

Intento del genitore: Il genitore è spaventato, vuole che il bambino sia al sicuro e che un episodio simile non accada più.

Sentimento del figlio: Paura.

Risposta giusta: «Devi esserti spaventato così tanto. Anch'io lo ero. Vieni qui, fatti abbracciare per un po'. Poi parleremo di quello che è successo».

1. Un bambino torna a casa da scuola e dice: «Non andrò mai più a scuola! L'insegnante mi ha sgridato davanti a tutta la classe!».

Risposta sbagliata: «Cos'avevi combinato per farti sgridare dall'insegnante?».

---

[3] I primi due casi sono stati suggeriti da Alice Ginott-Cohen.

Intento del genitore:

Sentimento del figlio:

Risposta giusta:

2. Mentre fa il bagno vostro figlio dice: «Odio mio fratello. Vorrei che morisse».
Risposta sbagliata: «Hai detto qualcosa di orribile. Non si parla così in questa casa. Tu non odi tuo fratello. Tu lo ami. Non voglio sentirti mai più ripetere una cosa simile!».

Intento del genitore:

Sentimento del figlio:

Risposta giusta:

3. Durante la cena vostro figlio dice: «Puah! Questo cibo mi fa schifo. Non voglio mangiarlo».
Risposta sbagliata: «Mangia quello che c'è e stai zitto».

Intento del genitore:

Sentimento del figlio:

Risposta giusta:

4. Vostro figlio torna a casa e dice: «Odio quei ragazzi. Non vogliono più giocare con me e sono cattivi nei miei confronti!».
Risposta sbagliata: «Se tu non fossi così piagnone, giocherebbero con te. Non farla tanto lunga per una sciocchezza simile e impara a cavartela con qualche pugno».

Intento del genitore:

Sentimento del figlio:

Risposta giusta:

5. Il vostro bambino dice: «Non voglio che stai con me stasera. Vorrei stare con (una persona a vostra scelta)».
Risposta sbagliata: «Che brutta cosa hai detto! Sei un bambino ingrato».

Intento del genitore:

Sentimento del figlio:

Risposta giusta:

6. Un amico del vostro bambino è venuto a fargli visita. Vostro figlio gli dice: «Non voglio darti questo giocattolo. Con questo tu non puoi giocare!».
Risposta sbagliata: «Sei un bambino egoista. Devi imparare a condividere i tuoi giocattoli con gli amici».

Intento del genitore:

Sentimento del figlio:

Risposta giusta:

RISPOSTE

Anche se in questo esercizio non c'è un'unica risposta giusta per ogni caso, le risposte seguenti sono tipiche dello stile dei genitori-allenatori. Notate come sia la risposta «sbagliata» sia quella «giusta» corrispondono al medesimo intento del genitore. Ma la risposta «giusta» offre al bambino empatia e un indirizzo.

1. *Intento del genitore*: Il genitore vuole che il figlio riesca bene a scuola e venga apprezzato dall'insegnante. Il genitore è preoccupato che il figlio si comporti male a scuola, suscitando la disapprovazione dell'insegnante.
Sentimento del figlio: Imbarazzo.
Risposta giusta: «Per te dev'essere stato molto imbarazzante».

2. *Intento del genitore*: Il genitore vuole che i due fratelli vadano d'accordo.
Sentimento del figlio: Collera.
Risposta giusta: «So che tuo fratello qualche volta ti fa davvero arrabbiare. Cosa è successo?».

3. *Intento del genitore*: Il genitore vuole che al figlio piaccia il cibo che è stato cucinato e vuole evitare di dover preparare un altro piatto.
Sentimento del figlio: Disgusto.
Risposta giusta: «Oggi sembri non gradire questo cibo. Cosa ti piacerebbe mangiare?».

4. *Intento del genitore*: Il genitore vuole che il figlio possa andare d'accordo con gli altri bambini e che non si senta offeso così facilmente.
Sentimento del figlio: Tristezza.
Risposta giusta: «Devi esserti offeso. Raccontami cos'è successo».

5. *Intento del genitore*: Il genitore vuole che apprezzi il fatto che lui stasera impiegherà il proprio tempo e le proprie energie per stare col figlio.
Sentimento del figlio: Tristezza.
Risposta giusta: «Ti manca davvero (una persona a vostra scelta). Lo capisco. Anch'io sento la sua mancanza».

6. *Intento del genitore*: Il genitore vuole che il figlio sia più generoso con gli ospiti e condivida i giocattoli con loro.
Sentimento del figlio: Collera.
Risposta giusta: «Qualche volta è difficile condividere con gli amici il tuo giocattolo preferito. Mettiamolo da parte e prendiamone degli altri che tu sei disposto a dividere con loro».

5

Matrimonio, divorzio
e la salute emozionale di vostro figlio

Chiedete agli adulti i cui genitori sono stati infelicemente sposati di descrivere i ricordi della loro infanzia ed è molto probabile che sentirete racconti di tristezza, confusione, false speranze e amarezza. Forse ricorderanno quanto dolore e disorientamento hanno provato dinanzi al divorzio dei genitori. Oppure i loro genitori appartenevano a quelle coppie di vecchio stampo, che hanno avuto un matrimonio infelice, ma che hanno deciso di non romperlo «nell'interesse dei figli». In quest'ultimo caso, potrete apprendere quanto fosse penoso vedere le due persone che il bambino amava e di cui aveva bisogno più di ogni altra, offendersi reciprocamente un giorno sì e un giorno no.

Ha poca importanza che una coppia sia sposata, separata o divorziata: quando una madre e un padre manifestano ostilità e disprezzo l'uno per l'altra, i figli ne soffrono. Questo dipende dal fatto che il tenore di un matrimonio o di un divorzio forma una specie di «ambiente emotivo» nel quale i bambini sono immersi. Come un albero è influenzato dalla qualità dell'aria, dell'acqua e del suolo, così la salute emotiva dei bambini è determinata dalla qualità dei rapporti intimi che li circondano.

Le interazioni reciproche dei genitori con i figli influenzano gli atteggiamenti, i risultati da loro conseguiti, la loro capacità di padroneggiare le emozioni e di andare d'accordo con gli altri. In generale, quando i genitori si appoggiano e si aiutano l'un l'altra, l'intelligenza emotiva dei figli fiorisce. Ma i figli che sono costantemente esposti all'ostilità reciproca tra i genitori possono imbattersi in gravi pericoli.

Anche se queste considerazioni possono turbare quei genitori che stanno sperimentando un conflitto con il coniuge, offrono una speranza a quelle coppie, sposate o divorziate, che sono determinate a migliorare il loro rapporto. Noi oggi sappiamo che non è il conflitto tra i genitori in se stesso a nuocere ai figli, ma il modo in cui i genitori affrontano le loro dispute.

Abbiamo anche scoperto che l'Allenamento emotivo può avere un effetto protettivo.[1] Ossia, quando i genitori sono presenti nella vita emotiva dei figli, quando li aiutano ad affrontare i sentimenti negativi e li guidano attraverso periodi di tensione familiare, i figli sono protetti da molti effetti dannosi dei contrasti familiari, divorzio compreso. A tutt'oggi, l'Allenamento emotivo è il solo metodo che si è dimostrato efficace nel salvaguardare da questi effetti deleteri.

Infine, abbiamo scoperto che il percorso da seguire per essere un bravo genitore è lo stesso che porta a migliorare il matrimonio. Lo stesso stile interpersonale che i genitori praticano con i figli – consapevolezza emotiva, empatia, disponibilità a risolvere insieme i

[1] J. Gottman, L. Katz, C. Hooven, *Meta-emotion. How Families Communicate Emotionally, Links to Child Peer Relations and Other Developmental Outcomes*, Hillsdale, N.J., Lawrence Erlbaum, 1997.

problemi – risulta efficace per il matrimonio. Oltre a migliorare come genitori, anche il rapporto con il coniuge riceve un beneficio.

Prima di esplorare come funziona l'effetto protettivo dell'Allenamento emotivo, è utile capire il modo in cui il conflitto tra coniugi e il divorzio influiscono sui figli.

Come il conflitto tra coniugi e il divorzio possono danneggiare i figli

Grazie all'osservazione e all'attività di laboratorio con famiglie con bambini piccoli, io e i miei colleghi ricercatori abbiamo scoperto che certi dissidi tra i coniugi hanno effetti profondi sulla salute fisica ed emotiva dei figli, come pure sulla loro capacità di andare d'accordo con i compagni. I nostri dati dimostrano che i bambini allevati da genitori i cui matrimoni sono caratterizzati dalla critica, dalle reazioni difensive e dal disprezzo sono molto più inclini a manifestare un comportamento antisociale e aggressivo verso i propri compagni di gioco. Fanno più fatica a governare le proprie emozioni, a concentrarsi e a calmarsi quando si sono arrabbiati. Inoltre, le madri di questi bambini hanno riferito che i loro figli avevano problemi di salute più frequenti della media, come tosse e raffreddore. Sembra anche che questi bambini siano soggetti a una condizione cronica di stress, come dimostra la presenza nelle loro urine di alti livelli di catecolamina, un ormone legato allo stress.

Per valutare come i bambini si comportavano con i loro compagni, li abbiamo osservati nell'ambiente di casa durante il gioco, per periodi della durata di mezz'ora, nel corso dei quali i bambini erano liberi di giocare senza essere controllati da nessuno. Ogni famiglia aveva invitato il miglior amico del loro figlio per partecipare all'esperimento. Per elaborare le nostre valutazioni, abbiamo osservato come si comportavano tra di loro i bambini mentre giocavano. Per esempio, passavano molto tempo impegnati in giochi di fantasia che richiedono un alto grado di collaborazione? Oppure erano più inclini a giocare ognuno per conto suo, con pochi tentativi di collaborare?

Abbiamo anche controllato i comportamenti apertamente negativi da parte dei bambini, come i litigi, le minacce, gli insulti, i pettegolezzi e le aggressioni fisiche. Abbiamo osservato cosa accadeva quando scoppiavano liti, ossia se i bambini cercavano il modo di comporle, oppure se i contrasti li inducevano a smettere di giocare insieme. Le ricerche svolte in precedenza ci dicono che questi comportamenti possono avere effetti importanti a lungo termine; un comportamento negativo e antisociale è una delle ragioni principali per cui i bambini vengono respinti dai loro coetanei durante l'infanzia. Sappiamo anche che l'incapacità di stringere amicizie da parte di un bambino è un indicatore importante del rischio di sviluppare problemi psichiatrici.

Quando abbiamo paragonato i dati tratti dall'osservazione di questi periodi di gioco con le informazioni raccolte dalle famiglie nei colloqui e negli esperimenti di laboratorio descritti nel capitolo 1, abbiamo scoperto un forte collegamento tra la qualità del rapporto tra i coniugi e il comportamento dei figli con i loro amici. I bambini i cui genitori avevano matrimoni difficili giocavano più per conto proprio e interagivano più negativamente con i compagni di gioco rispetto ai bambini con genitori felicemente sposati.

Molti altri sociologi hanno fatto scoperte simili sui problemi comportamentali dei bambini che sono figli di genitori con difficili rapporti matrimoniali. Considerate complessivamente, queste ricerche dimostrano che il conflitto coniugale e il divorzio possono spostare i figli su una traiettoria che in seguito li condurrà a gravi problemi. I guai possono insorgere nella prima infanzia a causa delle scarse capacità di relazione interpersonale dei bambini e di una condotta aggressiva che li porta a essere rifiutati dai coetanei. I genitori, distratti dai propri problemi, hanno meno tempo e attenzione per i figli e perciò i ragazzi, abbandonati a se stessi, scivolano verso amicizie pericolose e compagnie devianti. Nella prima adolescenza, molti ragazzi che hanno una famiglia rovinata sono già caduti in un ginepraio di problemi tipici dell'adolescenza, come ad esempio il basso rendimento scolastico, la precocità sessuale, l'abuso di stupefacenti e la delinquenza. Ci sono anche indizi, sia pure non altrettanto forti, che i ragazzi appartenenti a famiglie con un alto grado di conflittualità e divise dal divorzio, sperimentano più di altri la depressione, l'ansia e l'emarginazione. Uno studio, condotto da E. Mavis Hetherington, dell'Università della Virginia, ha scoperto che il tasso di malattie mentali clinicamente rilevanti è quasi tre volte più alto negli adolescenti di famiglie divorziate che nella media degli adolescenti.[2]

[2] E.M. Hetherington, *Long-term Outcomes of Divorce and Remarriage: The Early Adolescent Years*, in «Family Processes and Youth Functioning During the Early Adolescent Years», simposio tenutosi sotto la direzione di A.S. Masten all'incontro biennale della Society for Research

I sociologi propongono diverse teorie per spiegare perché i ragazzi di famiglie lacerate dai conflitti hanno problemi comportamentali più gravi e maggiori difficoltà nei rapporti con i coetanei. Alcuni suggeriscono che i genitori coinvolti in dispute con i coniugi o gli ex coniugi hanno meno tempo ed energia da spendere con i figli. Il divorzio e le dispute che portano al divorzio lasciano i genitori troppo stanchi, distratti o depressi per poter disciplinare efficacemente i figli.

E. Mavis Hetherington descrive il periodo durante la separazione e il divorzio dei genitori, come pure i primi due anni dopo la rottura del rapporto, come un'epoca di grave sconvolgimento del rapporto tra genitori e figli. Durante questo periodo, «un genitore preoccupato e/o emotivamente turbato e un figlio angosciato e con delle necessità difficilmente possono consolarsi e sostenersi a vicenda e possono perfino esasperare i problemi reciproci,» scrive la Hetherington. Le madri divorziate, alle quali sono stati affidati i figli, «spesso, per qualche tempo, hanno un comportamento anomalo, non comunicano con i figli, non li assistono e li puniscono in maniera incoerente». Né i problemi svaniscono necessariamente col tempo: «La difficoltà di controllare e sorvegliare il comportamento dei figli è il problema che più di altri si trascina nel tempo per le madri divorziate».[3]

---

in Child Development, New Orleans, 1993, citato da E.M. Cummings e P. Davies in *Children and Marital Conflict: The Impact of Family Dispute and Resolution*, London, Guilford, 1994, pp. 131-32.

[3] E.M. Hetherington, *Coping with Marital Transitions: A Family Systems Perspective*, «Monographs of the Society for Research in Child Development», vol. 57 (1992), p. 6.

Queste scoperte confermano i problemi che abbiamo osservato nei genitori con tensioni matrimoniali, che hanno partecipato al nostro studio. Questi genitori erano più inclini a mostrarsi freddi e indifferenti verso i figli. Erano anche meno portati a porre limiti al comportamento dei figli.

Molti esperti credono che i genitori coinvolti in matrimoni stressanti, oltre a svolgere male il proprio ruolo nei confronti dei figli, danno loro un cattivo esempio su come andare d'accordo. A giudizio di questi esperti, i figli che vedono le madri e i padri aggressivi, conflittuali o sprezzanti reciprocamente sono più inclini a manifestare lo stesso comportamento nei rapporti con gli amici. Privi di modelli di ruolo, che insegnino loro come ascoltare empaticamente e come risolvere i problemi in maniera collaborativa, i bambini seguono lo schema che viene proposto dai genitori, fondato sul principio che l'ostilità e la reazione difensiva sono risposte appropriate al conflitto e che le persone aggressive ottengono quello che vogliono.

È senz'altro sensato ritenere che i figli che vivono sotto l'influsso negativo di un conflitto tra i genitori imparano a imitarne la condotta, ma io ritengo che i dissidi matrimoniali possano esercitare sui ragazzi un effetto ancor più profondo, specialmente in coloro che sono esposti a gravi problemi familiari sin dalla più tenera infanzia. Penso che lo stress di vivere in una famiglia lacerata dai conflitti tra i genitori possa influire sullo sviluppo del sistema nervoso autonomo del bambino, il quale a sua volta determina la capacità del bambino di affrontare le difficoltà.

È indiscutibile che i bambini soffrono quando assistono a litigi tra i genitori. Gli studi hanno dimostrato che perfino i bambini piccoli reagiscono alle liti tra gli adulti con mutamenti fisiologici, come l'aumento del battito cardiaco e della pressione sanguigna. Lo psicologo ricercatore E. Mark Cummings, che ha studiato le reazioni dei bambini ai litigi degli adulti, nota che i bambini in genere reagiscono a queste situazioni piangendo, rimanendo immobili e tesi, coprendosi le orecchie, facendo delle smorfie o chiedendo di poter andare via.[4] Altri hanno osservato nei bimbi di soli sei mesi reazioni non verbali di stress alla collera altrui. Anche se i bambini piccoli non capiscono il contenuto del litigio tra i genitori, sanno che qualcosa va male e reagiscono con l'agitazione e le lacrime.[5]

Io e i miei colleghi abbiamo osservato questo tipo di reazione in alcune famiglie coinvolte nei nostri esperimenti di laboratorio. Per esempio una coppia che partecipa al nostro studio sui genitori sposati da poco ha portato la figlia di tre mesi perché fosse sottoposta a osservazione. I colloqui precedenti avevano rivelato che il rapporto tra i genitori era estremamente competitivo e polemico, caratteristiche che si sono dimostrate ancor più evidenti nel nostro esperimento. Quando chiedemmo loro di giocare insieme alla bambina, il padre cattu-

---

[4] E.M. Cummings, *Coping with Background Anger in Early Childhood*, «Child Development», vol. 58 (1987), pp. 976-84; E.M. Cummings, R.J. Iannotti e C. Zahn-Waxler, *The Influence of Conflict Between Adults on the Emotions and Aggression of Young Children*, «Developmental Psychology», vol. 21 (1985), pp. 495-507.

[5] R. Shred, P.M. McDonnell, G. Church e J. Rowan, «Infants' Cognitive and Emotional Responses to Adults' Angry Behavior», relazione presentata all'incontro biennale della Society for Research in Child Development, Seattle, 1991, citato da E.M. Cummings e P. Davies in *Children and Marital Conflict*, cit., pp. 131-32.

rò lo sguardo della figlia toccandole i piedini, mentre la madre cominciò a tubare con la piccola per distogliere la sua attenzione dal papà. Questo conflitto evidentemente confuse e agitò la bimba, che guardò altrove e iniziò a piangere. Nello stesso tempo il battito cardiaco accelerò. Poi, nonostante lo sforzo dei genitori di calmarla, ci volle un tempo assai più lungo del solito perché le pulsazioni cardiache tornassero alla normalità.

Anche se il nostro studio sui bambini piccoli non è ancora completo, queste osservazioni rafforzano la mia opinione che il conflitto tra i coniugi può produrre effetti sin dalla più tenera infanzia, un'epoca in cui si sta sviluppando il sistema nervoso autonomo del bambino. A seconda che si dia ascolto o si resti indifferenti al pianto di un bimbo, che i segnali che gli si inviano lo calmino o lo irritino, che le persone che gli danno da mangiare, lo lavano e giocano con lui siano calme e partecipi oppure ansiose e depresse, a seconda di tutto ciò si creano differenze profonde nelle capacità del bambino, nel lungo periodo, di rispondere agli stimoli, di calmare se stesso e di recuperare dallo stress.

Queste capacità diventano sempre più importanti quando i bambini crescono e cominciano a interagire con gli altri. I bambini hanno bisogno di governare le proprie emozioni per focalizzare l'attenzione, per concentrarsi e apprendere, per decifrare il linguaggio corporeo, la mimica facciale e i segnali sociali degli altri. Senza queste componenti dell'intelligenza emotiva, i bambini sono svantaggiati nel contesto scolastico e in quello sociale.

I nostri e molti altri studi hanno mostrato che i figli di coppie divorziate e altamente conflittuali ottengono voti più bassi a scuola. In genere l'intelligenza e le capacità attitudinali dei figli di genitori divisi sono giudicate più basse della norma dagli insegnanti. Scrivendo su «Atlantic Monthly», la sociologa Barbara Dafoe Whitehead ha descritto in questo modo la situazione: «La grande tragedia educativa del nostro tempo è che molti ragazzi americani vanno male a scuola non perché sono intellettualmente o fisicamente menomati, ma perché sono impediti emotivamente... Gli insegnanti notano che molti bambini sono emotivamente instabili, così turbati e preoccupati dai drammi che esplodono nelle loro famiglie da non riuscire a concentrarsi su argomenti così banali come le tabelline».[6]

I bambini trascinano questi problemi fino all'età adulta, come indica un'analisi del National Survey of Children condotta da Nicholas Zill.[7] I ricercatori hanno intervistato un campione rappresentativo a livello nazionale di bambini, di adolescenti e di giovani adulti. Zill ha verificato i dati di 240 giovani, i cui genitori si erano separati o avevano divorziato prima che essi raggiungessero i sedici anni di età. Anche dopo aver tenuto nel debito conto le varianti legate al grado d'istruzione dei genitori, alla razza e ad altri fattori, Zill scoprì che i giovani dai 18 ai 22 anni di famiglie divise erano due volte più inclini degli altri coetanei a mostrare un alto livello di turbamenti emotivi e di problemi comportamentali.

[6] B. Dafoe Whitehead, *Dan Quayle Was Right*, «The Atlantic Monthly», aprile 1993.

[7] N. Zill, D. Ruane Morrison e M. J. Coiro, *Long-Term Effects of Parental Divorce on Parent-Child Relationships, Adjustment, and Achievement in Young Adulthood*, «Journal of Family Psychology», vol. 7 (1993), pp. 91-103.

Rispetto ai figli di famiglie non divorziate, essi avevano anche il doppio di probabilità di abbandonare la scuola superiore. E fra i ragazzi che non lasciavano la scuola, quelli provenienti da famiglie divise avevano meno probabilità di acquisire un diploma o la licenza liceale. Ma forse il risultato più desolante dell'analisi di Zill ha a che fare con il collegamento tra il divorzio e la qualità del rapporto tra genitori e figli. La sua ricerca mostra che il 65% dei giovani con i genitori divorziati ha riferito che il rapporto con i loro padri è scadente, di fronte al 9% di coloro che non hanno genitori divorziati. Zill osserva che questo risultato «è ben poco sorprendente», considerato il fatto che la maggioranza dei padri separati o divorziati, nel gruppo oggetto di studio, non forniva aiuto economico ai figli né manteneva con loro contatti regolari. Nello stesso tempo il divorzio influiva negativamente anche sui legami di molti figli con le madri. Circa il 30% di figli provenienti da famiglie divorziate riferiva di avere rapporti cattivi con le madri, a paragone del 16% nel gruppo delle famiglie non divorziate.

«Il fatto che la maggior parte dei figli cresciuti in famiglie divorziate è estranea almeno a un genitore e che una consistente minoranza è estranea a entrambi è, a nostro avviso, una causa legittima di preoccupazione sociale,» scrive Zill. «Significa che molti di questi giovani sono particolarmente vulnerabili dinanzi a influenze esterne, come quelle dei loro ragazzi o delle loro ragazze, dei compagni, di adulti dotati di autorità e dei mass media. Sebbene non necessariamente negative, queste influenze difficilmente sono un sostituto adeguato di un rapporto stabile e positivo con un genitore.»

Altri studi rivelano che il divorzio dei genitori influisce su tutto l'arco della vita di un figlio. In diversi studi, persone adulte, i cui genitori hanno divorziato, riferiscono di essere più stressate, di avere meno soddisfazioni nella famiglia e con gli amici, di provare maggiore ansietà e di avere una minore capacità di affrontare i problemi della vita in generale.

E ora scopriamo, secondo i risultati di una recente indagine di lungo periodo, che il divorzio dei genitori può persino accorciare la vita di una persona. Iniziata nel 1921 dallo psicologo Lewis Terman, per verificare le sue teorie sull'ereditarietà dell'intelligenza, l'indagine ha seguito lo sviluppo psicosociale e intellettuale di circa 1500 bambini californiani intellettualmente dotati, controllandoli a scadenze fisse dai cinque ai dieci anni. Per scoprire quale sia l'effetto dello stress sulla longevità, Howard Friedman dell'Università della California, a Riverside, ha controllato recentemente i certificati di morte dei soggetti coinvolti nello studio di Terman, metà dei quali era defunta. Nel 1995, Friedman ha riferito che i soggetti, i cui genitori avevano divorziato prima che essi avessero raggiunto l'età di ventuno anni, erano morti quattro anni prima di coloro i cui genitori erano rimasti insieme. (All'opposto, ha scoperto che la morte di un genitore durante l'infanzia aveva un impatto minimo sulla durata della vita dell'orfano. Egli osserva che questi dati sono coerenti con altre ricerche che dimostrano che il divorzio e la separazione incidono maggiormente della morte di un genitore sui problemi psicologici dei figli in età adulta.) Friedman ha anche scoperto che i figli di genitori divorziati avevano maggiore probabilità di divorziare a loro volta, anche se i divorzi dei soggetti dell'inchiesta non erano necessariamente la causa della loro minore durata di vita. Friedman conclude che il divorzio dei genitori è nell'esistenza dei giovani un evento fondamentale che consente di prevedere la loro morte prematura.[8]

Essendovi indizi così forti degli effetti dannosi del divorzio sui figli, i genitori infelicemente sposati possono chiedersi se sia meglio mantenere in vita un matrimonio infelice e senza speranza per il benessere dei figli. Le nostre e altrui ricerche rispondono alla domanda con un no definitivo e risoluto. Questo perché un certo genere di conflitti matrimoniali può avere sui figli gli stessi effetti deleteri del divorzio. In altre parole, non è necessariamente il divorzio che danneggia i figli, ma l'intensa ostilità e la cattiva comunicazione che possono prodursi fra madri e padri infelicemente sposati. Alcuni problemi matrimoniali, compresi quelli in cui il marito si distacca emotivamente dalla famiglia, vengono associati allo sviluppo nei figli di quelli che gli psicologi definiscono «problemi di interiorizzazione»: i ragazzi diventano ansiosi, depressi e introversi. L'ostilità e il disprezzo tra i coniugi, d'altro canto, sono legati al fatto che i ragazzi diventano aggressivi con i compagni.

Poiché sia mantenere in vita un matrimonio infelice sia divorziare possono avere effetti ugualmente dannosi sui bambini, esiste un qualche metodo, che si sia dimostrato valido, grazie al quale le coppie infelicemente sposate possono proteggere i figli? I nostri dati dimostrano che quel metodo esiste. Il metodo per proteggere i figli è l'Allenamento emotivo.

---

[8] H.S. Friedman e altri, *Psychosocial and Behavioral Predictors of Longevity*, «American Psychologist», vol. 50 (1995), pp. 69-78.

Proteggete vostro figlio dagli effetti negativi del conflitto coniugale

Dinanzi a simili prove del danno inferto ai figli dai contrasti tra madri e padri, alcuni genitori possono chiedersi se debbano prefiggersi lo scopo di bandire ogni forma di conflitto coniugale o quanto meno di celare ai figli ogni disaccordo. Non solo questa sarebbe una cattiva idea, ma sarebbe anche impossibile. Il conflitto e la collera sono componenti normali della vita matrimoniale nella sua quotidianità. Le coppie che sanno esprimere apertamente le proprie inevitabili differenze e sanno convivere rispettandole hanno a lungo andare rapporti più felici. E, come abbiamo appreso, i genitori che riconoscono le emozioni negative sono nella migliore posizione per aiutare i figli ad affrontare i loro sentimenti di collera, di tristezza e di paura.

Inoltre gli studi dimostrano che i figli possono trarre giovamento dall'assistere a un certo genere di conflitti familiari, particolarmente quando i genitori esprimono il loro disaccordo in maniera rispettosa e quando risulta chiaro che stanno sforzandosi di trovare una soluzione. Se i figli non vedono mai gli adulti arrabbiarsi l'uno con l'altra, dissentire e poi comporre i propri dissidi, vengono loro a mancare lezioni importanti che possono contribuire all'intelligenza emotiva.

La chiave è gestire il conflitto con l'altro genitore in maniera che possa diventare un esempio positivo piuttosto che un'esperienza dannosa per il figlio. Ovviamente, è più facile a dirsi che a farsi, soprattutto considerando il modo particolare in cui i coniugi e gli ex coniugi sanno accendere le emozioni l'uno dell'altra. Tuttavia, la ricerca recente offre alcuni suggerimenti su come i genitori possono intrattenere rapporti in maniera da giovare ai figli e da proteggerli.

Praticate l'allenamento emotivo nel matrimonio
La nostra ricerca sui bisogni emotivi dei bambini evidenzia che i fanciulli sono più felici e più bravi quando i genitori li ascoltano, li comprendono e li prendono sul serio. Ma simili abitudini che effetto hanno sugli stessi genitori e sui loro matrimoni?

Per rispondere a questa domanda, io e i miei colleghi abbiamo esaminato i matrimoni di quei genitori che nel nostro studio abbiamo identificato come genitori-allenatori. (Si tratta di uomini e donne consapevoli delle proprie emozioni come di quelle dei propri figli. Sono inclini a sfruttare le emozioni negative dei propri ragazzi come opportunità per prestare loro ascolto. Manifestano empatia verso i figli, pongono limiti e offrono loro una guida su come affrontare le emozioni negative e come risolvere i problemi.)

Oltre a informarci sul comportamento con i figli dei genitori-allenatori, abbiamo raccolto informazioni approfondite sulle loro vite matrimoniali. In lunghi colloqui, abbiamo imparato la storia dei loro rapporti coniugali e le loro filosofie matrimoniali. Negli esperimenti di laboratorio, li abbiamo osservati mentre si confrontavano su questioni conflittuali. Controllandoli per un periodo di undici anni, abbiamo verificato quanti hanno divorziato, quanti hanno considerato la possibilità di divorziare e quanti sono ancora felicemente sposati.

Abbiamo scoperto che l'Allenamento emotivo non solo protegge i figli di queste coppie, ma protegge anche i matrimoni.[9] In confronto con gli altri genitori coinvolti nel nostro studio, i genitori-allenatori avevano matrimoni più soddisfacenti e stabili. Dimostravano più affetto, tenerezza e ammirazione reciproca. Quando queste coppie parlavano della loro filosofia matrimoniale, erano più propense a sottolineare il valore dello stare insieme. Si esprimevano maggiormente in termini comuni a entrambi, considerando le loro vite insieme come un'impresa congiunta. Erano più pronti a giustificarsi, meno conflittuali e meno sprezzanti l'uno dell'altra. I mariti erano meno portati a chiudersi nel silenzio dopo un acceso diverbio o a concluderlo bruscamente. Era più probabile che accettassero l'idea che le coppie devono discutere i propri sentimenti negativi, devono portare i problemi allo scoperto e affrontare i conflitti piuttosto che evitarli. Queste coppie erano meno propense a considerare caotiche le loro vite in comune. Era più probabile che affermassero che l'impegno e la lotta per far funzionare un matrimonio valevano la pena.

Considerando questi risultati, ci si può chiedere che cosa viene prima: un matrimonio felice o le abilità sociali necessarie per essere un buon genitore-allenatore. È difficile dirlo, a questo punto della nostra ricerca. Da un lato, è probabilmente più facile per i genitori dedicare attenzione, tempo ed energia emotiva ai figli quando i loro matrimoni sono stabili e felici. D'altro lato, gli adulti che sono esperti nell'ascoltare, nell'empatizzare e nel risolvere i problemi possono utilizzare queste capacità altrettanto bene verso i coniugi come verso i figli e

---

[9] J.M. Gottman, *What Predicts Divorce?*, Hillsdale (N.J.), Lawrence Erlbaum, 1994.

sempre con buoni risultati. Finché non saranno svolte ulteriori ricerche non possiamo dire con certezza quale fattore è trainante rispetto all'altro, ma sono propenso a ritenere che la forza principale sia costituita dalle capacità sociali necessarie per l'Allenamento emotivo. In altri termini, chi è emotivamente vicino ai propri figli lo sarà anche al proprio coniuge e questo comportamento è positivo per il matrimonio.

Baso questa ipotesi sul lavoro da noi svolto, che mostra quale tipo di interazioni coniugali consente di prevedere la stabilità del matrimonio. Questa ricerca è descritta in profondità nel mio libro *Why Marriages Succeed or Fail.*[10] Qui basti dire che, se prendete le componenti dell'Allenamento emotivo, esplorate nel capitolo 3 (consapevolezza emotiva, ascolto empatico, risoluzione dei problemi e così via) e le applicate al rapporto con il coniuge, è probabile che otterrete risultati positivi.

Ne abbiamo visto la dimostrazione, entro certi limiti, fra le madri e i padri che hanno partecipato alle nostre riunioni tra i genitori. Ann, per esempio, ha riferito che aiutare il figlio di due anni a riconoscere le sue emozioni l'ha resa più consapevole dei propri sentimenti. A sua volta, questa consapevolezza ha incoraggiato lei e il marito a dimostrare maggiore empatia e accettazione nel loro stesso rapporto.

«Non vedere confermata la validità della propria reazione emotiva è qualcosa che manda su tutte le furie,» dice Ann, che lavora come artista. «Se io dico, "Oggi ho ricevuto una lettera di rifiuto della mia proposta di

---

[10] J. Gottman, *Why Marriages Succeed or Fail*, New York, Simon and Schuster, 1994.

lavoro e sono delusa," non voglio sentirmi rispondere da mio marito, "Be', cosa ti aspettavi? Sono tutti troppo impegnati per occuparsi proprio ora del tuo lavoro". È meglio sentirsi dire: "Capisco che tu sia rimasta delusa per aver ricevuto una risposta negativa".» Ora, consapevoli che loro figlio non è il solo membro della famiglia che ha bisogno di questo genere di sostegno e di comprensione, Ann e suo marito stanno diventando anche allenatori-emotivi l'uno dell'altra.

Evitare i quattro cavalieri dell'Apocalisse

Nell'ambito della nostra ricerca di lungo periodo sulle famiglie e le emozioni, abbiamo scoperto che le coppie infelicemente sposate, o che si orientano verso il divorzio, percorrono in genere una spirale negativa di interazioni, emozioni e atteggiamenti che porta alla disintegrazione del loro matrimonio. Questo crollo avviene di solito in quattro prevedibili fasi. che definisco «i quattro cavalieri dell'Apocalisse». In quanto araldo della catastrofe, ogni cavaliere apre la strada al successivo, sgretolando la comunicazione e facendo sì che i coniugi concentrino sempre più la loro attenzione sul fallimento dei propri partner e dei propri matrimoni. Elencati nell'ordine del danno che essi infliggono al rapporto matrimoniale, i quattro cavalieri sono: la critica, il disprezzo, la reazione difensiva e il muro di silenzio.

Non c'è da sorprendersi se troviamo che questi quattro fattori sono dannosi anche per i figli delle coppie in crisi. In altre parole, se l'ambiente di un bambino è contaminato dal comportamento critico, sprezzante, difensivo e taciturno dei genitori l'uno verso l'altra, è più probabile che il figlio subisca gli effetti nocivi del conflitto coniugale.

La buona notizia è che ora possiamo usare queste acquisizioni per raccomandare ai genitori metodi per migliorare il loro rapporto e con ciò proteggere i figli da conseguenze dannose. Sotto troverete i consigli per schivare i quattro cavalieri, soprattutto quando la coppia sta cercando di trovare una via d'uscita su temi controversi. Anche se questi suggerimenti sono diretti alle coppie sposate, possono essere utili anche per quelle coppie che sono separate o divorziate, ma che hanno bisogno di trovare un accordo sulle questioni concernenti i figli.

IL PRIMO CAVALIERE: La critica. Per critica, intendo i rilievi negativi sulla personalità del partner, in genere espressi in modo tale da biasimarlo. All'apparenza la critica può sembrare molto simile al lamentarsi e le lagnanze possono essere utili in un rapporto, soprattutto quando un coniuge ritiene che le proprie esigenze non vengano soddisfatte. Ma tra lamentarsi e criticare c'è una differenza cruciale. Le lagnanze hanno di mira un comportamento specifico, mentre la critica attacca il carattere di una persona. Ecco alcuni esempi:

Lagnanza: «Quando vedo che spendi tanti soldi nei vestiti, mi preoccupo per le nostre finanze».

Critica: «Come puoi spendere così tanto nei vestiti quando sai che dobbiamo pagare le bollette? Ti comporti da persona superficiale ed egoista».

Lagnanza: «Quando il venerdì sera, invece di tornare a casa, esci con i tuoi amici, io mi sento sola».

Critica: «Sei un irresponsabile a uscire tutti i fine settimana, lasciandomi sola a casa con i ragazzi. È ovvio che non ti interessi della famiglia».

Lagnanza: «Desidererei che non lasciassi per terra i tuoi vestiti. La camera sembra sempre in disordine».
Critica: «Sono stanca di raccogliere le tue cose per terra. Sei sbadato e trasandato».

Mentre una lagnanza semplicemente afferma un fatto, la critica è spesso espressione di un giudizio e implicitamente suggerisce che la persona criticata «dovrebbe» essere diversa da ciò che è. Essa implica che il partner abbia un difetto irrimediabile. Per esempio, invece di dire: «Vorrei che qualche volta mi comprassi un gelato alla fragola», un'espressione critica sarebbe: «Perché compri sempre i cioccolatini alla menta? Ormai dovresti sapere che quel gusto non mi piace».

Un altro comune oggetto di disputa è il mancato rispetto di certi impegni. Invece di dire: «Avrei desiderato che tu non fossi arrivato tardi con i bambini alla festa di mia madre; lei è rimasta male», un'espressione critica suonerebbe così: «Confidavo che avresti portato i bambini a casa di mia madre in tempo per l'inizio della festa, ma come al solito sei arrivato in ritardo. Avrei dovuto immaginare che avresti rovinato un'altra festa di famiglia».

La critica si esprime spesso in termini globali: «Tu non mi aiuti *mai* nelle faccende di casa». «Tu fai *sempre* troppe telefonate e la bolletta è sempre più alta.»

La critica è spesso espressione di frustrazione covata in silenzio e di collera repressa. Uno dei due coniugi «soffre in silenzio», mentre l'altro rimane indifferente alla crescente irritazione del partner. Quando chi tace non può reprimere oltre i propri sentimenti negativi, «esplode» in una serie di lamentele. Il risultato può essere devastante. Ossia, la critica infila l'una dopo l'altra una sequela di lagnanze tra loro non collegate: «Sei sempre in ritardo quando vieni a prendermi sul posto di lavoro. Non passi mai abbastanza tempo con i ragazzi. Non ti prendi neanche più cura del tuo aspetto. E quand'è l'ultima volta che siamo usciti insieme da soli?». Il fuoco di fila di critiche è così generale e schiacciante che chi le subisce può soltanto interpretarle come un affronto personale. Può sentirsi stordito, aggredito di sorpresa, offeso e vittima, e tutto ciò apre la strada per l'arrivo del secondo e più pericoloso cavaliere: il disprezzo.

Come evitare questo tipo di critiche così dannose? Affrontate i conflitti e i problemi appena sorgono. Non aspettate quando siete così arrabbiati od offesi da non poterne più. Esprimete la vostra collera o dispiacere in maniera specifica e indirizzatele verso le azioni del vostro compagno piuttosto che verso la sua personalità o il suo carattere. Cercate di non esprimere biasimo. Concentratevi sul contesto presente e astenetevi da affermazioni generali. Quando esprimete insoddisfazione, evitate parole come «avresti dovuto...», «sei sempre...», «non sei mai...».

I nostri studi dimostrano che le mogli criticano più dei mariti. Questo dipende in parte dal fatto che le donne sembrano considerare una loro specifica funzione quella di richiamare l'attenzione sui problemi. I mariti, d'altro canto, sono più inclini ad affrontare il conflitto solo quando vi sono costretti. Questa può essere una combinazione infelice, perché le critiche della moglie spesso scaturiscono dalle mancate risposte del marito alla sua collera e alla sua irritazione. Quando una moglie si lamenta, ma non riesce a ottenere una risposta accettabile dal marito, la sua irritazione inevitabilmente cresce fino a sfociare in un atteggiamento critico negativo. I mariti possono cercare di prevenire questo esito, considerando l'irritazione della moglie come una risorsa per migliorare il matrimonio. Quando lei si arrabbia, semplicemente vuole dare rilievo alla propria insoddisfazione. Per i mariti la via migliore è accettare l'irritazione della moglie e rispondere a essa, prima che diventi critica negativa.

IL SECONDO CAVALIERE: Il disprezzo. Il disprezzo è come una critica, ma estremizzata. Un coniuge che disprezza il compagno *intende* realmente insultare o ferire psicologicamente l'altro. Il disprezzo spesso nasce dal disgusto o dal fastidio per il coniuge, dalla disapprovazione del suo comportamento e dalla volontà di vendicarsi. Quando si prova disprezzo, ci si riempie la mente di idee meschine: mio marito (o mia moglie) è ignorante, repellente, incapace, idiota. Nel matrimonio, più si fanno strada queste idee e più difficile diventa ricordare le qualità che all'inizio sono apparse tanto attraenti nel coniuge. Col tempo, i complimenti, i pensieri affettuosi e i gesti di tenerezza volano fuori della finestra. Le gentilezze e i sentimenti positivi vengono sovrastati dalle emozioni negative e dai diverbi feroci.

Tra gli indizi tipici che il disprezzo ha infettato un matrimonio includo gli insulti, le offese, lo scherno esercitato con cattiveria, come avviene quando si deride l'altro e lo si mette in ridicolo. Un coniuge può reagire alle espressioni di collera dell'altro in maniera noncurante e denigratoria, come ad esempio correggendo la grammatica delle frasi che l'altro ha pronunciato mentre era in preda all'ira. Il linguaggio corporeo può rivelare la mancanza di rispetto o di fiducia verso l'altro. La moglie può sgranare gli occhi mentre il marito parla. Il marito può sogghignare beffardamente.

Una volta che il cavaliere del disprezzo si è insediato nel vostro matrimonio, scacciarlo richiede grande impegno. Vi si può tuttavia riuscire se i coniugi sono disposti a cambiare le proprie idee, parole e azioni nei rapporti reciproci. Questo mutamento inizia con il prestare attenzione ai meccanismi ripetitivi che ognuno di noi reca nella propria mente. Quando vi accorgete che state ripetendo dentro di voi idee insultanti o vendicative nei confronti del compagno, immaginate di cancellarle e di sostituirle con pensieri più sereni quali: «Questo è un brutto momento, ma le cose non vanno sempre così». Oppure «Anche se mi sento scontento (o deluso, arrabbiato, triste, offeso), la mia compagna possiede buone qualità che non debbo dimenticare».

Tenete a mente che dipende da voi attribuire motivazioni positive o negative al comportamento del coniuge. Se, ad esempio, la vostra compagna si scorda di buttare via i rifiuti, potete reagire in due maniere opposte. Potete pensare: «Crede che occuparsi dei rifiuti sia qualcosa di troppo degradante per lei. È una tale primadonna che si aspetta che io o chiunque altro pulisca la sua sporcizia». Ma potete anche dire: «Non ha portato via l'immondizia perché non si è accorta che il bidone era pieno. Probabilmente aveva altri pensieri per la testa. Forse fra qualche tempo se ne occuperà». Notate che la risposta positiva si concentra sul tema specifico e presente del comportamento della moglie riguardo ai rifiuti di quel giorno. Non approfitta dell'episodio come di una prova per pronunciare una sentenza di condanna capitale.

Per quanto sia difficile, cercate di sbarazzarvi dell'idea che dovete vincere i contrasti con il coniuge per dimostrare la vostra superiorità. Considerate se non sia meglio semplicemente rinunciare di tanto in tanto allo scontro.

Siccome il disprezzo può sgretolare l'ammirazione e i sentimenti di affetto, l'antidoto consiste nel generare pensieri più positivi e affettuosi verso il coniuge. Alcune coppie trovano utile riflettere sulle ragioni per le quali si sono innamorati originariamente. Forse voi pensavate allora che lei fosse divertente, intelligente e sexy. Forse lui vi aveva colpito perché lo giudicavate un uomo gentile, forte e allegro. Dedicate un po' di tempo ai ricordi. Guardare insieme le vecchie fotografie può aiutare. Passate un po' di tempo insieme, da soli, per alimentare e ridare forza al vostro rapporto. Potrete così invertire la corrente, prima che arrivi il prossimo cavaliere.

IL TERZO CAVALIERE: La reazione difensiva. Quando un coniuge si sente attaccato con insulti sprezzanti, gli è naturale assumere un atteggiamento difensivo. La reazione difensiva crea grossi problemi nel matrimonio, perché i coniugi, quando si ritengono sotto assedio, non si ascoltano più. Anzi, spesso reagiscono negando ogni responsabilità («Non è colpa mia se Jason va male a scuola. Sei tu che te ne occupi»). Oppure inventano scuse per i loro problemi («Sarei venuto volentieri alla recita di Katie, ma ho dovuto lavorare fino a tardi»).

Ritorcere sull'altro la lamentela è un'altra tipica forma di reazione difensiva. (Il marito si lamenta che lei spende troppo e lei, per ritorsione, dice che lui dovrebbe guadagnare di più.) Un'altra forma tipica è la frase «sì, ma...», una formula con cui si trasforma il consenso in opposizione («Sì, abbiamo bisogno di un consulente familiare, ma non servirà a nulla»).

Qualche volta le persone cercano di difendersi semplicemente ripetendo lo stesso argomento all'infinito. Non importa se la logica li contraddice né se il coniuge offre informazioni ulteriori; chi si difende continua a martellare incessantemente sullo stesso punto.

La reazione difensiva può anche essere espressa con il tono di voce o con il linguaggio del corpo. Un modo classico è piagnucolare e implica che chi parla si sente vittima innocente e che non spetta a lui risolvere il problema presente. Le braccia incrociate sul petto significano che qualcuno ha alzato la guardia. Una donna può toccarsi il collo, come se giocherellasse con una collana.

Mentre il sentimento difensivo è certamente comprensibile una volta che il rapporto sia stato contaminato dal disprezzo, esso è assolutamente controproducente all'interno di un matrimonio. Ciò deriva dal fatto che questi e altri tipi di reazione difensiva chiudono le linee di comunicazione.

La chiave per abbandonare l'atteggiamento difensivo è ascoltare le parole del coniuge non come se fossero i segnali di un attacco, ma come un'utile informazione espressa in termini molto forti. Ovviamente, questo è più facile a dirsi che a farsi. Ma immaginate le possibilità che si aprono quando comincia il disarmo. Il vostro compagno vi rivolge un insulto e, invece di negarlo e di scagliare a vostra volta un insulto ai suoi danni, trovate un nocciolo di verità nell'affermazione e vi limitate per un attimo a rifletterci. Potreste rispondere: «Non mi sono mai reso conto che tu avessi sentimenti così forti a questo riguardo. Parliamone un po'». All'inizio è probabile che il vostro compagno sia turbato e forse addirittura scettico verso la vostra reazione e questo può provocare un aumento della tensione. Ma col tempo, deponendo le armi e l'armatura, è probabile che il vostro compagno si renda conto che intendete davvero cambiare le cose, che siete interessati al rapporto e volete che la vostra vita insieme sia più serena.

IL QUARTO CAVALIERE: Il muro di silenzio. Se i coniugi non possono raggiungere una tregua – e se continuano a lasciare che la critica, il disprezzo e la reazione difensiva dominino il loro rapporto – è probabile che incontrino il quarto cavaliere: il muro di silenzio. Questo capita quando un coniuge semplicemente si chiude nel silenzio perché la conversazione è diventata troppo accesa. In sostanza un coniuge diventa come un muro e non dà cenno di aver sentito e compreso quello che l'altro gli dice.

Nei nostri studi l'85% di chi assume questo atteggiamento di ostile chiusura è costituito da uomini; il dato non è sorprendente, perché sembra che gli uomini reagiscano psicologicamente in maniera più estrema alla tensione coniugale e così siano più propensi a tentare di sfuggirle. Questo effetto potrebbe essere dovuto a fondamentali differenze fisiologiche del sesso maschile, oppure potrebbe essere dovuto al fatto che gli uomini sono più inclini delle donne a rimuginare pensieri di insofferenza anche quando non sono in presenza della moglie. Interrogati sui loro comportamenti, molti uomini che innalzano il muro hanno giudicato il proprio silenzio come «neutrale» e non come qualcosa che potrebbe danneggiare il matrimonio. Questi uomini non hanno capito che le loro mogli erano spesso irritate dal loro silenzio indifferente e che giudicavano il comportamento dei mariti come un segno di presunzione, di mancanza di interesse o di disapprovazione. Gli uomini ritenevano che fosse meglio non parlare, perché aprir bocca poteva portare al rischio di accrescere la tensione. A prescindere da questa intenzione positiva, gli studi dimostrano che il silenzio abituale di fronte alle difficoltà coniugali crea problemi. A meno che entrambi i coniugi siano disposti a colloquiare, i problemi si incancreniscono e l'isolamento peggiora. Gli uomini tendono a rinchiudersi in se stessi quando la situazione diventa emotivamente surriscaldata. Le donne, più degli uomini, tendono a derivare le proprie emozioni dall'ambiente sociale più che dalla propria condizione fisica. Questa potrebbe essere una ragione che spiega perché le donne più degli uomini tendono a voler conservare un matrimonio fallimentare anche quando è dannoso per la loro salute.

A quei coniugi, che sono coscienti di aver eretto un muro di silenzio e che vogliono cambiare, raccomando di fare uno sforzo consapevole per rispondere al compagno durante le discussioni. Persino il semplice annuire o mormorare «uhm, uhm» durante una conversazione fa intendere a chi parla che lo si sta ascoltando. Queste conferme possono aiutare a migliorare il rapporto. Da questo punto di partenza ci si può innalzare a livelli più alti di ascolto efficace, come l'esprimere le proprie reazioni su quello che si sta ascoltando.

Poiché le risposte psicologiche alla tensione possono giocare un ruolo importante, i coniugi che vogliono smettere di rifugiarsi dietro un muro di silenzio e ricominciare a comunicare possono cercare di esplorare nuovi modi per conservare la calma mentre discutono temi scottanti. Alcune coppie, che hanno collaborato con noi, hanno tenuto sotto controllo i propri battiti cardiaci durante le discussioni, tecnica che si è mostrata utile.[11] Quando queste coppie riscontrano che le pulsazioni cardiache sono aumentate di più di venti unità rispetto alla norma del loro battito cardiaco in condizioni di riposo, interrompono la discussione. Poi la riprendono in seguito, quando si sentono più rilassati. Alle coppie che volessero tentare questo metodo, raccomando di riprendere la discussione entro mezz'ora circa; in tal modo avrete avuto tempo sufficiente per placare la sovreccitazione, senza correre il rischio di lasciar cadere definitivamente l'argomento, ostacolando così il progresso verso un migliore rapporto. È importante il modo in cui si affronta la tensione e quali pensieri si coltivano durante questa pausa. Respirare a fondo, rilassarsi o fare esercizi aerobici, tutto ciò può avere un effetto calmante. Se possibile, durante l'intervallo abbandonate pensieri vendicativi o irritanti nei confronti

---

[11] Per misurare il battito cardiaco, appoggiate delicatamente l'indice e il medio della mano destra sull'arteria carotide destra, che si trova nel collo, sotto la mascella, dai cinque ai sette centimetri sotto il lobo dell'orecchio. In tal modo dovreste poter trovare la pulsazione cardiaca. Per calcolare i battiti al minuto, contate il numero delle pulsazioni in quindici secondi e poi moltiplicate per quattro. Per stabilire il vostro battito cardiaco medio, misuratelo tre volte in momenti diversi, mentre siete seduti tranquillamente. Anche se il battito può variare molto a seconda degli individui, la maggior parte delle donne ha tra gli 82 e gli 86 battiti al minuto, mentre la maggior parte degli uomini ha tra i 72 e i 76 battiti al minuto.

del compagno. Concentratevi piuttosto su messaggi positivi, rasserenanti e ottimistici.

Maggiori informazioni per allontanare i quattro cavalieri e migliorare le vostre relazioni coniugali si trovano nel mio libro *Why Marriages Succeed or Fail*. Il messaggio cruciale per i genitori è che i figli soffrono per le stesse cause che tendono a distruggere i matrimoni. Ma se i genitori, persino quelli divorziati, riescono a collaborare per migliorare la loro comunicazione, i figli ne beneficeranno.

Gestite i vostri conflitti coniugali
Oltre a praticare con il coniuge l'Allenamento emotivo, esiste un consiglio pratico che i genitori possono seguire per proteggere ulteriormente i propri figli dall'impatto negativo delle dispute matrimoniali. L'idea è quella di gestire i conflitti in maniera che i figli non siano immischiati nei vostri problemi o non se ne ritengano in qualche modo responsabili. Proteggere i figli richiede anche di comunicare nei loro confronti con quell'apertura che è intrinseca all'Allenamento emotivo. Inoltre è importante disporre di sostegni sociali affidabili per i vostri figli, al di là della sfera familiare.

Non usate i figli come armi nei conflitti matrimoniali. Forse si deve al fatto che i genitori attribuiscono un valore prezioso ai propri rapporti con i figli se i coniugi in preda alla collera si sentono tentati talvolta di sfruttare quei rapporti per offendersi reciprocamente. I divorziati possono cercare di limitare la possibilità dell'uno o dell'altro coniuge di vedere i propri figli. Questa tecnica è particolarmente comune fra le madri che si sentono tradite e impotenti e alle quali sembra che l'accesso ai figli sia l'unico strumento di pressione rimasto loro nel rapporto matrimoniale. Il problema è esacerbato quando i padri, ai quali non sono stati affidati i figli, non offrono loro il sostegno economico necessario. Ciò induce le madri a sentirsi ancor più giustificate nel tenere lontano i figli dal padre.

Genitori irati possono anche cercare di colpire i loro coniugi o ex coniugi privandoli dell'affetto dei figli. Perseguono l'obiettivo parlando male dell'altro coniuge, sia con la menzogna sia con la verità, oppure chiedendo ai figli di schierarsi nel contrasto tra i genitori.

Credo che tali tentativi di distaccare volutamente un figlio dall'altro genitore siano tra le azioni più gravi che le coppie in conflitto possano compiere ai danni dei figli. Gesti simili possono creare una fonte permanente di angoscioso conflitto per il figlio che ama entrambi i genitori, che vuol essere fedele a entrambi e che si sente obbligato a proteggere ognuno di loro dagli attacchi dell'altro. Coinvolgere continuamente i figli nelle dispute coniugali può ingenerare in loro la sensazione di essere in qualche modo responsabili della frattura familiare e perciò di avere il dovere di ricomporla. Ovviamente c'è ben poco che un figlio possa o debba fare per tenere in vita il matrimonio dei suoi genitori. Perciò il figlio si sentirà impotente, confuso e scoraggiato.

La maggioranza dei figli ha bisogno del sostegno e dell'amore di entrambi i genitori, soprattutto quando sta cercando di fare i conti con lo sconvolgimento prodotto in lui dai loro conflitti. Quando un coniuge usa un figlio come una palla per colpire l'altro, è il figlio a perdere la partita.

Il mio consiglio ai genitori, che si trovano invischiati in battaglie coniugali prolungate, è di praticare una sorta di «matrimonectomia» nella loro vita familiare. Con ciò intendo dire che dovrebbero separare nella propria mente i due ruoli di genitore e di coniuge in conflitto. Quindi, in quanto genitori, dovrebbero fare tutto quello che è in loro potere per aiutare i figli a sentirsi sicuri e amati sia dalla madre sia dal padre, anche se ciò significa cedere all'altro coniuge una parte del potere e dell'autorità.

I genitori in conflitto dovrebbero astenersi dal parlare del coniuge in termini critici o accusatori, poiché ciò potrebbe danneggiare il rapporto del figlio con l'altro genitore o indurlo a sentimenti di slealtà, di colpa e di ulteriore tensione. Se vi è possibile farlo con sincerità, cercate piuttosto di concentrare l'attenzione sugli aspetti costruttivi dei vostri conflitti. Se possibile, dite a vostro figlio che i contrasti aiutano mamma e papà a chiarire le reciproche differenze e che entrambi state cercando le soluzioni adeguate.

Non lasciate che i vostri figli si intromettano. Non è insolito che, in matrimoni ad alta conflittualità, i figli cerchino di agire come mediatori fra mamma e papà. Alcuni ricercatori sostengono che questa condotta fa parte del tentativo del figlio di dominare le proprie emozioni. I figli si sentono minacciati dallo sconvolgimento familiare e desiderano a ogni costo fare qualcosa; perciò assumono, in forma dilettantesca, i ruoli di consulente e di arbitro della vertenza matrimoniale. Ma tenere insieme una famiglia è un compito sin troppo arduo per ogni ragazzo e dunque questo atteggiamento condurrà solo a ulteriori problemi.

Se avvertite che vostro figlio cerca di porsi come mediatore tra voi e il vostro partner, considerate questa sua condotta un segnale che il livello di conflittualità nella vostra casa è sin troppo elevato. Per il benessere di vostro figlio, dovete raffreddare lo scontro. È in questo che le tecniche dell'Allenamento emotivo possono essere di grande beneficio. Usatele per scoprire i sentimenti di vostro figlio e per empatizzare con lui. Se avete un figlio piccolo, ditegli che non rientra nella sua responsabilità il prendersi cura dei genitori. Ditegli che il problema dev'essere risolto da voi adulti e che alla fine tutti starete bene. Se avete un figlio più grande, potete parlargli in maniera più sofisticata, ma cercate di trasmettere lo stesso messaggio e cioè che non deve sentirsi responsabile di risolvere i conflitti tra mamma e papà.

Potete ammettere davanti a lui che per lui dev'essere brutto sentire mamma e papà che litigano, ma ditegli che qualche volta è necessario che i genitori discutano per poter risolvere i problemi. Inoltre, assicurate vostro figlio, se vi è possibile, che mamma e papà stanno cercando di trovare una strada per migliorare la situazione.

Per la stessa ragione, dite a vostro figlio che non è lui la fonte dei vostri problemi. La ricerca dimostra che un ragazzo abbastanza grande da capire il contenuto degli scontri tra i suoi genitori proverà uno stress maggiore quando assisterà a un litigio che ha proprio lui come oggetto del contendere. Se questo accade, è probabile che il figlio provi sentimenti di vergogna, di colpa e di paura di essere trascinato nella disputa. In tali circostanze, potreste dire: «Mamma e papà hanno idee diverse su cosa fare in questa situazione. Ma se non andiamo d'accordo, non è colpa tua».

Per evitare ulteriormente che i figli vengano coinvolti nel conflitto coniugale, non chiedete loro di fungere da intermediari in questioni che sono oggetto del contendere. Immaginate la tensione che deve provare un ragazzo se gli si chiede di trasmettere messaggi così pesanti che lo stesso genitore non desidera consegnarli di persona. («Di' a tuo padre che io non voglio che lui ti venga a prendere a scuola senza che prima me lo chieda»). Un genitore non dovrebbe neppure chiedere al figlio di tenere nascoste all'altro genitore informazioni delicate. Queste pratiche servono come modello di inganno nei rapporti familiari e dimostrano soltanto a tuo figlio che non ci si può fidare di te e degli altri membri della famiglia. Inoltre i figli hanno bisogno di sapere di poter parlare ai genitori di tutto ciò che li preoccupa senza temere che, così facendo, tradiscono la fiducia di uno dei genitori. E infine, i figli hanno bisogno di sentire che, nonostante i contrasti, mamma e papà collaborano nel loro miglior interesse. Chiedere a un figlio di avere dei segreti demolisce tutto ciò.

Quando i conflitti sono stati risolti, comunicatelo ai figli. Come i figli si angosciano nel veder litigare i genitori, così si rasserenano nell'apprendere che mamma e papà hanno trovato una soluzione. Gli studi condotti da E. Mark Cummings, professore all'Università della West Virginia, hanno dimostrato che i figli spesso reagiscono ai litigi degli adulti manifestando aggressività e sconforto.[12] Hanno reazioni invece assai più tranquille se

[12] E.M. Cummings e J.L. Cummings, *A Process-Oriented Approach to Children's Coping with Adults' Angry Behavior*, «Developmental Review», vol. 8 (1988), pp. 296-321.

capiscono che gli adulti hanno risolto i propri problemi. Inoltre Cummings ha riscontrato che ai figli interessa sapere fino a che punto, realmente, i problemi siano stati risolti.[13] Per esempio i ragazzi reagiscono più positivamente quando assistono a casi nei quali gli adulti si fanno le scuse reciproche o trovano un compromesso. I figli non reagiscono altrettanto positivamente a soluzioni più subdole del conflitto, come quando gli adulti si limitano a cambiare argomento o quando uno degli adulti si sottomette all'altro. Il silenzio tra gli adulti o uno scontro aperto e continuo producono la reazione più negativa da parte dei bambini.

Inoltre, Cummings ha constatato che il contenuto emotivo della soluzione del conflitto è importante per i bambini. In altre parole, essi sono in grado di capire se un adulto si è scusato con rabbia o se ha accettato un compromesso senza entusiasmo. Bambini molto piccoli possono ovviamente avere qualche difficoltà nella comprensione di idee astratte circa la composizione dei contrasti e il perdono. In tal caso può essere utile che i genitori diano loro qualche segnale fisico che è stata raggiunta una soluzione. Un caldo abbraccio tra mamma e papà, ad esempio, fa capire ai bimbi che i loro genitori hanno ritrovato l'armonia.

Stabilite strutture di sostegno emotivo per i vostri figli.
Quando i genitori sperimentano un alto grado di tensione matrimoniale, non è insolito che i figli già cresciuti, specialmente gli adolescenti, si distacchino dalla fami-

---

[13] E.M. Cummings, *Coping with Background Anger in Early Childhood*, cit.

glia e cerchino sostegno emozionale altrove. Possono iniziare con il trascorrere più tempo con i compagni o nei loro hobby. Possono affezionarsi alle famiglie di amici o di parenti che non sono afflitte da così gravi problemi. Anche se il distacco di un figlio dalla famiglia può essere penoso, può essere un meccanismo efficace con il quale il figlio cerca di affrontare la situazione, ammesso che le persone e le attività scelte esercitino un influsso positivo sulla sua vita.

Purtroppo non è così per molti ragazzi. Nella vita di alcuni di loro non esistono figure di adulti responsabili alle quali possano rivolgersi. Neppure hanno accesso a sbocchi costruttivi come lo sport, le attività scolastiche o le arti. In questi casi, i ragazzi cadono spesso preda di influssi malsani. Come dimostra la ricerca, i figli di famiglie instabili corrono il rischio particolarmente elevato di essere trascinati in compagnie devianti e verso un comportamento delinquenziale.

Perciò è importante prestare più (e non meno) attenzione del solito agli amici e alle attività dei figli durante i periodi di tensione familiare. Scoprite come e con chi vostro figlio trascorre il suo tempo. Restate in contatto con i genitori dei suoi amici e fate quello che potete per controllare e sorvegliare le attività dei ragazzi. Parlate con gli insegnanti e i consulenti di vostro figlio, per informarli che la famiglia sta attraversando un periodo difficile. Dite loro che sareste grati per il loro sostegno e per una maggiore attenzione a vostro figlio. Fate quello che potete per assicurarvi che vostro figlio sia circondato da altri adulti fidati – allenatori, insegnanti, zie e zii, vicini, nonni e genitori degli amici ai quali egli possa rivolgersi per conforto e appoggio.

Anche se i bambini più piccoli non hanno la mobilità e l'indipendenza per cercare sostegno emotivo fuori casa durante i periodi di crisi familiare, questo non significa che non abbiano bisogno di un simile rifugio. Anche in questo caso parlate con gli insegnanti e gli assistenti sociali di vostro figlio. Informateli quando la famiglia sta attraversando un momento particolarmente difficile e chiedete loro di essere ancor più pazienti e attenti del solito verso vostro figlio, viste le circostanze. Fate spesso visita ad altre famiglie, magari appartenenti alla cerchia dei parenti, in modo che i bimbi possano sperimentare un senso di appartenenza e un sostegno emotivo.

Ricorrete all'Allenamento emotivo per parlare dei conflitti matrimoniali. Se mai c'è un momento nel quale dovete parlare con i vostri figli dei loro sentimenti, è quando in casa scoppia un conflitto coniugale. Anche se per genitori che si sentono arrabbiati o tristi a causa del litigio con il coniuge può essere faticoso trovare l'energia emotiva di parlarne con i figli, è probabile che anche i figli si sentano male e abbiano bisogno di una certa guida per affrontare le proprie emozioni negative.

Scegliete il momento in cui vi sentite relativamente calmi e potete parlare con vostro figlio delle sue reazioni alla tensione nell'ambiente familiare. Potreste iniziare il colloquio così: «Mi sono accorta che quando io e papà stavamo discutendo, tu sei diventato zitto zitto e sei andato in camera tua. Mi chiedo se sei rimasto turbato dalla nostra discussione». Incoraggiate vostro figlio a parlare della tristezza, della paura o della rabbia che potrebbe provare. Ascoltatelo con empatia mentre parla e aiutatelo a identificare le proprie emozioni. Può darsi che scopriate in vostro figlio paure di cui non sospettavate l'esistenza. Forse teme che, se vi separate, non rivedrà mai più uno di voi. Forse si chiede dove dovrà abitare e se un solo genitore sarà in grado di prendersi cura di lui. Forse teme di essere in qualche modo la causa dei problemi e perciò si sente colpevole o angosciato al riguardo. O forse non sa con certezza di cosa ha paura: sente soltanto che sta succedendo qualcosa di negativo ed è ansioso perché non sa che cosa accadrà in futuro. Qualunque timore egli esprima, assicurategli che, anche se la mamma e il babbo non vanno d'accordo, tutti e due lo amerete sempre e vi prenderete sempre cura di lui. Forse siete nella posizione di rassicurarlo anche sul fatto che, sebbene siano insorti problemi, la separazione o il divorzio non sono neppure da prendere in considerazione. In altri casi può invece darsi che abbiate intenzione di separarvi e può essere l'occasione di parlargli di questa decisione. In entrambi i casi, potete assicurargli che i problemi non dipendono da lui e che risolverli non rientra nella sua responsabilità. Ditegli che mamma e papà stanno lavorando per trovare la miglior soluzione per tutti e che continuerete a parlargli di quello che succederà.

Dopo avergli spiegato la situazione e averlo aiutato a esprimere i suoi sentimenti in merito, potete dedicare un po' di tempo per aiutarlo a trovare il modo di affrontare la tristezza e la rabbia che potrebbe nutrire. Tra le altre opzioni possiamo includere i colloqui con un consulente familiare, che si occupi del rapporto tra figli e problemi familiari, oppure l'adesione a un gruppo di sostegno per ragazzi i cui genitori stanno divorziando. I figli possono anche trovare conforto nel tenere un diario, nel disegno o in altre forme di espressione artistica. Chiedete a vostro figlio in che modo, a suo giudizio, potrebbe sentirsi più tranquillo. Non aspettatevi però miracoli. La nostra ricerca ha dimostrato che, sebbene i ragazzi allenati emotivamente reagiscano meglio degli altri al divorzio dei genitori, anch'essi si intristiscono molto. Date le circostanze, il meglio che un genitore può fare è rassicurare il figlio che la sua tristezza è normale, legittima e compresa.

Come l'Allenamento emotivo può essere utile a una famiglia nei conflitti matrimoniali e, se dovesse accadere, nel divorzio, così può continuare a essere di beneficio in seguito, qualora si debbano affrontare questioni relative alla vita dei coniugi divorziati, come la presenza di un patrigno o di una matrigna o i contrasti in merito all'affidamento dei figli. Una madre divorziata che, ad esempio, sospetta che la figlia sia in ansia per il suo progetto di risposarsi, può usare tecniche dell'Allenamento emotivo per parlare di questo tema delicato. Per esempio, potrebbe dire: «Ultimamente mi sembri un po' distratta. Sei preoccupata per quello che potrebbe succedere dopo il matrimonio?». Oppure: «Molte volte i figli si sentono a disagio all'idea che un patrigno entri in casa loro. Temono che il patrigno resterà loro antipatico. Oppure temono che se il patrigno dovesse loro piacere, il vero papà andrà su tutte le furie. Hai mai avuto sentimenti simili?».

Parlare con i figli dei loro sentimenti sui conflitti matrimoniali è quasi sempre difficile. Forse vi chiedete come iniziare la conversazione oppure vi preoccupate di come reagirà il bambino. Vi può essere utile ricordare che, proponendo il tema, già dimostrate il desiderio e la volontà di essergli vicino. Rammentate le desolanti scoperte di Nicholas Zill sulle conseguenze a lungo termine del divorzio, ossia che i figli adulti, i quali hanno assistito alla rottura del matrimonio dei propri genitori, riferiscono di essersi distaccati negli anni successivi dai genitori molto più di quanto abbiano fatto i figli di genitori dal matrimonio stabile. Anche se non disponiamo ancora di dati, tratti dai nostri studi, che ci dicano come le famiglie allenate emotivamente che divorziano abbiano superato il difficile passaggio dell'adolescenza, forse scopriremo che lo stile di comunicazione dell'Allenamento emotivo ha un effetto positivo sul loro rapporto con i figli a lungo termine. Forse l'Allenamento emotivo consentirà a genitori e figli di formare e mantenere un legame durevole, che possa conservarsi durante l'età adulta nonostante gli sconvolgimenti e i mutamenti provocati dal conflitto matrimoniale e dal divorzio.

Interessatevi dei dettagli della vita quotidiana dei vostri figli. Il segreto per proteggere i ragazzi dagli effetti negativi del conflitto matrimoniale è di rimanere emotivamente disponibili per loro. Questo comporta fare attenzione agli episodi banali e quotidiani che suscitano le loro emozioni. I loro problemi possono avere ben poco a che fare con i vostri drammi matrimoniali. La vita prosegue per i figli anche quando i genitori sono distratti dai loro problemi di adulti. I bambini piccoli, ad esempio, possono provare ansia se cambia la baby-sitter, oppure aver paura di dormire per la prima volta nel «letto grande». Per un ragazzo, i problemi possono andare dalla frustrazione per le lezioni di matematica alle preoccupazioni per essersi innamorato di una compagna di classe. Se i genitori riescono a trovare l'energia e la concentrazione per praticare l'Allenamento emotivo con i figli su tali questioni, nonostante le tensioni della crisi matrimoniale, renderanno loro un grande servizio. I bambini e i ragazzi hanno bisogno di genitori emotivamente vicini e ne hanno specialmente bisogno in periodi di sconvolgimento familiare.

6

Il ruolo cruciale del padre

Immaginate tre uomini, ognuno dei quali torna a casa alla fine della giornata. Hanno tutti quasi quarant'anni con due figli, un bambino di otto anni e una bambina di dieci anni. Ognuno di loro infila la chiave nella porta, rientrando in casa con in mano il giornale della sera. Ma una volta che la porta si è aperta, la somiglianza svanisce.

Il primo uomo entra in un appartamento buio. Ascolta i messaggi alla segreteria telefonica e sente la voce familiare della moglie, che gli ricorda che è il compleanno della figlia.

«Lo sapevo,» borbotta e fa una chiamata interurbana. È contento quando al telefono risponde la bambina e non la madre.

«Buon compleanno, tesoro!»

«Ciao papà,» risponde lei senza entusiasmo.

«Allora, hai ricevuto il mio pacco?» le domanda l'uomo dopo un silenzio imbarazzato.

«Sì, grazie.»

«E allora cosa ne pensi? Nel negozio mi hanno detto che era il modello più recente.»

«Sì, è molto bello, solo che...»

«Solo cosa?»

«Non mi interessano più molto le bambole di Barbie.»

«Ah, capisco. Possiamo ridarla indietro al negozio. Al diavolo la bambola e quando verrai a trovarmi a Natale ti prenderò un altro regalo, va bene?»

«Va bene.»

«Allora come va?»

«Bene.»

«La scuola?»

«Bene.»

«Come sta il tuo fratellino?»

«Sta bene.»

La conversazione continua su questo tono, con il papà che conduce l'interrogatorio e la figlia che risponde come un testimone reticente. Concludendo con un monologo su come si divertiranno quando i figli verranno a fargli visita in dicembre, l'uomo riaggancia e si sente vuoto, sconfitto.

Il secondo uomo apre la porta ed entra in una casa illuminata, dove si sente l'odore della cena che si sta cuocendo. Dev'essere un piatto italiano, pensa.

«Ciao, ragazzi,» saluta i figli, che stanno giocando con un videogioco. Per scherzo dà un colpetto ai due bambini con il giornale e poi va in cucina, per aiutare la moglie a preparare la cena.

«Allora come è andata la scuola?» chiede ai ragazzi, quando prendono posto a tavola.

«Bene,» rispondono all'unisono.

«Avete imparato qualcosa?»

«Non direi,» risponde la figlia.

«Noi stiamo imparando le tabelline,» dice il bambino.

«Bene,» risponde il padre e poi si rivolge alla moglie. «Dimmi, ha per caso chiamato quel tizio per il mutuo?» «Vuoi che ti dica la tabellina del quattro?» interrompe il bambino. «Non ora,» risponde stancamente il padre. «Sto parlando con la mamma.» Il bambino si zittisce, mentre i genitori discutono dei loro problemi finanziari. Ma non appena c'è una pausa nella conversazione, il bimbo ci riprova: «Papà, vuoi che ti dica la tabellina del quattro?».

«Non parlare con la bocca piena di pane all'aglio,» risponde il padre sarcastico. Imperterrito, il bambino beve un sorso di latte e comincia: «Quattro per uno, quattro; quattro per due, otto; quattro per tre...».

Quando finalmente il bambino arriva a quaranta, il papà commenta seccamente: «Molto bene».

«Vuoi che ti dica la tabellina del cinque?» chiede il figlio.

«Più tardi,» risponde il genitore. «Ora, perché non finisci di giocare con tua sorella, in modo che io possa parlare con la mamma?»

Il terzo uomo apre la porta su uno scenario simile a quello del secondo. La moglie sta cucinando e i ragazzi sono occupati con un videogioco. Ma durante la cena la conversazione si sviluppa diversamente.

«Allora cos'è successo oggi a scuola?» chiede il papà.

«Niente,» rispondono all'unisono i figli.

«Hai giocato con i tuoi nuovi guantoni da baseball durante l'intervallo?»

«Sì.»

«E hai giocato da prima base, come volevi?»

«Sì.»

«Peter non si è lamentato di questo?»

«No. È stato bravo. Ha giocato seconda base. Abbiamo fatto due partite.»

«Ottima cosa! E tu come hai battuto?»

«Malissimo! Sono stato eliminato due volte.»

«Oddio, che schiappa. Forse hai solo bisogno di un po' di esercizio.»

«Penso di sì.»

«E se dopo cena facciamo qualche prova?»

«Benissimo!»

«E tu cos'hai fatto?» chiede alla figlia.

«Come?» risponde lei, un po' sulla difensiva.

«Hai avuto una bella giornata?»

«È andato tutto bene,» risponde, ma si capisce che qualcosa l'ha rattristata.

«Che cosa pensa la signora Brown del vostro duetto?»

«Non l'abbiamo fatto. Cassie era malata.»

«Ancora? Aveva l'asma?»

«Sì, penso di sì.»

«Che sfortuna! Almeno questo ti darà più tempo per esercitarti sul tuo pezzo.»

«Ma mi ha stufato, papà.»

«Sì, provare in continuazione lo stesso brano musicale può diventare noioso, vero?»

«Non voglio più suonare il flauto,» annuncia la figlia.

La conversazione continua così, mentre il padre ascolta le lamentele della figlia e l'aiuta a decidere come uscire dal suo stato di frustrazione.

Se raffrontate questi tre casi, vi sarà chiaro che i livelli di coinvolgimento dei padri nella vita dei figli possono variare grandemente. Nell'ultimo caso, il padre sembrava a conoscenza di molti dettagli della vita dei figli, compresi i nomi degli amici, le loro attività quotidiane e le loro sfide sul campo di gioco. Tale conoscenza gli permette di offrire sostegno emotivo e un orientamento. All'opposto, il papà del secondo caso sembrava indifferente, distratto da altri pensieri e quasi sprezzante quando il figlio cercava di catturare la sua attenzione. E il padre del primo caso, che abitava in una città molto lontana da quella dei figli, sembrava così poco a conoscenza della vita della figlia da riuscire a stento a imbastire con lei una conversazione.

Gli psicologi ritengono da tempo che sia importante coinvolgere il padre nell'allevamento dei figli. Dati scientifici sempre più numerosi indicano che i padri interessati – specialmente quelli che si rendono emotivamente disponibili per i figli – danno un contributo unico al benessere dei figli. I padri possono influenzare i figli in modi preclusi alle madri, soprattutto per quanto riguarda i rapporti con i compagni e i risultati scolastici. Le ricerche indicano ad esempio che i ragazzi con padri assenti se la cavano peggio nel trovare un equilibrio tra la capacità maschile di affermarsi e il sapersi tenere a freno. Di conseguenza, per loro è più difficile imparare l'autocontrollo e rimandare la gratificazione, capacità che diventano sempre più importanti quando i ragazzi crescono e cercano di conquistare amicizie, successo scolastico e risultati professionali. Una positiva presenza del padre può essere un fattore significativo anche per i risultati scolastici e professionali di una ragazza, benché in questo caso gli indizi siano meno chiari. È tuttavia evidente che le ragazze con padri presenti e coinvolti nella loro vita hanno minore probabilità di abbandonarsi alla promiscuità sessuale in giovane età e, divenute adulte, è più facile che costruiscano con gli uomini rapporti sani. La ricerca dimostra anche che l'influenza del padre ha un effetto permanente. Uno studio di lungo periodo, iniziato negli anni Cinquanta, dimostra ad esempio che i ragazzi, che all'età di cinque anni avevano un padre presente e impegnato a prendersi cura di loro, sono diventati adulti più sensibili e capaci di empatia rispetto a quei ragazzi che avevano un padre assente.[1] All'età di 41 anni, quegli adulti che da bambini avevano ricevuto maggiore affetto paterno avevano maggiori probabilità di intrattenere migliori rapporti sociali. Gli aspetti considerati per questa valutazione comprendevano l'avere un matrimonio duraturo e felice, avere figli e impegnarsi in attività ricreative con adulti non appartenenti alla cerchia familiare.[2]

Queste scoperte sull'importanza dei padri avvengono in un'epoca critica nella storia della famiglia americana. Basta vedere il telegiornale della sera per ascoltare le tante voci di chi esprime preoccupazione per il cambiamento di ruolo dei padri nella nostra vita sociale. Dai seguaci entusiasti del poeta spiritualista Robert Bly ai cristiani fondamentalisti coinvolti in gruppi come i Promise Keepers, gli uomini stanno acquistando consapevolezza del profondo significato del legame tra padre e

---

[1] R. Koestner, C.E. Franz e J. Weinberger, *The Family Origins of Empathic Concern: A 26 Years Longitudinal Study*, «Journal of Personality and Social Psychology», vol. 58 (1990), pp. 709-717.

[2] C.E. Franz, D. McClelland e J. Weinberger, *Childhood Antecedents of Conventional Social Accomplishments in Midlife Adults: A 26 Years Prospective Study*, «Journal of Personality and Social Psychology», vol. 60 (1991), pp. 586-95.

figlio. Dai politici conservatori come Dan Quayle, che critica la glorificazione da parte dei media di Murphy Brown la mamma single della TV, alle moltitudini di afro-americani che hanno dimostrato nella Marcia del milione di uomini del 1995 a Washington, corre un filo comune: troppi uomini sono rimasti assenti per troppo tempo dalla vita delle loro famiglie. Collegando i dati sempre più alti dei divorzi e delle nascite extramatrimoniali all'ondata crescente di violenza giovanile e ad altri problemi sociali, i funzionari governativi, i capi religiosi e gli attivisti sociali di ogni ideologia si appellano agli uomini perché assumano una maggiore responsabilità personale nell'allevare i propri figli. Dicono che è tempo che i padri tornino a casa.

La ricerca condotta da me e dai miei colleghi avvalora la convinzione che i figli hanno davvero bisogno dei padri. Ma il nostro lavoro fornisce anche questa importante avvertenza: non un padre purchessia. La vita dei figli è grandemente migliorata da padri emotivamente presenti, che ne riconoscono i problemi e li confortano nei momenti di sofferenza. Per la stessa ragione, i figli possono essere gravemente danneggiati da padri che abusano del loro potere, che sono ipercritici, umilianti o emotivamente freddi.

Paternità in transizione

Per capire meglio l'importanza di avere un padre coinvolto ed emotivamente presente, è utile guardare a come le famiglie sono cambiate nel corso del tempo. Nelle ultime generazioni i padri sono passati dalla condizione in cui erano la principale fonte del benessere materiale dei figli a quella, in molti casi, di figure superflue. Dato l'alto tasso di divorzi e di bambini nati da donne non sposate, oggi troppi bambini vivono senza il papà. Molti ragazzi conoscono il padre solo come la persona che c'era ma che se n'è andata, o l'uomo che dovrebbe pagare per il mantenimento dei figli e che invece non lo fa.

Gli storici fanno risalire l'origine di questo mutamento a duecento anni fa, alla rivoluzione industriale, quando gli uomini hanno iniziato a trascorrere la giornata lontano dalle donne e dai bambini. Tuttavia, solo con gli anni Sessanta, le forze economiche e la moderna ondata femminista hanno avuto l'effetto convergente di infliggere un colpo paralizzante al sistema familiare dominato dalla figura paterna. Da quel decennio le donne hanno fatto il loro ingresso nel mercato del lavoro in misura straordinaria. Nel 1960, solo il 19% delle donne sposate con figli sotto i sei anni lavorava fuori casa. Nel 1990, quel numero era salito al 59%. Nello stesso periodo, il potere d'acquisto medio della classe lavoratrice è diminuito in maniera tale che molte famiglie non hanno più potuto tirare avanti con un solo reddito. Nel 1960 il 42% di tutte le famiglie americane viveva con il solo reddito del padre; nel 1988 questa cifra era scesa al 15%.[3]

«Tali mutamenti hanno reso obsolete le vecchie convinzioni circa il ruolo paterno e la figura del padre come pilastro economico della famiglia,» scrive lo storico Robert L. Griswold, autore di *Fatherhood in America*. «In breve, il lavoro delle donne ha distrutto le vecchie

[3] D. Popenoe, *American Family Decline, 1960-1990: A Review and Appraisal*, «Journal of Marriage and the Family», vol. 55 (agosto 1993), pp. 527-55.

convinzioni sul ruolo paterno e ha richiesto una rinego-
ziazione nei rapporti tra i sessi.»[4]

Nello stesso tempo, l'istituzione del matrimonio si è
fortemente sgretolata. Fra il 1960 e il 1987 il tasso dei
divorzi è più che raddoppiato.[5] Oggi, più della metà
dei primi matrimoni finisce con un divorzio. Uno studio dell'Università del Michigan prevede che fra i primi
matrimoni il tasso dei divorzi può salire al 67%.[6] I figli
di madri sole sono diventati sempre più numerosi e quasi un terzo di tutti i bambini nati negli USA rientrano in
questa categoria.[7]

Senza i vincoli del matrimonio, oggi molti padri lasciano cadere del tutto la propria responsabilità verso i
figli. A meno che il rapporto tra madre e padre sia stabile, spesso il padre toglie ai figli ogni forma di sostegno,
emotivo e finanziario.

Per un'ironia della storia, questa tendenza a sottrar-
si alla responsabilità paterna avviene in un periodo in
cui gli uomini hanno molte nuove opportunità di intimo
coinvolgimento nella vita dei figli. Alcuni approfittano
di queste opportunità. Gli studi dimostrano che i padri,
specialmente quelli nella cui famiglia lavorano entrambi
i coniugi, curano i bambini molto più di quanto facessero gli uomini nelle generazioni passate. I padri oggi
partecipano più dei predecessori alla nascita dei figli,

[4] R.L. Griswold, *Fatherhood in America: A History*, New York, Basic
Books, 1993.

[5] D. Popenoe, *American Family Decline, 1960-1990*, cit.

[6] A. Cherlin, *Marriage, Divorce, Remarriage*, Cambridge, Harvard
University Press, 1981.

[7] U.S. Bureau of the Census, «Births to Unmarried Women, by Race
of Child and Age of Mother: 1970 to 1991», *Statistical Abstract of the
United States, 1994* (114th Edition), Washington, D.C., 1994.

chiedono permessi dal lavoro oppure orari elastici per motivi di paternità, o ancora, rinunciano agli straordinari e agli avanzamenti di carriera per poter passare del tempo con i figli.

Per quanto queste tendenze appaiano incoraggianti, vi sono prove che il progresso verso un maggiore coinvolgimento dei padri nella vita dei figli è estremamente lento. Alcuni incolpano di ciò i datori di lavoro, sostenendo che i lavoratori di sesso maschile oggi non ottengono ancora quella elasticità di orario che è richiesta per poter assolvere con successo al ruolo paterno. Una recente indagine su imprese statunitensi di medie e grandi dimensioni ha mostrato, ad esempio, che appena il 18% dei dipendenti maschi, che lavoravano a tempo pieno, ha ottenuto un'aspettativa non retribuita per paternità. Solo l'1% ha ricevuto un'aspettativa retribuita.[8] È difficile trovare lavori part-time in condizioni vantaggiose e spesso la carriera di un dipendente viene bloccata se si rifiuta di fare gli straordinari o di sradicare la famiglia per i trasferimenti imposti da ragioni di lavoro.

Altri incolpano i tribunali, sostenendo che il numero dei bambini con papà assente continuerà a crescere finché i padri divorziati non verranno trattati con maggiore equità; in circa il 90% dei divorzi, i figli vengono affidati alle madri.[9]

Infine molti affermano che il problema risiede nei padri stessi, perché essi non si sforzano maggiormente di

[8] S.L. Hyland, *Helping Employees with Family Care,* «Monthly Labor Review», vol. 113 (1990), pp. 22-26; K. Christensen, *Flexible Staffing and Scheduling in U. S. Corporations*, New York, Conference Board, 1989.

[9] R.L. Griswold, *Fatherhood in America*, cit., p. 263.

interessarsi ai dettagli della vita quotidiana dei figli. Un ricercatore stima che nelle famiglie con i due genitori che lavorano, i padri sono impegnati con i figli solo per un terzo dell'impegno loro dedicato dalle madri e che si prendono cura effettiva dei figli solo per il 10% del tempo.[10] Inoltre, quando gli uomini si assumono la responsabilità della cura dei figli, in genere svolgono il ruolo di baby-sitter; ossia invece di assumersi la responsabilità in proprio della cura del bambino, si rivolgono alle mogli perché queste assegnino loro le direttive e i compiti. A seguito di questi problemi, molti uomini restano distaccati dalla vita dei figli. Mi è stato fatto notare come questo distacco ha giocato un ruolo nella battaglia legale tra il regista Woody Allen e la sua ex compagna Mia Farrow per l'affidamento dei figli. Per farsi un'idea del rapporto di Allen con i figli, il giudice gli chiese di dire i nomi degli amici e dei medici dei suoi figli, ma Allen non seppe rispondere. Come i primi due genitori descritti all'inizio del capitolo, Allen viveva in un mondo separato da quello dei figli. Padri simili sono figure secondarie, che ogni tanto gettano un'occhiata e che perdono innumerevoli opportunità di entrare in rapporto con i figli in maniera utile e significativa.

La differenza di avere il papà

Che cosa manca ai figli quando i loro padri sono assenti, distanti o distratti dalle loro preoccupazioni? La ri-

---

[10] M.E. Lamb, «Introduction: The Emergent American Father», in M.E. Lamb, a cura di, *The Father's Role: Cross-Cultural Perspectives*, Hillsdale, N.J., Lawrence Erlbaum, 1987, pp. 3-25.

cerca nello sviluppo infantile ci dice che ai figli viene a mancare molto più che una «vicemamma». I padri in genere entrano in rapporto con i figli in maniera diversa dalle madri e questo significa che il loro coinvolgimento conduce a sviluppare diverse abilità, particolarmente nel campo delle relazioni sociali.

L'influsso del padre inizia in età molto tenera. Per esempio un'indagine ha scoperto che i bambini di cinque mesi, che hanno molti contatti con i padri, sono più a loro agio con gli adulti estranei alla famiglia.[11] Questi bambini piccoli si esprimono a voce maggiormente con gli estranei e si dimostrano più propensi a farsi prendere in braccio da loro rispetto ai bimbi con padri meno coinvolti. Un altro studio ha mostrato che i bambini di un anno piangono di meno quando vengono lasciati soli con un estraneo se hanno avuto più contatti con il loro papà.[12]

Molti ricercatori credono che i padri influiscano sui figli soprattutto mediante il gioco. Non solo i padri trascorrono in genere una quota maggiore del proprio tempo con i figli in attività ludiche di quanto non facciano le mamme, ma si impegnano anche in giochi di carattere più fisico ed eccitante rispetto alle interazioni materne. Osservando il rapporto tra genitori e neonati, Michael Yogman e T. Berry Brazelton hanno scoperto che i padri

[11] F.A. Pedersen, J. Rubinstein e L.J. Yarrow, *Infant Development in Father-Absent Families*, «Journal of Genetic Psychology», vol. 135 (1979), pp. 51-61.

[12] M. Kotelchuck, «The Infant's Relationship to the Father» prova sperimentale, in M.E. Lamb e S.K. Bronson, «The Role of the Father in Child Development: Past Presumptions, Present Realities, and Future Potential», relazione presentata a un convegno su «Fatherhood and the Male Single Parent», Omaha, novembre 1978.

parlavano di meno con i bimbi, ma li toccavano di più.[13] I padri avevano maggiore propensione a fare rumori ritmati e tambureggianti per attirare l'attenzione dei piccoli. Inoltre il loro modo di giocare assumeva la forma di una sorta di ottovolante emotivo, nel senso che passava da attività che suscitavano un interesse minimo ad altre che eccitavano molto i bambini. Al contrario, le madri mantenevano il gioco e le emozioni dei bimbi su un piano più uniforme.

Tali differenze si prolungano durante l'infanzia, quando i padri coinvolgono i loro ragazzetti in attività più scomposte, che comprendono sollevare il bimbo, farlo rimbalzare sui cuscini e fargli il solletico. In genere il papà inventa giochi insoliti e particolari, mentre è più probabile che la mamma si dedichi a pratiche consolidate come i giochi tradizionali, la lettura di un libro, lo smontare e rimontare i giocattoli e il comporre un puzzle.

Molti psicologi ritengono che lo stile chiassoso e scatenato del papà apre ai figli una strada importante per imparare a conoscere le emozioni. Immaginate il babbo che si finge un «orso pauroso» e dà la caccia nel giardino al bimbetto che trotterella pieno di gioia; oppure il papà che lo solleva e lo fa ruotare sopra la testa per un «volo in aeroplano». Giochi simili consentono al bambino di sperimentare l'eccitazione dovuta al fatto di sentirsi appena un po' spaventato, ma divertito e stimolato allo stesso tempo. Il bimbo impara a osservare e a reagire ai segnali di papà per fare insieme un'esperienza positiva.

[13] M. Yogman, S. Dixon, E. Tronick, H. Als e T.B. Brazelton, «The Goals and Structure of Face-to-Face Interaction Between Infants and Fathers», relazione presentata all'incontro biennale della Society for Research in Child Development, New Orleans, marzo 1977.

Per esempio scopre che quando strilla o ride, papà si diverte e perciò prolunga il gioco. Inoltre osserva papà per cogliere i segnali che il gioco sta per finire («Va bene, per ora basta») e impara a riprendersi dall'eccitazione e a ritornare calmo. Queste capacità servono al bambino quando si avventura fuori di casa, nel vasto mondo dei compagni di gioco. Essendosi azzuffato con papà, è in grado di riconoscere i segnali inviati dagli altri quando i sentimenti si accendono. Egli sa come creare un gioco eccitante e sa come reagire agli altri in modi né troppo pacati né incontrollati. Sa come mantenere le emozioni a un livello ottimale per un gioco che sia pieno di divertimento.

Studi sui bambini di tre e quattro anni, condotti da Ross Parke e Kevin MacDonald, attestano questo legame tra il gioco fisico con il padre e il modo in cui i bambini vanno d'accordo con i coetanei.[14] Osservando alcuni bambini che giocavano con il papà per periodi di venti minuti, i ricercatori hanno riscontrato che quei ragazzi, i cui padri praticavano alti livelli di gioco fisico, erano i più benvoluti tra i compagni. In questo studio è emersa però una caratteristica interessante e significativa: i ragazzi con padri molto dediti al gioco fisico erano benvoluti solo quando i loro padri avevano giocato con loro in maniera non direttiva e non coercitiva. I bambini, che avevano padri molto amanti del gioco fisico ma altrettanto autoritari, erano giudicati tra i più antipatici.

Altri studi hanno offerto indicazioni analoghe. I ricercatori hanno riscontrato che i bambini sembrano svi-

---

[14] K. MacDonald e R.D. Parke, *Parent-Child Physical Play: The Effects of Sex and Age of Children and Parents*, «Sex Roles», vol. 7-8 (1986), pp. 367-79.

luppare le migliori abilità sociali quando i papà interagiscono con loro in maniera positiva e consentono loro di dirigere in parte lo sviluppo del gioco.

Queste scoperte coincidono perfettamente con i risultati da me ottenuti, che evidenziano l'importanza che il papà eviti la critica, l'umiliazione, il disprezzo e l'invadenza nei confronti dei figli. Nei nostri studi i ragazzi che hanno conseguito risultati migliori, in termini di rendimento scolastico e di rapporti con i compagni, sono quelli che si sono visti riconoscere il valore dei propri sentimenti e che sono stati elogiati per le loro doti dal papà. I loro padri erano genitori-allenatori, che non trascuravano né censuravano le emozioni negative dei figli, ma manifestavano empatia e offrivano un indirizzo per aiutare i figli ad affrontare questi sentimenti negativi.

Durante l'esercizio in cui i genitori insegnavano al figlio a giocare con un videogioco, i padri che erano genitori-allenatori incoraggiavano i figli, indirizzandoli nella misura giusta, senza mai diventare invadenti. Spesso praticavano la tecnica didattica del sostegno graduale di cui si è discusso in precedenza. Ossia, usavano ogni successo del figlio come prova ulteriore della sua capacità. Con semplici espressioni come «bravo» o «sapevo che ci saresti riuscito», quei papà trasformavano ogni piccola vittoria in una base per migliorare l'autostima del figlio. I loro elogi davano al figlio la fiducia per proseguire il gioco e per continuare a imparare.

Di contro, i ragazzi nei nostri studi che se la cavavano peggio a scuola e nei rapporti sociali erano quelli con padri freddi e autoritari, sprezzanti e invadenti. Durante l'esercizio al videogioco questi papà potevano abbandonarsi a commenti umilianti sui figli, deridendoli e criticandoli per i loro errori. Talvolta, quando il gioco non andava bene, prendevano il posto del figlio, dandogli così piena dimostrazione della sua incapacità.

Tre anni dopo, quando svolgemmo le nostre verifiche presso queste famiglie e presso gli insegnanti dei ragazzi, constatammo che i ragazzi con il papà che li umiliava e non li confortava, avevano maggiori probabilità di finire nei guai. Erano ragazzi che manifestavano un comportamento aggressivo verso gli amici, che andavano peggio a scuola e che spesso avevano problemi legati alla delinquenza e alla violenza giovanile.

Anche se i nostri studi hanno mostrato che i rapporti madre-figlio sono anch'essi importanti, abbiamo riscontrato che, a paragone con le reazioni paterne, la qualità del contatto con la madre non è un indice predittivo altrettanto forte del futuro successo o fallimento del figlio a scuola e con gli amici. Questa scoperta è indubbiamente sorprendente, soprattutto perché le madri in genere trascorrono più tempo con i figli di quanto non facciano i padri. Riteniamo che la ragione per cui i padri hanno questa influenza estrema sui figli è perché il rapporto padre-figlio suscita nei bambini emozioni così potenti.

Stare vicino ai figli, fisicamente ed emotivamente

Star vicino ai propri figli non dovrebbe essere così difficile per gli uomini. E tuttavia, come spiega lo psicologo Ronald Levant, molti padri oggi stanno lottando per una definizione del ruolo paterno che venga sentita come quella giusta: «Quando i figli della generazione del boom economico sono diventati padri, è stato detto loro che tutto quello che avevano imparato sul ruolo paterno dal loro papà non andava più bene,» scrive Levant. «Oggi, agli uomini si richiede piuttosto di essere padri sensibili, partecipi e illuminati, che siano presenti e coinvolti nella vita dei propri bambini... L'unico problema è che molti uomini non sanno come fare a essere un padre di questo tipo, per la semplice ragione che il loro papà non era stato così nei loro confronti».[15]

Nei tempi antichi un padre proteggeva la prole facendo il guerriero e il cacciatore. Nel corso dei secoli, il suo ruolo è cambiato in quello di chi guadagna il pane per tutta la famiglia. Con un duro lavoro e con i sacrifici, il padre guadagnava per garantire la sicurezza e il benessere dei figli, pagando per il vitto, l'alloggio e le spese scolastiche. Oggi, sembra che il ruolo paterno si stia di nuovo modificando, poiché al papà si chiede di offrire ai ragazzi un altro livello di sicurezza che li protegga da forze distruttive come le bande giovanili, l'uso delle droghe e la promiscuità sessuale. La scienza ci dice che le difese psicologiche convenzionali di un uomo non possono produrre uno scudo contro pericoli siffatti. Oggi, la sicurezza dei figli dipende dal cuore dei loro padri. È basata sul fatto che gli uomini siano emotivamente e fisicamente presenti nella vita dei figli.

Come abbiamo esaminato nel capitolo 3, gli uomini hanno la capacità di riconoscere le emozioni dei propri bambini e di rispondervi in maniera costruttiva. Questo è stato dimostrato in progetti come il «Progetto Pater-

[15] R.F. Levant, con G. Kopecky, *Masculinity Reconstructed: Changing the Rules of Manhood – At Work, in Relationships, and in Family Life*, New York, Dutton, 1995, p. 107.

nità» di Levant, diretto a migliorare i modi di comunicazione delle emozioni dei padri con i figli.[16] Dopo otto settimane di allenamento a essere sensibili e capaci di ascoltare, i padri che hanno seguito il corso hanno migliorato la comunicazione con i figli e hanno mostrato di saper accettare di più le espressioni emotive dei propri bambini.

Ma gli uomini non hanno bisogno di seguire un corso per diventare più sensibili con i figli; possono praticare l'Allenamento emotivo, che inizia con la consapevolezza emozionale. Gli uomini devono rendersi consapevoli dei propri sentimenti per poter empatizzare con i figli. Poi devono fare tutto ciò che è necessario per rendersi disponibili per i bambini. Devono organizzare la propria vita in modo da poter dedicare più tempo e attenzione ai figli: una decisione che sembra semplice da prendere, ma che non è affatto facile tradurre in realtà. Dedicare più tempo ai figli può essere particolarmente difficile per i padri che vivono da loro separati o che sono assorbiti dal lavoro. Tuttavia, senza questa decisione, i padri possono perdere contatto con i figli durante la crescita e i cambiamenti dovuti allo sviluppo, e per loro può diventare sempre più difficile intrattenere rapporti significativi con i figli.

Mi è stato fatto notare come i cambiamenti del mio orario di lavoro nel corso degli anni abbiano avuto un peso nel rapporto con mia figlia Moriah. Quando lei era piccolina e io avevo il compito di portarla all'asilo, prima di correre all'università, il nostro mattino insieme era

[16] Il lavoro di Levant con il «Progetto Paternità» («Fatherhood Project») è sommariamente esposto in R.D. Parke, *Fatherhood*, Cambridge, Harvard University Press.

spesso frenetico. Io mi accorgevo di essere più brusco e meno giocoso con lei di quanto tutti e due avremmo desiderato. Poi decisi di non tenere lezioni e di non prendere appuntamenti prima delle dieci di mattina e questo cambiò tutto. Anche se continuavo ad andare a lavorare alle nove quasi tutte le mattine, i miei rapporti quotidiani con Moriah migliorarono perché sapevo che non sarei venuto meno ad alcun impegno di lavoro se avessi dovuto trascorrere con lei più tempo del previsto. Se, mentre uscivamo di casa per salire in macchina, lei voleva fermarsi un po' per fissare la tela di un ragno, io avevo tempo di fermarmi con lei. Se, all'improvviso, decideva di volersi cambiare le scarpe, scegliendo quelle azzurre invece di quelle rosse, poteva farlo senza problemi.

Certamente, sotto questo profilo, alcune occupazioni offrono ai padri maggiore flessibilità di altre. Ma i padri ogni giorno fanno scelte consapevoli che influiscono sulla qualità e la quantità del tempo e dell'attenzione che possono dedicare ai propri figli. Quale genitore fa il bagno al proprio bimbo tutti i giorni? Chi gli legge un racconto prima di andare a letto? Chi lo aiuta a trovare il paio di calze adatto? Anche se questi sembrano dettagli banali, sono decisioni importanti perché il legame emotivo fra padre e figlio emerge dall'interno della struttura della vita quotidiana. Nelle prossime pagine proporremo alcune idee per aiutare i padri a rafforzare quel legame.

Prendetevi cura del figlio a partire
dalla gravidanza
Gli studi dimostrano che il coinvolgimento del papà nella gravidanza della moglie può creare le basi per una serie di positive interazioni familiari che sono utili al

matrimonio e al figlio e che rafforzano il legame padre-figlio.

Quando, ad esempio, un padre assume un ruolo attivo nei corsi preparto, imparerà a essere un valido consigliere e a incoraggiare la moglie durante il travaglio e il parto. Questa condotta può avere un risvolto positivo per la madre e per il bambino. Uno studio ha dimostrato che le donne, i cui mariti hanno partecipato al travaglio e al parto, hanno sofferto di meno, sono state sottoposte a meno cure mediche e hanno ricordato più positivamente l'esperienza del parto rispetto a quelle donne i cui mariti erano assenti.[17] Una simile correlazione tra la presenza del padre e il modo in cui la madre ha vissuto l'esperienza del parto è stata osservata quando i bimbi nascono a seguito di un taglio cesareo. Inoltre un altro studio ha rivelato che un papà che dimostra un elevato interesse per la gravidanza della moglie, è più propenso a tenere in braccio il bimbo, una volta nato, e presta maggiore attenzione al bimbo quando piange.[18]

È importante occuparsi direttamente dell'infante nei primi giorni di vita. Un ricercatore ha scoperto che i padri che iniziano a mettere i pannolini, a fare il bagnetto, a cullare e a prendersi cura in altri modi dei loro bimbi già in ospedale, subito dopo la nascita, sono più inclini a ripetere queste attività nei mesi successivi e ognuna di esse offre ai bambini e ai papà l'occasione di un contatto intimo, utile per imparare a cogliere i segnali dell'u-

---

[17] W.J. Hennenborn e R. Cogan, *The Effect of Husband Participation of Reported Pain and the Probability of Medication During Labor and Birth*, «Journal of Psychosomatic Research», vol. 19 (1975), pp. 215-22.

[18] D.R. Entwisle e S.G. Doering, *The First Birth*, Baltimora, John Hopkins University Press, 1981.

no verso l'altro e per dare al rapporto una base iniziale positiva.[19]

Inoltre le abitudini che un padre acquisisce quando il bimbo è piccolo, spesso permangono nel corso del tempo. Se un papà si prende cura del bimbo sin dalla più tenera età, è più probabile che il suo coinvolgimento continui durante l'infanzia e l'adolescenza.

Alla luce di questi risultati, i padri che vogliono avere un rapporto solido con i figli dovrebbero gettarne le basi durante la gravidanza e i primi mesi di vita del bimbo. Questi papà della prima ora devono però essere consapevoli che accudire un bambino piccolo è soprattutto un'esperienza di apprendimento diretto, piena di tentativi e di errori. La bellezza di interessarsi sin dal primo giorno sta nel fatto che il padre e la madre possono imparare insieme a curare il bimbo. E siccome la comunicazione tra genitore e infante non è una strada a senso unico, il neonato ha l'opportunità di cominciare a imparare presto anche dal padre. Familiarizzando con il viso, la voce, il passo, l'odore del papà e con il modo in cui lui lo tiene in braccio, il bimbo impara ad associare la presenza del padre, assieme a quella della madre, con il conforto e la sicurezza. Dalle reazioni paterne, il bimbo trae anche importanti lezioni per il controllo sociale; impara che, attraverso il proprio comportamento, può influire sul modo in cui il padre lo tratta e può influire sugli altri.

Anche se è normale che, durante l'allattamento materno, il padre si senta un po' estromesso dalla cura del

[19] R. Lind, «Observations After Delivery of Communications Between Mother-Infant-Father», relazione presentata al Congresso Internazionale di Pediatria, Buenos Aires, ottobre 1974.

bambino, vi sono molti altri modi per i padri di offrire un aiuto fondamentale nell'allevamento del figlio. Per esempio, con il poppatoio, possono far bere il bimbo oppure somministrargli vitamine e integratori alimentari o il latte materno. Possono fare il bagno ai piccoli, cambiare loro i pannolini, cullarli e camminare con loro sul pavimento. E ovviamente il papà non dovrebbe mai dimenticare la particolare attitudine del suo sesso per il gioco. Persino tra i neonati lo psicologo Andrew Meltzoff ha osservato sottili indizi del fatto che i bambini imitano le espressioni facciali di chi si prende cura di loro.[20] Questo significa che il tempo che un padre dedica alla conversazione *vis à vis* con il bimbo anche piccolissimo può segnare l'inizio di un rapporto soddisfacente.

Ovviamente, tutto ciò presuppone che i padri abbiano tempo da trascorrere con i neonati ed è questa la ragione per cui io sostengo con forza l'introduzione del periodo di assenza dal lavoro per paternità. Se la condizione di lavoro del padre lo rende impossibile, io esorto almeno il papà a prendere lunghi periodi di vacanze durante queste importanti e insostituibili prime settimane della vita di un figlio.

Anche i componenti delle famiglie allargate devono contribuire a far sì che i padri non vengano inavvertitamente messi in disparte alla nascita di un bambino. Ad esempio le nonne premurose farebbero meglio talvolta a tirarsi indietro e a lasciare che sia il papà ad aiutare la moglie e ad accudire il bimbo quando la madre riposa. Quando questo accade, il padre, prendendosi cura del

---

[20] A.N. Meltzoff e M.K. Moore, *Newborn Infants Imitate Adult Facial Gestures*, «Child Development» (1983), pp. 54, 722-29.

neonato in prima persona, ha tutto il tempo che gli serve per imparare i segnali lanciati dal bambino.

Ovviamente sono innanzitutto le madri a giocare il ruolo più importante nel favorire o nello scoraggiare il coinvolgimento paterno nella cura dei figli. Studiando l'atteggiamento delle madri verso la partecipazione paterna alla cura dei bambini, i ricercatori Ross Parke e Ashley Beitel hanno appurato che è meno probabile che il papà si lasci coinvolgere, quando la madre critica il marito per come accudisce i figli e quando crede che le donne siano più capaci per natura di allevare i bambini.[21]

Vi sono però molte donne che valutano molto positivamente il coinvolgimento del padre e vogliono sapere come favorirlo. La risposta è chiara: lasciate che il vostro compagno si prenda cura del bambino secondo il suo modo di fare. Offrite i consigli derivati dalla vostra esperienza, ma evitate di criticare eccessivamente il modo in cui lui fissa i pannolini, agita il poppatoio, fascia il bambino e cose simili. Ricordate che i bambini possono trarre giovamento dalla varietà dei modi in cui vengono accuditi, compreso il modo tipicamente maschile, che è più giocoso, più fisico e meno compassato. Se i coniugi entrano in conflitto sul modo di accudire il bimbo, possono ripartirsi i compiti tra di loro. In altre parole, lei si occuperà di dar da mangiare al piccolo e lui di fargli il bagnetto tutte le mattine o viceversa. Inoltre se sembra che sia difficile per il papà imparare a calmare il bambino, può darsi che lui e il piccolo abbiano semplicemente bisogno di passare più tempo insieme senza l'intervento

[21] A. Beitel e R.D. Parke, «Maternal Attitudes as a Determinant of Father Involvement», Università dell'Illinois, 1993.

della mamma, per imparare a cogliere i reciproci segnali di comunicazione. Un trucco potrebbe essere quello di far uscire la madre per qualche pomeriggio con le amiche e di lasciare che il papà e il bimbo possano stare da soli. Cedere il controllo su un'area che da sempre è stata considerata di esclusiva pertinenza femminile può essere difficile per qualche madre alla prima esperienza, ma se la mamma riesce a fare un passo indietro e a lasciare che il papà e il bimbo trascorrano del tempo insieme, vi sono buone ragioni per sperare che la mamma constaterà i benefici che derivano per il bambino da un rapporto sano, ben sviluppato e arricchente con il papà.

Restate in sintonia con i bisogni quotidiani di vostro figlio durante la crescita
Idealmente, i padri che prendono l'abitudine di accudire e curare i figli ogni giorno, sin da quando sono piccoli, continueranno a fare la loro parte anche quando i figli crescono. La sfida è saper mantenere questo impegno nel corso del tempo, con il cambiamento dei programmi e delle priorità sia a casa sia sul lavoro. Se i padri non fanno uno sforzo consapevole per partecipare alla vita quotidiana dei propri ragazzi, molti si ritroveranno sempre più lontani, privi di contatto con gli aspetti particolari della vita dei figli ossia con ciò che costituisce il terreno comune tra padri e figli.

Nel corso degli anni si è scritto molto sull'importanza che le madri trascorrano con i figli «un tempo di qualità». L'idea, diventata popolare con l'ingresso delle mamme nel mercato del lavoro, è che il mero stare insieme con i ragazzi, anche per molte ore, è meno importante del modo in cui entrate in rapporto con loro quando siete insieme. E in effetti gli studi sulle mamme che lavorano hanno dimostrato che la qualità delle interazioni madre-figlio ha sui bambini maggiore incidenza della quantità di tempo che i due trascorrono insieme. C'è soltanto da aggiungere che lo stesso vale per i padri. Non importa quante sere e fine settimana il papà trascorre con il figlio, se durante quel tempo il padre evita ogni contatto, si sprofonda nel lavoro oppure siede imbambolato davanti al televisore, con il figlio in braccio.

L'importanza che i padri siano accessibili per i figli è stata sottolineata in uno studio di Robert Blanchard e Henry Biller, che hanno paragonato diversi gruppi di bambini di terza elementare, alcuni con il padre assente, altri con il padre presente e disponibile e altri ancora con il padre presente, ma indisponibile.[22] Esaminando il rendimento scolastico dei tre gruppi, lo studio ha riscontrato che i bambini con il padre assente ottenevano i risultati peggiori, mentre i bambini con il padre presente e disponibile erano i migliori. I bambini con il padre presente, ma non disponibile, erano in una posizione intermedia. «Avere un padre colto non faciliterà lo sviluppo intellettuale di un bambino se il padre non è facilmente accessibile al figlio o se il rapporto padre-figlio è qualitativamente negativo,» ha scritto Biller.[23] (Pochi studi di questo tipo sono stati condotti sul rapporto tra figlie e padri, sebbene un alto coinvolgimento dei padri

[22] R.W. Blanchard e H.B. Biller, *Father Availability and Academic Performance Among Third Grade Boys*, «Developmental Psychology», vol. 4 (1971), pp. 301-5.
[23] H.B. Biller, *Father, Child and Sex Role*, Lexington, D.C., Heath, 1971, p. 59.

sembri essere legato anche alla carriera e ai risultati scolastici delle figlie.)

Anche se è difficile dire di quanto coinvolgimento e accessibilità paterni hanno bisogno i figli, è certo che per incidere sulla loro vita è necessario qualcosa di più delle occasionali uscite per andare alla partita di calcio, alle giostre e allo zoo. Il modo migliore per il papà di entrare nella vita dei propri figli è di partecipare a ciò che lo psicologo Ronald Levant definisce «attività familiare», ossia il quotidiano far da mangiare, fare il bagno, vestire e curare i figli. «È eseguendo questi compiti tradizionalmente femminili che gli uomini si integrano davvero e diventano membri indispensabili delle loro famiglie,» scrive Levant. La vita familiare «non significa soltanto provvedere ai bisogni materiali della famiglia. Si tratta piuttosto di esserci quotidianamente, per rispondere anche ai bisogni fisici ed emotivi di ogni giorno, che non finiscono mai, ma che mutano sempre».[24]

Come durante la prima infanzia, così in seguito le madri possono incoraggiare i mariti ad assumersi maggiori responsabilità nella cura quotidiana dei figli, sospendendo il giudizio quando gli uomini affrontano questi compiti nel loro stile. Non c'è un modo solo per pulire un naso o preparare un panino.

Per molti uomini, essere presenti e accessibili nel mondo dei bambini richiede un reale mutamento nella percezione del tempo e degli obiettivi da conseguire. Molti uomini per tutta la vita hanno socializzato affrontando la giornata con spirito di efficienza, raggiungendo uno scopo dopo l'altro, senza sprecare il proprio tempo,

---

[24] R.F. Levant con G. Kopecky, *Masculinity Reconstructed*, cit., p. 197.

senza ritornare sui propri passi e senza lasciare il lavoro a metà. Nella loro esistenza gli uomini sono meno occupati a prendersi cura dei sentimenti altrui e più interessati alla semplice risoluzione dei problemi, a portare a termine le loro attività. Gli uomini che restano a casa per prendersi cura di un bambino in età prescolare possono aspettarsi di poter fare anche altre cose: falciare l'erba del prato, guardare la partita, redigere la dichiarazione fiscale. Quando non ci riescono, perché la cura del bambino richiede tanto tempo, possono sentirsi frustrati. Possono rendersi conto di essere meno pazienti e di empatizzare meno di quanto vorrebbero.

Essere bravi padri non significa riuscire a concludere qualcosa nonostante i figli da accudire. Si tratta invece di accettare il proprio ruolo in quel lavoro ventennale, sempre mutevole, che è la crescita di un essere umano. Si tratta di saper rallentare il ritmo e di prendere tempo per stare con i figli a tu per tu, relazionandosi con loro a seconda dell'età.

Ho imparato questo a mie spese, cercando invano, per esempio, di scrivere nei giorni in cui restavo a casa con mia figlia Moriah. Infine ho deciso che fino a quando lei non sarà abbastanza cresciuta da poter badare di più a se stessa (un pensiero agrodolce), è meglio trascorrere il nostro tempo insieme giocando, leggendo ad alta voce, sbrigando le faccende.

Di conseguenza, ho anche appreso quanto sia importante essere davvero coinvolto nel suo mondo, partecipare alle sue attività come colorare, giocare e simulare giochi di immaginazione. Sia con Moriah, sia con i bambini oggetto dei miei studi, ho visto come i bimbi aprano il loro cuore agli adulti in contesti ludici, discutendo volentieri argomenti che non affronterebbero mai se dovessero semplicemente rispondere a qualche domanda in merito. Alcuni tra i migliori colloqui che ho avuto con Moriah, quando lei aveva cinque o sei anni, sono avvenuti mentre coloravamo insieme i quaderni o giocavamo con le bambole. All'improvviso, lei poneva domande come: «Perché la mia amica Helena ha dovuto andare a stare in Michigan?» o, «La mamma era arrabbiata con te?». Queste conversazioni intime sui pensieri e i sentimenti più profondi dei ragazzi – sulle loro preoccupazioni, paure e sogni – è più probabile che avvengano quando i membri della famiglia stanno insieme con serenità, occupati in attività piacevoli. (Tra l'altro, io trovo che colorare sia molto rilassante. Ora riesco persino a farlo senza pasticciare il foglio.)

Quando i figli crescono e si dedicano di più ad attività fuori casa, può diventare più difficile per i padri trovare il tempo di restare soli con loro. Tuttavia, i colloqui a tu per tu tra il papà e il figlio, a qualunque età, sono preziosi. Per questo esorto i padri a programmare i propri orari in maniera da poter trascorrere un po' di tempo, regolarmente, con ciascuno dei figli. L'opportunità può essere offerta semplicemente da una corsa in automobile di mezz'ora ogni sabato per accompagnare il figlio alle lezioni di musica. Oppure possono esserci hobby e sport in comune tra padre e figlio. Qualche volta le migliori conversazioni si hanno quando si fanno insieme le faccende, come lavare i piatti, piegare la biancheria o sarchiare il giardino.

Le conversazioni nascono più facilmente se voi conoscete i fatti e le persone della vita di vostro figlio, comprese le sue attività quotidiane, i nomi degli amici, degli insegnanti e degli allenatori. Se potete, passate un po' di tempo nella scuola di vostro figlio, partecipando alle feste o alle lezioni serali. Offritevi di collaborare per le attività in classe o andate alle gite scolastiche. Offritevi come allenatori o viceallenatori per le attività sportive di vostro figlio.

Imparate tutto ciò che potete sugli amici e la vita sociale di vostro figlio. Fate conoscenza con i genitori dei suoi amici. Offrite la vostra casa per le feste con i suoi amici. Offritevi di accompagnare in macchina i vostri figli alle feste, al bowling o alla pista di pattinaggio. Entrate in sintonia con le loro conversazioni e ascoltate i loro interessi.

Infine, rendetevi conto che la vita familiare è piena di opportunità per entrare in contatto con i vostri figli o per distaccarvi da loro. Siete voi che, in tanti momenti comuni, potete decidere se rivolgervi ai vostri figli o distaccarvi da loro. Immaginate, ad esempio, che stiate cercando di leggere un libro quando venite distratti dalla musica a tutto volume proveniente dalla camera di vostro figlio adolescente. Chiedendogli di abbassare il volume, potete iniziare la conversazione dicendo: «Non posso credere che tu chiami musica questa robaccia». Oppure potete dire: «Non ho mai sentito questo complesso prima d'ora. Chi sono?». Mentre la prima frase è un affronto, la seconda è un invito, un'opportunità per gettare un ponte tra i vostri diversi punti di vista e per farsi coinvolgere.

Costruite un equilibrio tra casa e lavoro
Per molti uomini, trovare abbastanza tempo ed energia per i figli significa dedicarsi di meno al lavoro. Questo

dipende dal fatto che è difficile, se non impossibile, essere presenti fisicamente ed emotivamente per i figli se si lavora sessanta ore settimanali o se si è così distratti dalle tensioni lavorative da non potersi concentrare su ciò che interessa i propri figli.

Risolvere questo conflitto è difficile per un uomo la cui identità principale è quella di essere la fonte del reddito familiare. Egli è stato indotto a credere dalla società che il duro lavoro, il sacrificio e gli straordinari dimostrino la sua dedizione alla famiglia. Ma ora, molti uomini temono che, se non dovessero cambiare, rischierebbero di perdere il contatto con la moglie e con i figli, ossia proprio con quelle persone che innanzitutto danno un significato al loro lavoro.

Poiché la nostra società diventa più consapevole di questo paradosso, spero che vi saranno progressi verso condizioni di lavoro più favorevoli alla vita familiare. Per anni, le donne lavoratrici hanno lottato per ottenere l'orario elastico, il part-time, l'asilo sul luogo di lavoro e adeguati periodi di aspettativa per ragioni di famiglia. Di tali cambiamenti cominciano a beneficiare anche i dipendenti di sesso maschile, specialmente coloro che vogliono essere più coinvolti nella vita familiare. Uno studio britannico sui dipendenti nel settore scientifico ha mostrato, per esempio, che l'introduzione dell'orario elastico ha modificato la quantità di tempo che i padri trascorrono nella cura dei figli, in famiglie con entrambi i coniugi che lavorano.[25] Un altro studio ha mostrato che i lavoratori, che usufruivano dell'orario elastico, non ne-

[25] R.A. Lee, *Flextime and Conjugal Roles*, «Journal of Occupational Behavior», vol. 4 (1983), pp. 297-315.

cessariamente trascorrevano più tempo con i figli, ma riferivano comunque di una diminuzione del contrasto tra responsabilità familiari e obblighi di lavoro e ciò, presumibilmente, comportava minore tensione in famiglia e un ambiente più felice per i figli.[26]

Tuttavia agli uomini che vogliono riequilibrare il rapporto tra casa e lavoro si richiede spesso di sacrificare la carriera e la possibilità di avere aumenti di stipendio. Come ha scoperto la sociologa Pepper Schwartz, nella sua ricerca sui matrimoni egualitari, gli uomini che collaborano attivamente e paritariamente nei lavori di casa e nella cura dei figli fanno meno carriera di coloro che assumono il ruolo tradizionale di principale sostegno economico della famiglia.[27] Il dirigente d'azienda che, per non sradicare la famiglia, si rifiuta di trasferirsi in una città lontana viene ignorato per quanto riguarda promozioni e aumenti di stipendio. E un venditore che invece di recarsi a un convegno di lavoro, accompagna il figlio in un campeggio scout può rimetterci un premio o una promozione.

Che un uomo voglia o no scegliere il «sentiero paterno», lavorando meno ore per uno stipendio più basso, è comunque probabile che desideri trovare il modo di ridurre la tensione lavorativa. Una giornataccia dopo l'altra in ufficio può danneggiare il rapporto del padre con i figli. Ciò venne dimostrato in uno studio sui padri che svolgevano la professione di controllori di volo.

---

[26] H. Bohen e A. Viveros-Long, *Balancing Jobs and Family Life: Do Flexible Work Schedules Help?*, Philadelphia, Temple University Press, 1981.

[27] P. Schwartz, *Peer Mariage: How Love Between Equals Really Works*, New York, Free Press, 1994, p. 14.

271

In questo studio, i padri, dopo esperienze stressanti sul luogo di lavoro, erano più inclini ad arrabbiarsi con i figli quando tornavano a casa.[28] D'altro canto, gli studi dimostrano che un lavoro molto soddisfacente può davvero incrementare le capacità educative del genitore, anche se ne consegue che i padri trascorrono meno tempo con i figli.

Molto importante è se il padre gode di una certa autonomia nel proprio lavoro. Un gruppo di ricercatori ha riscontrato che quando i papà sono più indipendenti nella loro attività, è anche più probabile che diano ai figli una certa autonomia. Ma se ricoprono mansioni strettamente sorvegliate, sembrano aspettarsi dai figli maggiore conformismo e obbedienza ed è più facile che ricorrano alla coercizione fisica per imporre la disciplina.[29]

Cambiare professione o trovare almeno il modo di rendere meno stressante il lavoro presente possono costituire mosse significative.

Restate coinvolti nella vita di vostro figlio
a prescindere dalla vostra condizione
matrimoniale

A prescindere dal fatto che i genitori vivano insieme, in genere i figli stanno meglio quando sia il padre sia la madre sono coinvolti nella loro vita. E sebbene la collaborazione tra i genitori diventi difficoltosa nel caso di

---

[28] R.L. Repetti, *Short-Term and Long-Term Processes Linking Perceived Job Stressors to Father-Child Interaction*, «Social Development», vol. 3 (1994), pp. 1-15.

[29] M.L. Kohn e C. Schooler, *Work and Personality: An Inquiry into the impact of Social Stratification*, Norwood (N.J.), Ablex, 1983; D.R. Miller e G.E. Swanson, *The Changing American Parent*, New York, Wiley, 1954.

coppie separate, in genere i figli traggono beneficio dal fatto che le madri e i padri considerino l'allevamento dei figli un'impresa comune.

Come abbiamo appurato nel capitolo 5, la separazione e il divorzio possono danneggiare i figli. Ma si possono evitare alcuni problemi se i figli sono in grado di mantenere contatti regolari con entrambi i genitori. E come suggeriscono i nostri studi, i figli di coppie in difficoltà in genere stanno meglio quando i genitori sono emotivamente disponibili e adottano lo stile educativo dei genitori-allenatori. Un Allenamento emotivo efficace richiede tempo, intimità e una conoscenza dettagliata della vita del figlio. Per questo esorto i padri (il 90% dei quali, dopo il divorzio, vive separato dai figli)[30] a mantenere stretti rapporti con i ragazzi nonostante la separazione dalla madre dei loro figli.

I padri divorziati spesso si trovano in difficoltà a rimanere vicini ai figli, per una serie di ragioni che vanno dalla distanza geografica, al fatto che si sono risposati, ai problemi legati al mantenimento economico dei figli e al persistente conflitto con la madre dei propri figli. Diversi studi hanno dimostrato che il contatto di un padre divorziato con i figli diminuisce nel corso del tempo, a prescindere dalla qualità del rapporto tra padre e figlio all'epoca del divorzio. E con l'attenuarsi dei contatti tra padre e figli, declina anche la sua influenza su di loro. Senza il legame emotivo che si forma quando i padri sono in rapporto quotidiano con i figli, per tante ragioni che sono allo stesso tempo banali e significative, i padri non possono certo sperare di esercitare una forte

[30] R.L. Griswold, *Fatherhood in America*, cit., p. 263.

influenza nelle gravi questioni che in genere emergono durante l'adolescenza.

Cosa possono fare i padri divorziati per impedire che i figli scompaiano gradualmente dalla loro vita? Innanzitutto, possono considerare il rapporto con la madre dei propri figli in termini di collaborazione. I genitori non dovrebbero permettere che i loro contrasti impediscano loro di prendere insieme decisioni positive a favore dei figli. E, come abbiamo discusso nel capitolo 5, i genitori non dovrebbero mai usare i rapporti con i figli come armi dell'uno contro l'altra. Gli ex coniugi dovrebbero cercare di appoggiarsi a vicenda e trovare un accordo su temi come lo stabilimento di limiti e la disciplina.

I padri dovrebbero trovare un accordo equo per il pagamento dell'assegno di mantenimento dei figli e dovrebbero rispettare l'accordo. Gli studi dimostrano che quei padri che pagano con continuità hanno maggiori probabilità di trascorrere del tempo con i figli a scadenze regolari. Di contro, spesso i padri non incontrano più i figli a seguito di problemi finanziari o di conflitti con la ex moglie sui pagamenti. Spesso le madri usano la questione del mantenimento dei figli come una giustificazione per impedire al padre di incontrarli. E i padri, che spesso si sentono in colpa o timorosi per non aver pagato l'assegno dovuto, evitano a loro volta di contattare i figli. E intanto il tempo passa e i figli credono che l'assenza del padre sia un segno della sua indifferenza.

Quando i padri trascorrono del tempo con i figli, sia in visita o nell'ambito di un accordo di affidamento comune, dovrebbero fare in modo che il tempo trascorso assieme sia il più normale possibile. I figli si adattano meglio al divorzio, quando il tempo trascorso con il genitore al quale non sono affidati viene impiegato in attività ordinarie come fare i compiti, studiare e svolgere i lavori di casa. In altri termini, i padri dovrebbero evitare la sindrome da «papà Disneyland», di colui cioè che vuol trasformare il tempo trascorso con i figli in una festa continua. I figli possono trarre maggior beneficio dal loro rapporto con il papà quando lo aiutano a cucinare o a lavare i piatti piuttosto che guardarlo mentre paga il conto al Burger King.

Anche se un padre non dovesse disporre del tempo che vorrebbe avere per stare insieme ai figli, è utile che si tenga in contatto con frequenti telefonate, almeno due o tre per settimana. Con l'esperienza, le conversazioni diventano più facili, specialmente se il papà fa uno sforzo per seguire la vita quotidiana dei figli. Sarà utile conoscere gli amici e gli insegnanti del figlio e assistere agli incontri, alle recite e agli avvenimenti sportivi della scuola.

Restare vicini ai figli può essere ancora più impegnativo per i padri divorziati che si sono risposati o la cui ex moglie si è risposata. Si tratta di un caso frequente, poiché il 75% delle donne e l'80% degli uomini si risposano dopo un divorzio.[31] Mentre gli studi dimostrano che il secondo matrimonio della madre può essere di grande aiuto economico per i figli, a seguito di esso accade però che i figli incontrino meno il padre biologico. Il secondo matrimonio di un genitore può anche generare nei figli (soprattutto adolescenti) un certo grado di ansia, mentre si sforzano di accettare il nuovo genitore acquisito

[31] P.C. Glick, «Remarried Families, Stepfamilies and Stepchildren: A Brief Demographic Profile, Family Relations», vol. 38 (1989), pp. 24-47.

e si chiedono cosa significa questa nuova presenza per il rapporto con il loro «vero» papà o con la loro «vera» mamma.

Gli psicologi hanno riscontrato che è un grave errore esigere dai ragazzi di scegliere tra uno dei due papà. Inoltre, di solito, è opportuno che i patrigni si astengano dall'assumere il ruolo di colui che vuole imporre la disciplina. I figli si adattano molto meglio alla nuova situazione se il patrigno semplicemente sta a fianco della madre e la appoggia nelle decisioni familiari che lei prende. I figli si trovano meglio dopo un secondo matrimonio quando continuano a intrattenere contatti regolari con entrambi i genitori biologici.

Forse il miglior consiglio per i padri che vivono separati dai figli è di pazientare mentre i loro ragazzi si adattano al cambiamento. I genitori devono aspettarsi che i primi due anni dopo un divorzio saranno i più difficili. Oltre al dolore e alla rabbia, che probabilmente i padri avvertono nel rapporto con l'ex moglie, anche i figli possono esprimere una reazione fortemente negativa. I bambini piccoli, che in genere fanno fatica ad affrontare i cambiamenti, in qualunque circostanza, possono rifiutarsi di andare con il papà quando viene a prenderli. I bambini più grandi possono reagire con cattiveria o con disperazione e possono arrabbiarsi con i loro padri, accusandoli di non adoperarsi perché la famiglia possa stare unita. Siccome, in genere, gli uomini si ritraggono dai rapporti quando la situazione emotiva si surriscalda, molti padri possono sentirsi tentati dall'idea di smettere di vedere i figli. Per il bene dei figli nel lungo periodo, i padri non devono prendere una decisione simile. È importante concentrarsi nell'aiutare i ragazzi ad affrontare i propri sentimenti negativi. Le tecniche dell'Allenamento emotivo, discusse nel capitolo 3, possono essere utili. Ricordate che ascoltando con empatia, aiutando i figli a classificare i propri sentimenti e orientandoli per trovare il modo di gestire la loro rabbia e la loro tristezza, i padri possono stare vicini ai figli nei momenti di crisi emotiva.

7

L'Allenamento emotivo durante la crescita

Avrete senz'altro sentito genitori alla loro prima esperienza lamentarsi in questo modo: «Proprio quando penso di aver capito tutto sul bambino – di quanto cibo ha bisogno, quanto tempo vuole dormire, come calmarlo quando piange – ecco che tutto cambia di nuovo!». L'osservazione è veritiera, perché allevare i figli comporta un costante mutamento. Mentre i bambini crescono, dobbiamo continuamente modificare la nostra vita per adattarla ai loro più recenti bisogni, timori, interessi e capacità. Tuttavia, nonostante ogni cambiamento, c'è una costante: il desiderio di ogni bambino di avere un legame emotivo con adulti affettuosi e attenti.

In questo capitolo, esplorerò cinque diversi periodi dello sviluppo: la prima infanzia; gli anni dei primi passi; dai quattro ai sette anni; dagli otto ai dodici; l'adolescenza. Spiegherò alcuni punti fondamentali dello sviluppo del bambino e del ragazzo durante questi periodi e offrirò suggerimenti per aiutarvi a rafforzare l'intelligenza emotiva dei vostri figli durante queste fasi. Capire qual è la «normalità» e conoscere in anticipo quali aspetti, probabilmente, diventeranno importanti per vostro figlio nelle diverse epoche può rendervi genitori-allenatori più efficaci.

La prima infanzia

Dalla nascita a tre mesi circa
Chi può dire quando comincia il rapporto emotivo di un bambino con i suoi genitori? Alcuni sostengono che inizia nell'utero, quando il bambino reagisce alla condizione di tensione o di serenità della madre. Altri dicono che inizia subito dopo la nascita, quando i genitori danno da mangiare, cullano e coccolano il bambino. Altri ancora indicano il momento magico in poche settimane dopo la nascita, quando il bimbo sorride per la prima volta alla madre o al padre e finalmente ripaga tutte le loro fatiche e le notti insonni.

La maggior parte dei genitori si troverebbe però d'accordo nel dire che il vero divertimento comincia dopo circa tre mesi, quando i bimbi, in genere, manifestano interesse nell'interazione sociale diretta. Gli psicologi dell'età evolutiva dicono che a questa età gli occhi dell'infante «si illuminano», e ciò significa che i bambini sembrano per la prima volta guardare davvero i genitori e reggere il loro sguardo. Per quanto un bambino di tre mesi sia piccolo, impara, attraverso l'osservazione e l'imitazione, a riconoscere ed esprimere le emozioni. Ciò significa che i genitori, grazie alla loro attenzione e alla loro capacità di rispondere, possono iniziare un processo attivo per allenare emotivamente i bambini persino in un'età così tenera.

La ricerca dimostra che i genitori di solito si spingono molto in avanti nel catturare e mantenere l'attenzione del bambino durante i primi scambi di informazione emotiva. Per esempio, i genitori spesso usano un tipo di linguaggio particolare, che ricorre a toni di voce squillanti e alla lenta ripetizione delle parole, con esagerazione della mimica facciale. Anche se questo «linguaggio infantile» può sembrare comico ed eccessivo, i genitori lo usano per buone ragioni, in quanto funziona. In genere i bimbi si vivacizzano e prestano maggiore attenzione quando sentono e vedono i genitori parlare in quel modo.

Molti genitori si impegnano anche in «dialoghi» non verbali, faccia a faccia, con i bambini, con espressioni del viso alle quali il bimbo risponde. Ad esempio la madre inarca le sopracciglia e il bambino la imita. Oppure il bambino tira fuori la lingua e la madre fa lo stesso. Uno dei due tuba o gorgoglia e l'altro risponde al suono con la stessa intensità o ritmo. In genere questi giochi di imitazione catturano l'attenzione dei bimbi, particolarmente se il genitore imita il bambino ricorrendo a una variazione espressiva. Per esempio, se il bambino sbatte tre volte il sonaglio sul pavimento, la madre può ripetere lo stesso ritmo con la voce, e questo tipo di risposta affascina il bimbo.

Questi dialoghi imitativi sono importanti perché dicono al bimbo che il genitore gli presta molta attenzione e risponde ai suoi sentimenti. È la prima esperienza che fa l'infante di essere compreso da un'altra persona; è l'inizio della comunicazione emotiva.

Gli esperimenti condotti con le madri e i loro bambini di tre mesi hanno sottolineato quanto i bambini siano capaci di comunicazione emotiva. In un esperimento denominato «Il Gioco del Viso Immobile», il ricercatore Edward Tronick ha chiesto alle madri di guardare i propri bambini, ma di resistere all'impulso di fare le smorfie giocose con cui mamme e papà si rivolgono ai loro piccoli. Dinanzi al viso insolitamente inespressivo delle madri, i bimbi cercavano ripetutamente di iniziare loro stessi la «conversazione», tentando di atteggiare il viso in maniera espressiva e interessante. I ricercatori hanno osservato che i bambini ricorrevano in media a quattro diverse espressioni con le madri prima di rinunciare. In un esperimento per studiare gli effetti della depressione dei genitori su bambini di tre mesi, Tronick ha chiesto alle madri di fingersi un po' tristi o depresse di fronte ai loro bimbi. Anche un mutamento così leggero nell'umore della madre produceva grossi effetti sugli infanti. Essi provavano emozioni più negative, si rinchiudevano in se stessi e rispondevano di meno agli stimoli. Una tale ricerca dimostra che persino all'età di tre mesi, i bimbi si aspettano che i genitori siano emotivamente sensibili e coinvolti.[1]

Una tale ricerca mette in luce che i neonati non sono soggetti passivi nel rapporto genitore-figlio. Anzi, essi assumono un ruolo attivissimo nel gioco. Cercano di essere stimolati, di divertirsi e di collegarsi emotivamente ai genitori.

Che succede ai bambini col tempo se i genitori sono indifferenti o rispondono soltanto in maniera negativa? La ricercatrice Tiffany Field, che ha studiato il rapporto tra madri depresse e i loro bambini, ha trovato alcune inquietanti risposte: i bimbi con mamme depresse tendono a rispecchiare la tristezza, la scarsa energia, il basso coinvolgimento, la rabbia e l'irritabilità delle loro mamme.[2] E se la depressione materna continua per un anno

---

[1] M.K. Weinberg, E.Z. Tronick, *Beyond the Face: an Empirical Study of Infant Affective Configurations of Facial, Vocal, Gestural, and Regulatory Behaviors*, «Child Development» (1994), pp. 65, 1503-15.

[2] T. Field, B.T. Healy e W.G. LeBlanc, *Sharing and Synchrony of Behavior States and Heart Rate in Nondepressed Versus Depressed Mother-*

o più, il bambino comincerà a manifestare ritardi persistenti nella crescita e nello sviluppo.[3]

Il periodo fra i tre e sei mesi sembra quello cruciale in relazione al modo in cui la depressione materna può incidere sullo sviluppo del sistema nervoso del bambino, secondo gli studi della Field. Quando la Field e i suoi colleghi hanno comparato due gruppi di bambini di tre mesi (uno con madri depresse e l'altro con madri non depresse), hanno scoperto poche differenze. Ma quando hanno esaminato bambini di sei mesi, hanno riscontrato che quelli con le madri depresse si esprimevano meno con la voce e ottenevano punteggi più bassi nei test sul funzionamento del sistema nervoso.[4]

Lo stato di depressione della madre può persino influire sulla capacità del cervello del bambino di interpretare un evento emotivo come esperienza negativa o positiva. Gli scienziati possono stabilirlo osservando i dati dell'elettroencefalogramma (ossia delle onde cerebrali), poiché diverse emozioni provocano diversi tipi di reazione cerebrale. Le reazioni negative vengono elaborate in una parte del cervello, mentre quelle positive in un'altra. Con l'ausilio della tecnologia, la ricercatrice Geraldine Dawson dell'Università di Washington ha osservato le reazioni cerebrali dei bambini mentre guardavano bolle di sapone che si alzavano nell'aria da dietro una tenda. Sorprendentemente, i bambini delle madri

Infant Interactions, «Infant Behavior and Development», vol. 12 (1989), pp. 357-76.

[3] T. Field, J. Pickens, N.A. Fox, T. Nawrocki e altri, Vagal Tone in Infants of Depressed Mothers, «Development and Psychopatology», vol. 7 (1995), pp. 227-31.

[4] Ibid.

depresse interpretavano questo fatto in sé neutro, come qualcosa di emotivamente negativo.[5]

Anche se questa ricerca indica le conseguenze negative subite dai bambini di mamme depresse e indifferenti, vi sono ragioni di speranza. Ulteriori studi di laboratorio, condotti dalla Field, hanno rivelato che i bambini di madri depresse mostravano notevoli miglioramenti nei rapporti con le insegnanti della scuola materna e con i papà non affetti da depressione.[6] Questo risultato positivo offre un'ulteriore prova del fatto che gli adulti che si occupano dei bambini, possono incidere fortemente nello sviluppo emotivo dei piccoli.

Mentre imparano a leggere e a imitare i segnali emotivi dei genitori, i bimbi realizzano un'altra importante pietra miliare dello sviluppo: la capacità di regolare l'eccitazione fisiologica che risulta dalle loro interazioni sociali ed emotive. Molti psicologi dell'età evolutiva credono che i bambini ottengano questo risultato attraverso un'alternanza di fasi attive e passive nel rapporto con gli altri. Per un minuto prestano molta attenzione agli altri e rispondono alle sollecitazioni del gioco. Il minuto dopo guardano altrove, ignorando i tentativi degli adulti di attirarli con i giocattoli e il linguaggio infantile. Anche se talvolta i genitori sono sconcertati dall'apparente volubilità dei propri bambini, vi sono alcune prove che il

[5] G. Dawson e K.W. Fischer, *Human Behavior and the Developing Brain*, New York, Guilford, 1994.

[6] N.M. Palaez, T. Field, M. Cigales, A. Gonzalez e altri, *Infants of Depressed Mothers Show Less «Depressed» Behavior with Their Nursery Teachers*, «Infant Mental Health Journal», vol. 15 (1994), pp. 358-67; Z. Hossain, T. Field, J. Gonzalez, J. Malphurs e altri, *Infants of «Depressed» Mothers Interact Better with Their Nondepressed Fathers*, «Infant Mental Health Journal», vol. 15 (1994), pp. 348-57.

bambino si sottrae perché ha bisogno di farlo. Può darsi che durante le fasi attive il bimbo sperimenti un aumento del battito cardiaco e uno stato fisiologico troppo intenso. È troppo stimolato e desidera un po' di riposo. Perciò distoglie lo sguardo e gira la testa, facendo di tutto per evitare altri contatti. Il bambino sta cercando di imparare a calmarsi.

Chi non ha esperienza di bambini può non capire che i bimbi hanno bisogno di periodi di inattività. Perciò molti continuano a cercare di sollecitare l'infante con giocattoli, chiacchiere e stimoli fisici. Ovviamente il bimbo è prigioniero. Non può chiedere di smettere al compagno di giochi insistente. Non può rifugiarsi in un'altra stanza. Gli può persino mancare la coordinazione e la forza fisica di nascondere la testa sotto una coperta. Perciò deve affidarsi alla difesa più persistente ed efficace di cui dispone: comincia a piangere.

Questi casi di mancato coordinamento tra bambini e genitori sono piuttosto comuni. Alcuni ricercatori valutano che i genitori non sono capaci di decifrare i segnali dei loro bambini per il 70% del tempo![7] Non preoccupatevi. La prima infanzia è un periodo in cui più che in ogni altro si procede per tentativi da parte dei genitori come da parte del bambino. Purché i genitori siano sensibili ai loro bimbi, la comunicazione emotiva migliorerà gradualmente e gli equivoci saranno meno frequenti.

Il mio consiglio ai genitori-allenatori è di fare attenzione agli umori del bimbo e di rispondere a essi. Se il bambino sembra improvvisamente perdere interesse nel

---

[7] E.Z. Tronick e J.F. Cohn, *Infant-Mother Face-to-Face Interaction: Age and Gender Difference in Coordination and the Occurrence of Miscoordination*, «Child Development», vol. 60 (1989), pp. 85-92.

gioco, fatelo riposare dopo un periodo di interazione. Se il bambino si irrita in situazioni in cui è stato preso in braccio e gli hanno parlato per molto tempo (ad esempio in una riunione di famiglia), portatelo di tanto in tanto in una stanza tranquilla, dove potrà calmarsi da tutta l'eccitazione accumulata.

Se sembra che il bambino si sia così caricato da non riuscire a calmarsi da solo, fate tutto il possibile per tranquillizzarlo. Come abbiamo già detto, si tratta di procedere per tentativi, perché i genitori e i bambini cercano le strategie che funzionano meglio a seconda del temperamento individuale del bambino. Tra le tecniche più comuni vi sono quelle di abbassare la luce, cullare il bimbo, parlargli dolcemente o camminare con lui in modo che possa percepire che tutti e due vi muovete insieme con un ritmo delicato. I genitori riferiscono anche di aver avuto successo con l'ascolto di dolci melodie, con le ninne nanne, con massaggi delicati o con le carezze. Alcuni bambini sembrano perfino calmarsi con il rumore di una lavapiatti accesa o con il rumore di fondo di una radio non sintonizzata, purché sia a basso volume.

La ricerca indica che i genitori più sensibili agli umori dei piccoli – quelli, ad esempio, che riconoscono quando i bambini hanno bisogno di passare da attività altamente stimolanti a una condizione più tranquilla – sono più bravi nel promuovere l'intelligenza emotiva dei loro bambini. Lo stile dell'Allenamento emotivo offre ai bambini maggiori opportunità di sperimentare il passaggio da uno stato di forte eccitazione a uno stato più calmo. In altre parole, questi genitori aiutano i bimbi a imparare a tranquillizzarsi e a regolare i propri stati fisiologici.

I genitori che rispondono in maniera tranquillizzante ai bambini irritati insegnano loro cose importanti. Innanzitutto i bambini imparano che le proprie emozioni negative hanno un effetto sul mondo circostante: loro piangono e i genitori rispondono. In secondo luogo, imparano che è possibile riacquistare la serenità dopo aver sperimentato forti emozioni. A quell'età il rasserenamento proviene per lo più dai genitori. Ma con la crescita, il bambino interiorizzerà gli sforzi compiuti dai genitori e apprenderà il modo di rasserenare se stesso, e ciò è importante per il benessere emotivo.

Per la stessa ragione, i bambini hanno bisogno di molti stimoli, allo scopo di sperimentare il processo di eccitarsi profondamente per poi calmarsi di nuovo. Come abbiamo indagato nel capitolo 6, i giochi fisici che i padri hanno l'abitudine di praticare con i bambini offrono ai figli questa importante esperienza.

Invito anche i genitori a inventare giochi che diano ai bambini la possibilità di decifrare e di esprimere diverse emozioni. La ricerca dimostra che questa invenzione può cominciare con la semplice imitazione di qualche gesto del bambino. Il bimbo tira fuori la lingua o tossisce e il genitore fa lo stesso. Il bambino allora lo rifarà di nuovo e così inizia il gioco.

Quando giocate con il bimbo, cercate di essere vivaci ed emozionati, ripetete qualche frasetta un po' sciocca e gesti ritmici e delicati. Giocando in questo modo, il bambino diventa consapevole della routine ludica e impara a prevedere quello che starete per fare. È come se il bambino dicesse a se stesso: «Oh, adesso comincia il gioco di prendere le dita dei piedi e di far roteare i piedi in due modi opposti»; oppure «Oooh! Adesso comincia il gioco in cui lui mi vuole prendere per farmi il solletico». Quando il bambino apprezza il gioco, impara a comunicare la sua gioia con sorrisi, risatine, strilli e sgambettando per l'eccitazione. Questa risposta incoraggia i genitori a insistere nel gioco e così si crea una spirale crescente di interazione affettuosa e divertente, che rafforza ulteriormente il legame emotivo fra il bambino e il genitore.

Dai sei agli otto mesi
Questo è un periodo di grandi esplorazioni per i bambini, un periodo nel quale scoprono un intero mondo di oggetti, di persone e di luoghi. Nello stesso tempo, scoprono anche nuovi modi di esprimere e condividere sentimenti come la gioia, la curiosità, la paura e la frustrazione dinanzi al mondo circostante. Questa consapevolezza che sta sbocciando continua a dischiudere nuove opportunità di Allenamento emotivo.

Fra gli importanti balzi evolutivi che in genere accadono verso i sei mesi c'è la capacità del bambino di spostare la propria attenzione, pur tenendo in mente un oggetto o una persona che non guarda più. Prima, il bambino poteva solo pensare all'oggetto o alla persona che stava osservando al momento. Ma ora, ad esempio, può guardare un pupazzo, esserne divertito e poi guardare un genitore, esprimendogli il suo divertimento per il pupazzo. Per quanto semplice possa apparire questa acquisizione, essa presenta un intero nuovo mondo di possibilità per il gioco e per l'interazione emotiva. Ora il bimbo può invitarvi a giocare con molti oggetti che lo attirano. Può condividere con voi le sue sensazioni su quegli oggetti.

Per incoraggiare lo sviluppo di questa intelligenza emotiva, accettate gli inviti di vostro figlio a giocare con diversi oggetti e imitate le sue reazioni emotive. In tal modo la partecipazione e l'espressione emotiva aumentano. All'età di otto mesi, i bambini in genere cominciano a camminare carponi e a scoprire l'ambiente. Ma il piccolo esploratore sta anche imparando a distinguere le diverse persone che incontra e questo offre lo sfondo per la prima, significativa comparsa della paura. Assisterete ad attacchi d'ansia dinanzi agli estranei. Un bambino che prima sorrideva indistintamente a tutti, mentre eravate in fila nel negozio di alimentari, ora nasconde il viso nella spalla materna. Mentre prima si offriva volentieri alle braccia tese di una nuova baby-sitter, ora ha costituito legami di «attaccamento specifico» con i genitori e può aggrapparsi a loro disperatamente, quando cercano di metterlo a sedere in un nuovo ambiente con persone estranee.

Nello stesso tempo il bambino riesce molto meglio a capire le parole, cosa che aiuta la comunicazione emotiva. Anche se, probabilmente, passeranno ancora diversi mesi prima che cominci a parlare, può capire molte parole ed è in grado di seguire istruzioni come: «Vai a prendere il tuo orsacchiotto bianco e portamelo». Ricordo che, durante questo periodo, dissi a mia figlia Moriah mentre la tenevo in braccio: «Tesoro, sembri stanca. Perché non appoggi la testa sulla mia spalla e ti riposi?» e Moriah lo fece subito.

Tutti questi nuovi sviluppi – la mobilità fisica, la capacità di spostare l'attenzione, il particolare attaccamento del bambino ai genitori, la comprensione del

linguaggio parlato e la paura dell'ignoto – appartengono a un'abilità che gli psicologi chiamano «riferimento
sociale». Si tratta della tendenza del bambino ad avvicinarsi a un particolare oggetto o evento e poi a rivolgersi al genitore per un'informazione emotiva. Per
esempio, accostandosi a un cane mai visto, un bambino
può sentire sua madre che gli dice: «No, non andarci!».
Il bambino è in grado di cogliere la combinazione delle
parole, del tono di voce e della mimica facciale della
madre e può afferrare il concetto di un potenziale pericolo. D'altro canto il bambino può avvicinarsi a un
robot giocattolo molto chiassoso, guardare indietro e
vedere che la madre gli sorride in maniera tranquilla.
Ora il bambino sa che può giocare con il robot senza pericolo. In questo senso il genitore ha acquisito
un ruolo esclusivo nella vita emotiva del bambino, il
ruolo di una «base sicura». Il bambino si sente libero
di esplorare, sapendo di poter tornare periodicamente
alla base per essere rassicurato.

Quando un bambino pratica il riferimento sociale
con un genitore, è un segno che i due sono emotivamente collegati e che il bambino si sente emotivamente sicuro. Come conseguenza di un gioco imitativo imparato
sin dalla più tenera infanzia, il bambino è diventato molto abile nel leggere i segnali emotivi dei genitori. Sa di
poter confidare su segnali come le espressioni del viso,
il linguaggio corporeo e il tono di voce. (È interessante
a questo punto un'annotazione su come il conflitto tra
coniugi possa influire su questo processo: i ricercatori Susan Dickstein e Ross Parke hanno scoperto che i
bambini non praticano nella stessa misura il riferimento
sociale con i padri infelicemente sposati, anche se con-

tinuano a farlo con le mamme infelicemente sposate.[8] Noi pensiamo che ciò corrisponda al fatto che gli uomini spesso si ritraggono emotivamente dai figli non meno che dalle mogli, quando il matrimonio comincia a fallire. Le donne infelicemente sposate, d'altro canto, possono allontanarsi dai mariti, ma tendono a restare emotivamente legate ai figli.)

Per rafforzare il legame emotivo con i bimbi di questa età, invito i genitori a diventare una specie di specchio per i figli; ossia, a riflettere per il bambino i sentimenti che lui sta esprimendo. Questa è una parte importante del primo Allenamento emotivo, consistente nell'aiutare vostro figlio a esprimere nel linguaggio i suoi sentimenti. Insieme con le espressioni del viso usate anche le parole per dire cose del genere: «Ora ti senti triste (felice, spaventato etc.), vero?». Oppure: «Ora ti senti molto stanco. Vuoi sederti sulle mie ginocchia per un po'?». Se le vostre percezioni sono corrette, il bambino capirà e ve lo dimostrerà. Tuttavia, se anche di tanto in tanto non sapete interpretare lo stato del bambino, non preoccupatevi. È un caso comune e, fortunatamente, i bambini sono molto tolleranti.

Ricordate anche che il vostro bimbo si rivolge a voi per avere segnali emotivi. Potete approfittarne per aiutarlo ad affrontare l'ansia di fronte agli estranei, che affiora così spesso a questa età. Se la mamma si mostra tranquilla con la nuova baby-sitter e, talvolta, la abbraccia persino, il bambino può ricevere il messaggio che ci si può fidare di questa nuova persona.

---

[8] S. Dickstein e R.D. Parke, *Social Referencing in Infancy: A Glance at Fathers and Marriage*, «Child Development», vol. 59 (1988), pp. 506-11.

Dai nove ai dodici mesi
È questo il periodo in cui i bambini cominciano a capire che è possibile condividere pensieri ed emozioni con un'altra persona. Il bambino, per esempio, porge un giocattolo rotto al papà e il papà gli dice: «Oh, si è rotto. Che peccato. Tu ti senti triste, vero?». A nove mesi il bambino comincia a comprendere che il papà conosce i suoi sentimenti. Prima, quando un genitore empatizzava con il bambino, riflettendo verso il bambino, con l'inflessione della voce, la mimica facciale e il linguaggio corporeo, i sentimenti che il piccolo aveva espresso, il bimbo imparava a conoscere il mondo dell'espressione emotiva. Ma il bambino non era ancora consapevole che genitore e figlio potessero realmente avere *gli stessi pensieri e sentimenti*. Ora il bambino sa che è possibile tale condivisione e ciò rafforza il crescente legame emotivo tra genitore e figlio. Questa nuova comprensione è un progresso importantissimo nell'Allenamento emotivo, perché rende possibile un autentico dialogo sui sentimenti.

Nello stesso tempo il bambino sviluppa l'idea che gli oggetti e le persone della sua vita posseggono una certa permanenza e costanza. Il fatto che la palla, rotolando sotto la sedia, non è più visibile, non significa che la palla non esista più. Anche se la mamma è uscita dalla stanza e non può sentirmi, lei fa ancora parte del mio mondo ed è in grado di ritornare.

Quando il bambino esplora questa idea della «permanenza oggettiva», può essere affascinato da giochi con piccoli oggetti, che il bimbo tira fuori da alcuni contenitori per poi rimetterli dentro, nascondendoli e quindi facendoli ricomparire. Oppure, può ripetutamente buttare via il cucchiaio dal seggiolone in un punto dove non può più vederlo per poi chiedervi di riportarglielo. Questa comprensione nascente della permanenza degli oggetti e delle persone può essere collegata a un altro importante sviluppo nella vita del vostro bambino: il suo crescente attaccamento a persone specifiche, ossia ai genitori. Ora che è sicuro che voi esistete anche quando non siete presenti, il bambino può sentire la vostra mancanza e chiedervi di restare con lui. Può cominciare a fare i capricci quando vede che indossate il soprabito o quando avverte da altri segnali che state per andarvene. Quando voi siete via, il bimbo ha la sensazione che dovete essere *da qualche parte*, ma non sa dove e questo può turbarlo. Inoltre, ha pochissimo senso del tempo e perciò gli è difficile capire per quanto tempo siete stati assenti.

Gli psicologi che studiano l'attaccamento infantile hanno osservato le reazioni dei bambini di un anno quando vengono accuditi da adulti che non conoscono, oppure quando i genitori partono o ritornano. Hanno scoperto che i bambini che si sentono sicuri possono mostrarsi alterati al ritorno dei genitori, ma poi si lasciano confortare e si stringono al corpo dei genitori quando questi li tengono in braccio e parlano con loro. Ma il bambino che si sente insicuro sulla disponibilità emotiva dei genitori risponde in maniera diversa al ricongiungimento con essi dopo la loro assenza. In genere procede in uno di questi due modi: o con indifferenza e distacco, ignorando i genitori che tornano e comportandosi come se nulla fosse e come se stesse benissimo, tanto che quando i genitori cercano di confortarlo, può allontanarli da sé, invece di stringersi a loro. L'altro modo è invece ansioso e preoccupato, con il bimbo che si aggrappa strettamente al genitore appena tornato e non si lascia consolare facilmente. Se vostro figlio dimostra tali segni di insicurezza può darsi che abbia bisogno di una maggiore disponibilità emotiva quando siete con lui. In altre parole ha bisogno che voi rispondiate alle sue espressioni emotive con empatia, interesse e affetto, cose che rafforzano il legame emotivo.

Per aiutare un bambino di questa età ad affrontare l'ansia di separazione che si presenta di solito quando i genitori devono andarsene, rassicuratelo che tornerete. Ricordatevi che, sebbene un bambino di un anno non sia capace di parlare bene, in genere capisce gran parte del vostro linguaggio e perciò le vostre rassicurazioni possono essere efficaci. Tenete anche a mente che il bambino si aspetta da voi segnali emotivi e pertanto se vi mostrate ansiosi o timorosi per la partenza, può darsi che il bimbo colga in voi questa emozione e la provi a sua volta. Perciò è bene lasciare il bambino con qualcuno di cui avete piena fiducia e far sì che voi e il bimbo abbiate il tempo di familiarizzare con questa persona prima della vostra partenza. Questo vi tranquillizzerà entrambi. Infine, potete aiutare il bambino ad abituarsi a stare lontano da voi, lasciandogli esplorare da solo spazi separati della casa. Se per esempio si sposta carponi in un'altra stanza (posto che sia priva di pericoli per un bambino), lasciatelo da solo per un po', prima di andare a controllare. Se siete insieme nella stessa stanza e voi dovete allontanarvi, ditegli dove andate e che tornerete dopo pochi minuti. Gradualmente il bambino si formerà l'idea che i genitori possono andarsene e che questo non comporta nulla di terribile; inoltre capirà che ci si può fidare dei genitori, quando dicono che torneranno.

Ricordatevi che potete aiutare vostro figlio a sentirsi più sicuro e più emotivamente legato a voi, esprimendo la vostra comprensione dei suoi pensieri e sentimenti. Potete farlo di tanto in tanto, quando vi occupate di lui e giocate con lui. Oppure, potete continuare a inventare giochi che incoraggino l'imitazione e l'espressione di una vasta gamma di emozioni. Un gioco che abbiamo inventato io e Moriah quando lei aveva questa età l'abbiamo chiamato «Le persone». Ogni sera io prendevo una penna e disegnavo una diversa espressione del volto su ogni dito di una mano. Il pollice sembrava sempre arrabbiato, l'indice triste, il medio impaurito, l'anulare sorpreso e il mignolo contento. Poi Moriah si sedeva sulle mie ginocchia e parlavamo con queste persone su com'era stata la loro e la nostra giornata. Il pollice diceva: «Oh, ho avuto una brutta giornata. Sono così infuriato che potrei prendere a calci qualcosa». E l'indice diceva: «Anch'io ho avuto una brutta giornata, ma oggi ero triste e volevo piangere». Poi si rivolgevano a Moriah, chiedendole: «E tu come hai passato la giornata?». Lei ci pensava su un po' e poi afferrava il dito che più assomigliava alla sua sensazione del giorno. Questo mi offriva l'opportunità di aiutarla a dare un nome alle sue emozioni. «Oh, oggi hai passato una giornata triste.» Dopo che lei ebbe imparato a parlare un po' meglio, accompagnava il gesto con le sue parole. Poteva dire: «Mi è mancata la mamma». Allora io aggiungevo: «Ah, ti sei sentita triste oggi, perché ti è mancata la mamma quando è andata a lavorare,» mostrandole così la mia empatia.

«Capisco come ti sei sentita,» aggiungevo. «Qualche volta, quando la mamma va a lavorare, anch'io mi sento triste, perché mi manca.»

Gli anni dei primi passi (da uno a tre anni)

Il periodo in cui il bambino comincia a camminare è divertente ed eccitante, perché vostro figlio sviluppa il senso di se stesso e comincia a esplorare la sua autonomia. Ma per buone ragioni questo periodo è stato anche definito come quello terribile dei due anni. È l'epoca in cui i bambini diventano più decisi e per la prima volta non obbediscono. Mentre il bambino sperimenta la capacità di esprimersi con il linguaggio, lo sentirete molto spesso pronunciare parole e frasi come: «No!», «Mio!» e «Faccio da solo!» o «Faccio io!». L'Allenamento emotivo è un importante strumento che i genitori possono usare per aiutare i bambini ad affrontare il senso emergente di rabbia e di frustrazione.

Come in ogni stadio dello sviluppo è bene che i genitori guardino ai conflitti e alle sfide dal punto di vista del bambino. Poiché il primo compito evolutivo del bambino a quell'età è di affermare se stesso come un piccolo essere indipendente, cercate di evitare situazioni che gli danno l'impressione di essere privo di ogni potere e di ogni controllo. In uno dei nostri gruppi di studio, una donna ha descritto il tentativo di far ingoiare al bambino con il contagocce una medicina di color rosa prescritta dal medico per un'infezione alle orecchie Seguendo il metodo che lei aveva sempre usato da quando il bambino era neonato, la madre lo avvolse in un asciugamano, lo fece stendere e cercò di fargli ingoiare la medicina. «Ma lui si oppose con tutte le forze e si rifiutò di prenderla,» spiegò la donna. «Allora venne mia sorella, mi tolse il contagocce e disse a mio figlio: "Vuoi farlo da solo?". Mio figlio annuì, prese il contagocce, spremette la medicina nella bocca e inghiottì fino all'ultima goccia.» Tutto quello che il bimbo voleva era solo un po' di controllo sulla situazione.

Quando state insieme a bambini di questa età, è bene offrire loro qualche piccola (ma effettiva) scelta. Invece di dire: «Fuori è freddo. Devi mettere il cappottino», dite: «Cosa vorresti indossare oggi? Il giubbotto o il maglione?». Imponete limiti al bimbo solo in ciò che riguarda la sua sicurezza e la vostra serenità. Poter disporre di una stanza nella quale il bambino possa giocare liberamente senza il pericolo di farsi male facilita le cose.

Mentre i bambini cercano di affermare se stessi, diventano sempre più interessati agli altri bambini. In realtà, sin dalla più tenera età, sembrano essere acutamente consapevoli delle differenze e delle somiglianze fra le persone che sono più simili a loro. Lo psicologo ricercatore T.G.R. Bower ha mostrato che i bambini piccoli preferivano guardare filmati nei quali era ritratto un ragazzetto, mentre le bambine piccole preferivano guardare filmati che avevano per protagonista una ragazzina. Sorprendentemente, quando Bower creò un filmato che mostrava solo punti luminosi collocati nelle articolazioni dei ragazzini che si muovevano davanti alla telecamera (un punto luminoso sul ginocchio, un altro sul gomito e così via), constatò ancora una volta che i bambini piccoli preferivano il filmato che raffigurava i punti luminosi del ragazzino, mentre le bimbe preferivano quello con i punti luminosi della ragazzina.[9]

Anche se i bambini da uno a tre anni possono essere molto attratti l'uno dall'altro, non hanno ancora le abilità sociali necessarie per giocare insieme. Anzi, i tentativi di giocare insieme e di condividere i giocattoli sono spesso difficoltosi, date le «regole di proprietà del bambino» a quell'età, che sono: 1) se lo vedo io, è mio; 2) se è tuo e io lo voglio, è mio; 3) se è mio, è mio per sempre. I genitori dovrebbero capire che simili atteggiamenti non derivano da cattiveria, ma sono semplicemente un'espressione del senso dell'io che si sviluppa nel bambino tra gli uno e i tre anni. A quell'età i bambini sanno prendere in considerazione soltanto il proprio punto di vista e sono incapaci di capire che gli altri possono pensarla diversamente. Di conseguenza, il concetto di condivisione non ha per loro significato alcuno.

C'è un lato positivo nei conflitti tra i bambini per i giocattoli e nelle esplosioni emotive che ne risultano. Tali episodi offrono eccellenti occasioni per l'Allenamento emotivo. I genitori possono aiutare i propri bambini a riconoscere e a dare un nome alla rabbia o alla frustrazione. («Sei arrabbiata quando qualcuno ti prende la bambola», oppure: «Ti senti frustrata di non poter avere subito quella palla».) I genitori possono anche iniziare a esplorare la risoluzione dei problemi insieme ai figli, introducendoli all'idea di giocare a turno con un altro bambino con lo stesso giocattolo. Se un conflitto degenera in uno scontro fisico, fate capire all'aggressore

---

[9] T.G.R. Bower, *The Rational Infant*, New York, W.H. Freeman & Co., 1989.

che «non si picchiano» i compagni di gioco quando si è arrabbiati, e rivolgete la vostra attenzione alla vittima, offrendo empatia e conforto.

Ricordate anche di elogiare e incoraggiare il vostro bambino ogni volta che dimostra anche il minimo segno di disponibilità a dividere con altri le sue cose, ma non aspettatevi che lo faccia. A questa età, in genere, è più comune il gioco parallelo, nel quale ogni bambino sta nel proprio spazio e gioca per conto suo, mentre gli altri bambini presenti fanno altrettanto.

I conflitti di proprietà dei bambini non verranno mai completamente eliminati. Ma per ragioni di serenità, può darsi che vogliate ridurli al minimo. Potete riuscirci spiegando ai bambini che, quando si trovano a casa di un amico o all'asilo, devono prendere un giocattolo solo se hanno intenzione di condividerlo con gli altri. E quando vostro figlio aspetta l'arrivo di altri bambini per giocare insieme a casa vostra, fategli scegliere pochi giocattoli speciali che i visitatori non potranno prendere. Poi, con una sorta di rito cerimoniale, metteli via prima che arrivino gli altri. Questo può dare al bambino quel senso di potere e di controllo di cui è in cerca.

Oltre alla crescente consapevolezza di sé come di un essere separato dagli altri, un'altra pietra miliare che viene posta in quel periodo è costituita dall'interesse sempre maggiore del bambino per il gioco simbolico o simulato. Qualche volta i bambini di due o tre anni cominciano ad agire imitando comportamenti che hanno osservato in altri membri della famiglia. La novità in questo caso è rappresentata dalla capacità del bambino di immagazzinare nella mente i ricordi di azioni e di eventi per poi utilizzarli in un tempo successivo a scopo imitativo. È divertente osservare un bambino di due anni che finge di cucinare, di farsi la barba, di pulire il pavimento o di parlare al telefono. Vedere una bambina che dà dolcemente il bacio della buonanotte al suo orsacchiotto o che rimprovera aspramente la bambola per essersi comportata male può servire a ricordarci in maniera toccante che i bambini imparano molto a gestire le proprie emozioni osservando coloro che li circondano.

Dai quattro ai sette anni

All'età di quattro anni i bambini, in genere, conoscono il mondo esterno, incontrano nuovi amici, passano il tempo in ambienti diversi, imparano tante cose nuove ed eccitanti. Insieme a queste esperienze si profilano nuove sfide: la scuola è divertente, ma ben presto gli insegnanti desiderano che il bambino sia capace di restare seduto in silenzio, insieme agli altri, e di fare attenzione a ciò di cui si parla. In genere il bambino sa come andare d'accordo con gli amici, ma qualche volta essi lo fanno arrabbiare o offendono i suoi sentimenti. E ora che il bambino è abbastanza grande da capire orrori come gli incendi, le guerre, i ladri che violano la sicurezza della casa e la morte, deve lottare per non essere sopraffatto da queste paure.

Per vincere queste sfide, si richiede la capacità di dominare le emozioni, uno dei maggiori compiti evolutivi che i bambini devono affrontare dai quattro ai sette anni. Intendo dire che i bambini devono imparare a inibirsi comportamenti inopportuni, a concentrarsi e a organizzarsi al servizio di uno scopo esterno.

In nessun altro contesto come nei rapporti con i compagni i bambini hanno maggiore probabilità di sviluppare la capacità di dominare le proprie emozioni. È lì che imparano a comunicare con chiarezza, a scambiarsi informazioni e a chiarire i loro messaggi se non vengono capiti. Imparano a parlare e a giocare a turno. Imparano a condividere le cose. Imparano a trovare una base comune per il gioco, ad avere contrasti e a risolverli. Imparano a capire i sentimenti e i desideri degli altri.

Poiché l'amicizia offre un terreno così fertile per lo sviluppo emotivo, incoraggio i genitori a far sì che i loro bambini trascorrano molto tempo libero da soli con i propri amichetti. Sappiamo che anche un bambino molto piccolo può formare legami forti e duraturi con gli altri bimbi. E sappiamo che questi rapporti dovrebbero essere presi sul serio e rispettati dai genitori.

A quest'età in genere i bambini giocano meglio in coppia. Ciò dipende dal fatto che i bambini dai quattro ai sette anni spesso faticano a capire come gestire più di un rapporto per volta. Come genitori, potete trovare difficile questo aspetto, soprattutto se assistete alla scena di due bambini che ne respingono un terzo che cerca di giocare con loro. Ma è utile rammentare che questi atteggiamenti non necessariamente provengono da un'indole cattiva. I bambini vogliono semplicemente proteggere il gioco che sono riusciti a costruire in coppia. Incapaci come sono di esprimere questo desiderio in termini comprensibili o accettabili dal terzo bambino («Billy, mi dispiace, ma la coppia è la più ampia unità sociale che possiamo tollerare in questa fase del nostro sviluppo»), i bambini in genere ricorrono a tattiche più dure e brutali, dicendo: «Vattene via Billy. Tu non sei più nostro amico!». Qualche bambino può farlo persino con i genitori e dire: «Vai via, papà! Non ti voglio più bene. Voglio bene solo alla mamma!». Ciò che il bambino in realtà vuol dire è che vuol godere dell'intimità che ha stabilito in quel momento con la mamma. Poiché le cose stanno così, il papà non deve prendersela per questo rifiuto. I bambini possono essere molto volubili. Non è insolito che due bambini ne rifiutino un terzo e pochi minuti dopo cambino idea, accogliendo il bambino respinto e coinvolgendolo in un nuovo gioco o in una nuova attività.

Qual è allora il miglior modo di reagire quando vedete vostro figlio che esclude dal gioco un terzo bambino? Suggerisco di dare qualche indicazione al proprio figlio su come intrattenere gentilmente i rapporti sociali, soprattutto se giudicate importante instillare in lui i valori della gentilezza e dell'attenzione ai sentimenti altrui. Potete suggerirgli di usare qualche semplice parola per spiegare la situazione a un terzo bambino. Ad esempio, vostra figlia potrebbe dire: «Ora voglio giocare da sola con Jennifer. Ma spero di poter giocare insieme con te dopo».

Se è vostro figlio a rimanere escluso, è importante riconoscere i suoi sentimenti, soprattutto se si sente triste o arrabbiato per la situazione. Poi potete aiutarlo a trovare il modo di risolvere il problema, sia invitando un altro bambino a giocare con lui, sia trovando qualcosa di divertente da fare da solo. La conversazione tra Megan e la madre a p. 108 e seguenti offre l'esempio di un genitore che usa l'Allenamento emotivo per affrontare con successo questa situazione.

Oltre a insegnare importanti abilità sociali, l'amicizia fra i bambini li sprona anche a svolgere giochi di fantasia, consentendo loro di innalzarsi a un livello creativo, con l'invenzione di personaggi e la recita di storie. Spesso gli amici usano la fantasia per aiutarsi l'un l'altro a risolvere problemi che li rendono perplessi e ad affrontare le tensioni della vita quotidiana. Questo significa che i giochi di simulazione facilitano lo sviluppo emotivo del bambino, aiutandolo a evocare sentimenti repressi allo stesso modo in cui gli adulti possono ricorrere alla visualizzazione o all'ipnosi. La mia ex allieva Laurie Kramer ha scoperto, ad esempio, che i giochi di fantasia con un altro bambino erano il miglior modo per aiutare un bambino ad accettare la nascita di un fratellino o di una sorellina. Facendo in modo che i loro compagni di giochi assumessero il ruolo del neonato, i nuovi «fratelli e sorelle più grandi» potevano esplorare un'ampia gamma di sentimenti verso il neonato, che andavano dall'ostilità alla tenerezza. Assumendo il ruolo di genitori, avevano l'opportunità di giocare con il piccolo, di impartirgli degli insegnamenti, di rimproverarlo e di nutrirlo.[10]

In altre ricerche ho assistito al fatto che i bambini nei giochi di fantasia rivelano una stupefacente profondità di sentimenti. Abbiamo visto una bambina, che giocava a fare la donna di casa, rivolgersi a una compagna di giochi, dicendole: «Noi non dobbiamo andare a dormire ogni minuto come fanno la mia mamma e Jimmy (il nuovo compagno della madre). Noi non siamo stanche come loro». Poco dopo, l'amichetta le chiese: «Che cosa ti dice tua mamma quando chiude la porta?». La bambi-

---

[10] L. Kramer e J. Gottman, *Becoming a Sibling: with a Little Help from My Friends*, «Developmental Psychology», vol. 28 (1992), pp. 685-99.

na rispose: «Dice: "Non venire dentro"». Non capendo perché la madre la escludesse dalla camera, la bambina aggiunse: «Non vuole che le stia vicino. Non mi vuole bene».

Sapendo che la fantasia può offrire l'accesso ai pensieri e alle preoccupazioni di un bambino, i genitori-allenatori possono praticare giochi di simulazione come tecnica per entrare in rapporto con il figlio a quest'età. Di solito i bambini proiettano idee, desideri, frustrazioni e timori su un oggetto come una bambola o un altro giocattolo. I genitori possono incoraggiare l'esplorazione dei sentimenti e offrire rassicurazioni, riflettendo sulle indicazioni che si ricavano dal rapporto del bambino con il suo giocattolo oppure assumendo essi stessi il ruolo di un secondo giocattolo o in entrambi i modi. Ecco un esempio di conversazione di questo tenore. Notate come il genitore nel corso del dialogo utilizza facilmente la proiezione fantastica del bambino:

Bambino: Quest'orso è orfano, perché i suoi genitori non lo vogliono più.
Papà: La mamma e il papà dell'orso sono partiti?
Bambino: Sì, sono andati via.
Papà: Torneranno da lui?
Bambino: No, mai.
Papà: Perché se ne sono andati?
Bambino: Perché l'orso era cattivo.
Papà: Che cosa faceva?
Bambino: Era arrabbiato con mamma orsa.
Papà: Penso che qualche volta sia normale arrabbiarsi. Lei tornerà.
Bambino: Sì. Eccola che torna.

Papà: (prendendo un altro orsacchiotto e fingendo di parlare come mamma orsa) Sono dovuta andare a buttare via i rifiuti. Ora sono tornata.

Bambino: Ciao, mamma!

Papà: Tu ti sei arrabbiato, ma è normale. Anch'io qualche volta mi arrabbio.

Bambino: Lo so.

Incoraggiare i bambini a fingere richiede davvero molta abilità, ma una volta che si è imparato, lo si può praticare in modi semplici ed efficaci. Per esempio vostro figlio può desiderare di essere più grande e più forte e perciò può dire: «Ero molto piccolo, ma ora riesco a sollevare la sponda del divano. Lo sai che Superman è perfino capace di volare?». È come se il bambino stia chiedendo il permesso di diventare Superman, per esplorare queste sensazioni di potere e di sicurezza di sé. Voi potete fare la vostra parte per incoraggiare la sua fantasia semplicemente dicendogli: «Piacere di incontrarti, Superman. Stai per volare adesso?».

I bambini, mentre fanno con voi un gioco di simulazione, possono anche mischiare al gioco conversazioni su situazioni della vita reale. Non siate sorpresi se, in mezzo a un gioco con Barbie o con Power Ranger, vostro figlio all'improvviso dice: «Mi fa paura stare di nuovo con quella baby-sitter», oppure «Che età avrò, quando morirò?».

Anche se l'origine di idee simili può restare per voi misteriosa, è ovvio che qualcosa nel gioco deve aver suscitato un'emozione che il bambino vuole condividere. L'intimità e la spontaneità del gioco di simulazione gli hanno dato la sensazione di essere al sicuro con voi e molto vicino a voi; perciò il bambino ha lasciato affiorare alla superficie un tema delicato. Siccome, momentaneamente, il bambino ha interrotto il gioco simulato per esplorare la sua emozione, è forse meglio che anche voi sospendiate il gioco e che abbiate con lui una conversazione a cuore aperto sulla paura che sta provando.

Un motivo per cui i giochi di fantasia sono così graditi dai bambini dai quattro ai sette anni è forse perché li aiutano a fare i conti con molte forme di ansia assai intense a quell'età. Anche se il numero di paure che un bambino affronta può sembrare infinito, in realtà si basano tutte su pochi fattori:

Paura dell'impotenza
Una volta ho ascoltato per caso due bambini di cinque anni discutere di «tutte le cose nel mondo che possono ucciderti». Parlavano di «ladri, persone cattive, mostri» e la paura più temibile di tutte era quella dello «squalo». Discutevano dei modi in cui potevano distruggere queste realtà spaventose. Poi parlavano di come avevano avuto paura di «cose stupide come il buio» quand'erano più piccoli. Ma ora che erano grandi, dicevano compiaciuti, non erano più spaventati da una sciocchezza simile.

Questa conversazione mi fece pensare che, se anche noi potessimo in qualche modo proteggere i bambini dalla consapevolezza di tutti i pericoli che realmente esistono nel mondo, essi si inventerebbero i loro mostri. Questo deriva dal fatto che tali fantasie li aiutano a fronteggiare le loro sensazioni naturali di impotenza e di vulnerabilità. Anche se i bambini provano repulsione e paura dinanzi alla potenza dei mostri, piace loro immaginare di riuscire a sottomettere ciò che temono. Questo li aiuta a sentirsi più potenti e meno vulnerabili.

I genitori-allenatori possono fare la loro parte per aiutare i bambini a sentirsi meno impotenti. Come per i bimbi piccoli, anche i bambini più grandi aumentano l'autostima quando viene offerta loro la possibilità di scegliere cosa indossare, cosa mangiare, come giocare e così via. Un'altra importante strategia è consentire ai bambini di fare ciò che essi si sentono pronti a fare. Che stiano imparando a lavarsi i capelli o a iniziare un nuovo gioco al computer, i bambini hanno bisogno che i genitori li incoraggino e li guidino senza essere troppo invadenti. Se, ad esempio, vostro figlio prova frustrazione mentre cerca di allacciarsi le scarpe, resistete all'impulso di allacciargliele voi, un gesto che gli farebbe capire come voi lo consideriate un incapace. Al contrario, offrite parole di comprensione come: «Qualche volta i lacci lunghi possono essere complicati». Anche se il bambino finisce con il ricorrere al vostro aiuto, voi avrete dimostrato di capire il suo stato d'animo.

Paura dell'abbandono

C'è una ragione naturale per cui i bambini a questa età sono affascinati da storie come Biancaneve, dove un padre muore e lascia la figlia in balia di una matrigna malvagia, oppure Oliwer Twist, dove un ragazzo deve cavarsela da solo nella condizione di orfano, mendicante e ladro. Queste storie danno voce a una paura comune a molti bambini di quell'età, ossia di venire un giorno abbandonati.

Siccome questa paura nei bambini è autentica e penetrante, sconsiglio i genitori di usarla per minacciare, per imporre la disciplina o persino per «scherzare» con i figli. Ogni volta che sentite i vostri bambini esprimere questa paura, potete usare le vostre doti di genitore-allenatore per riconoscere i loro sentimenti. Rassicurateli che vi prenderete sempre cura di loro, che li amerete e li assisterete.

Paura del buio

Per i bambini, il buio può rappresentare il grande sconosciuto, il luogo dove giacciono tutte le loro paure e i loro mostri. Con la crescita, i bambini imparano che il buio non è necessariamente spaventoso. Ma a quest'età, è più che ragionevole che i bambini cerchino il conforto della luce e la sicurezza che voi siete vicini e a portata di mano in caso di bisogno.

Sbarazzatevi dell'idea che un bambino possa diventare più forte attraverso la vostra negazione della sua paura del buio. Conoscevo un papà che, quando il suo bambino nel buio della sua cameretta gli chiedeva di accendere la luce, non lo accontentava, perché temeva che il bambino sarebbe diventato un «rammollito». Ma, dopo alcune notti, il padre capì che il bambino diventava sempre più ansioso. Oltre alla paura del buio, il bambino si preoccupava di perdere l'approvazione paterna. Inoltre temeva che, rimanendo sveglio la notte, non avrebbe potuto seguire le lezioni a scuola il giorno dopo. Il padre si accorse in tempo dell'errore, installò una luce notturna e ora tutta la famiglia dorme più tranquillamente.

Paura dei brutti sogni

Gli incubi sono naturalmente spaventosi per quasi tutti i bambini, ma possono esserlo particolarmente per i più piccoli, che fanno fatica a distinguere i sogni dalla realtà. Se vostro figlio si sveglia piangendo per un sogno, cercate di tenerlo stretto e di parlargli del sogno, spiegandogli che non era vero. State con lui, finché si calma, e rassicuratelo dicendogli che le brutte immagini sono sparite e che adesso è al sicuro.

Oltre a questo, si possono aiutare i bambini leggendo loro racconti che spiegano che cos'è il sonno e cosa sono i sogni. Un libro particolarmente bello è *Annie Stories* di Doris Brett, che ha inventato questi racconti per aiutare la figlia a superare gli incubi.[11] Nel libro Annie racconta alla madre di una tigre malvagia che la inseguiva nei suoi sogni. La madre dà ad Annie un anello magico invisibile da portare con sé quando dorme e da usare nel sogno. Poi, quando la tigre comincia di nuovo a inseguire Annie, la bambina si ricorda dell'anello e affronta la tigre. Scoprendo che la tigre vuole soltanto esserle amica, Annie acquista così un alleato con il quale può combattere le altre sue paure.

Quando ho raccontato a mia figlia Moriah la storia di Annie, lei ha deciso di ribattezzare la protagonista con il proprio nome. Più tardi l'ho trovata nel bagno che si raccontava la storia guardandosi allo specchio. Dopo aver appreso la storia di Annie, la forte paura che mia figlia Moriah aveva per i suoi incubi si attenuò rapidamente. Moriah, di tanto in tanto, ha ancora dei brutti sogni, che però non la spaventano più come in passato.

---

[11] D. Brett, *Annie Stories: A Special Kind of Storytelling*, New York, Workman, 1986.

Paura del conflitto tra i genitori
Come abbiamo visto nel capitolo 5, il conflitto tra i genitori può turbare i figli, che spesso avvertono che i litigi domestici possono mettere a repentaglio la loro sicurezza. Crescendo e acquistando consapevolezza delle conseguenze degli scontri tra i genitori, i bambini possono anche temere che il conflitto tra mamma e papà porterà alla separazione e al divorzio. Inoltre i bambini spesso si ritengono responsabili del conflitto e credono che i problemi siano insorti per colpa loro. Possono arrivare a credere di avere la capacità di risolvere il conflitto e che sia compito loro tenere unita la famiglia.

I genitori dovrebbero ricordarsi di non coinvolgere troppo i figli nei propri conflitti (vedi capitolo 5). Inoltre, quando i figli assistono a un litigio tra i genitori, è necessario aiutarli a superare il disagio facendoli assistere anche alla soluzione del contrasto. Come mostra l'opera dello psicologo E. Mark Cummings, anche se i bambini non capiscono bene la risoluzione verbale del conflitto, possono sentirsi confortati vedendo che mamma e papà si scambiano un sincero abbraccio di riconciliazione e di perdono.[12]

Paura della morte
I bambini a quest'età si rendono conto della morte e possono farvi domande dirette in merito. È importante che siate sinceri e che dimostriate di comprendere le loro preoccupazioni, non giudicandole sciocche o futili. Se vostro figlio ha perso un amico, un parente o un ani-

---

[12] E.M. Cummings, *Coping with Background Anger in Early Childhood*, «Child Development», vol 58 (1987).

male, in seguito alla loro morte, potete partecipare alla sua tristezza e consolarlo con affetto. Cercare di ignorare o minimizzare la sofferenza e la paura di vostro figlio, non servirà a farle scomparire. I bambini si renderanno invece conto che voi vi sentite a disagio quando dovete parlare della morte e ciò impedirà a vostro figlio di comunicarvi in futuro sentimenti importanti.

Quali che siano le paure di vostro figlio, è importante ricordare che la paura è un'emozione naturale e che nella vita dei bambini e dei ragazzi può svolgere una funzione salutare. Anche se i bambini non dovrebbero essere così timorosi da inibirsi l'esplorazione e l'apprendimento di cose nuove, è altresì necessario che sappiano che il mondo talvolta è un luogo pericoloso. Sotto questo profilo, la paura può servire a rendere i bambini opportunamente prudenti.

Ricordatevi di utilizzare le tecniche fondamentali dell'Allenamento emotivo quando parlate con vostro figlio delle sue paure. Ciò significa che dovete aiutarlo a riconoscere e a classificare la paura, quando si manifesta, parlando dei suoi timori con empatia e ideando soluzioni per affrontare i diversi pericoli. Parlare dei modi per affrontare i pericoli della vita reale come gli incendi, gli estranei o le malattie offre una buona opportunità per discutere anche la questione della prevenzione. Se per esempio vostro figlio ha paura del fuoco, potete rispondere dicendogli: «L'idea che la nostra casa prenda fuoco è spaventosa. Per questo noi abbiamo un allarme che scatta con il fumo e ci avverte che qualcosa sta bruciando».

Inoltre rammentate che i bambini possono parlare delle proprie paure in maniera indiretta. Un bambino che vi chiede se esistono ancora gli orfanotrofi probabilmente non è interessato a conoscere i problemi dell'assistenza all'infanzia, ma sta pensando alla propria paura di essere abbandonato. Perciò siate attenti all'emozione che sta dietro la domanda, specialmente quando vostro figlio interroga voi o altri su temi paurosi come l'abbandono o la morte.

Dagli otto ai dodici anni

Durante questo periodo, i ragazzi cominciano a entrare in rapporto con gruppi sociali più vasti e a capire l'influenza dell'ambiente sociale. Possono iniziare ad accorgersi di chi è integrato e di chi è emarginato dai compagni. Nello stesso tempo, sviluppano le capacità cognitive e apprendono il potere dell'intelletto sopra le emozioni.

A seguito della crescente consapevolezza di vostro figlio dell'influenza dei coetanei, potrete accorgervi che una delle sue motivazioni primarie è quella di evitare a tutti i costi di trovarsi in imbarazzo. I ragazzi a questa età spesso sono molto attenti agli abiti che indossano, allo zainetto che portano a scuola, al tipo di attività che svolgono davanti agli altri. Si sforzano in ogni modo di evitare di attirare l'attenzione su di sé, soprattutto se questo può portare a essere presi in giro o criticati dagli amici. Anche se questo atteggiamento può irritare quei genitori che vogliono che i propri figli siano leader e non gregari, a quest'età il conformismo è qualcosa di salutare. Significa che vostro figlio sta imparando bene a decifrare i segnali sociali, un'abilità che gli servirà per tutta la vita. E in questo periodo tale capacità è particolarmente importante, perché a quest'età i ragazzi sanno essere spietati nello schernire e nell'umiliare gli altri. Anzi, a quest'età il fattore che condiziona più di ogni altro il comportamento dei ragazzi è la paura di essere scherniti dai compagni. Ciò accade tra le ragazze non meno che tra i ragazzi, anche se tra i maschi le prese in giro possono sfociare nello scontro fisico.

Visto che la posta in gioco è così alta, i ragazzi imparano presto che la risposta migliore allo scherno è di non mostrare emozione alcuna. Protestare, piangere, arrabbiarsi quando il capo dei beffeggiatori vi ruba il berretto o vi apostrofa con termini insultanti servirà solo a subire ulteriori umiliazioni e a essere ancor più emarginato. Se invece restate indifferenti, avrete una buona probabilità di conservare intatta la vostra dignità. A seguito di questa dinamica, i bambini eseguono una sorta di «emozionectomia», eliminando i sentimenti dall'area dei rapporti con i compagni. Anche se sono in molti a riuscirci, i nostri studi hanno dimostrato che coloro che ci riescono meglio sono quelli che hanno appreso, mediante l'Allenamento emotivo, a dominare le proprie emozioni sin da quando erano piccoli.

Quest'atteggiamento di «freddezza» nei rapporti con i compagni può confondere i genitori che sono stati efficaci allenatori-emotivi dei propri figli. Nei nostri gruppi di studio, abbiamo riscontrato che le mamme e i papà spesso pensano erroneamente che tutto ciò di cui hanno bisogno i ragazzi di quest'età quando entrano in conflitto con un compagno, è di manifestare i propri sentimenti all'altro ragazzo e di trovare insieme una soluzione. Anche se questa strategia funziona nell'età prescolare, può rivelarsi disastrosa in età successiva, quando l'espressione delle emozioni è regolata dall'ambiente sociale. I ragazzi che hanno ricevuto l'Allenamento emotivo hanno maggiori probabilità di sviluppare l'intuito sociale che consente loro di riconoscere questa trasformazione. Essi saranno capaci di leggere i segnali dei compagni e di reagire in maniera appropriata.

Nello stesso tempo i ragazzi cercano di soffocare le emozioni e diventano più consapevoli del potere dell'intelletto. All'età di dieci anni circa, molti sperimentano una straordinaria crescita della capacità di ragionamento logico. Li paragonerei volentieri al dottor Spock di *Star Trek*, che accantona i sentimenti, ma si trova benissimo nel mondo logico della ragione. I ragazzi si divertono a rispondere al mondo come se le loro menti fossero computer. Se per esempio dite a un ragazzino di nove anni: «Raccogli i calzini,» può accadere che lui li prenda entrambi, li sollevi e poi li rimetta dov'erano, dicendovi: «Non mi hai detto di *portarli via*».

Questa impudente irrisione del mondo adulto è tipica di un ragazzo che guarda alla vita in termini di alternative secche, di bianco e nero, di giusto o sbagliato. Improvvisamente consapevole dei canoni arbitrari e illogici vigenti nella realtà, un preadolescente può iniziare a percepire la vita come un gigantesco stupidario. Gli adulti vengono giudicati ipocriti e le «emozioni» preferite dai ragazzi diventano la derisione e il disprezzo verso i grandi.

Da questi giudizi e valutazioni emerge nel ragazzo il sentimento dei propri valori. Potete notare che a quest'età vostro figlio si interessa a ciò che è moralmente giusto o ingiusto. Può immaginare un «mondo puro», dove tutti sono trattati come uguali, dove il nazismo e la guerra non dovrebbero mai sorgere, dove la tirannia non potrebbe mai esistere. Il ragazzo può disprezzare il mondo degli adulti, che ha potuto consentire che avvenissero atrocità così grandi come la tratta degli schiavi e le persecuzioni dell'Inquisizione. Il ragazzo comincerà a dubitare, a contestare, a pensare di testa propria.

Ovviamente, il paradosso sta nella sua simultanea adesione conformistica ai canoni arbitrari e tirannici del gruppo dei compagni. Nello stesso momento in cui il ragazzo o la ragazza rivendica il diritto individuale alla libertà di espressione, limita il proprio guardaroba a un solo genere di vestiti alla moda. Una ragazza, che è profondamente ostile allo sfruttamento crudele degli animali da parte dell'industria dei cosmetici, può partecipare a un complotto per escludere una certa compagna di classe dalla partita di basket durante l'intervallo.

Come può un genitore reagire a tali contraddizioni? Il mio parere è di lasciar perdere, riconoscendo che si tratta di un periodo di esplorazione. Bisogna rendersi conto che la totale adesione dei ragazzi alle regole arbitrarie del mondo dei loro coetanei fa parte di uno sviluppo sano e normale. È espressione della loro capacità di riconoscere nel mondo dei coetanei norme e valori che sono legati all'accettazione e alla volontà di evitare l'emarginazione.

Se scoprite che vostro figlio è corresponsabile di un comportamento ingiusto nei confronti di un altro ragazzo, ditegli qual è il vostro pensiero. Cogliete l'occasione per comunicargli i vostri valori relativi alla gentilezza e alla correttezza verso gli altri. Ma, a meno che l'episodio non sia stato davvero grave, sono contrario a reazioni troppo aspre o a punizioni. Nei ragazzi di quest'età è normale agire in combriccola con i compagni e far sentire sugli altri la pressione del gruppo.

Se vostro figlio si lamenta di essere escluso o trattato ingiustamente dai compagni, potete usare le tecniche dell'Allenamento emotivo per aiutarlo ad affrontare i sentimenti di tristezza e rabbia. Poi, aiutatelo a trovare soluzioni al problema. Indagate per esempio su come può fare amicizie e mantenerle. Non banalizzate il desiderio di un ragazzo di conformarsi al gruppo e di vestire e agire come tutti i coetanei. Anzi, riconoscete il valore del suo desiderio di essere accettato e schieratevi dalla sua parte, aiutandolo a ottenere questo obiettivo.

Quanto all'irrisione delle convenzioni degli adulti da parte dei ragazzi, suggerisco ai genitori di non prendere in senso personale le critiche dei figli. L'impertinenza, il sarcasmo e il disprezzo per i valori degli adulti sono tendenze normali in questo periodo. Tuttavia se pensate che vostro figlio vi abbia veramente trattato in maniera scortese, diteglielo in termini precisi («Quando prendi in giro i miei capelli, mi sembra che tu mi manchi di rispetto»). Anche in questo caso si tratta di trasmettere valori come la gentilezza e il rispetto reciproco all'interno della famiglia. Come sempre, i ragazzi a quest'età hanno bisogno di sentirsi emotivamente legati ai genitori e hanno bisogno di quella guida amorevole che scaturisce da questo legame.

Adolescenza

Gli anni dell'adolescenza sono segnati da un grande interesse per le questioni di identità: chi sono io? Cosa sto diventando? Cosa dovrei essere? Perciò non siate sorpresi se vostro figlio sembra totalmente concentrato su di sé in qualche periodo della sua adolescenza. Il suo interesse per la famiglia si indebolirà, mentre al centro della sua vita staranno i rapporti con gli amici. Dopo tutto, è attraverso le amicizie che lui scoprirà chi è fuori del contesto familiare. E tuttavia, persino nei rapporti con i compagni, un adolescente è in genere concentrato su di sé.

Nello svolgimento di una ricerca sulle amicizie dei ragazzi, ci è capitato di registrare una conversazione tra due adolescenti che sintetizzava bene l'interesse per il proprio io tipico di questa età. Dopo che due ragazze si erano appena incontrate per la prima volta, una delle due rivelò che aveva trascorso l'estate come assistente in un campeggio per bambini affetti da disturbi emotivi. Invece di chiedere particolari alla sua nuova amica, l'altra ragazza semplicemente utilizzò questa confidenza come un trampolino di lancio per parlare di sé: «Oh, molto interessante. Ma io non potrei mai farlo. Non ho pazienza. Mia sorella qualche volta mi dà in braccio il suo bambino piccolo e penso che sia molto carino, ma quando piange, glielo ridò subito. "No grazie mille," le dico. Penso che non potrei mai essere una mamma. In nessun modo. Non ho pazienza. Non capisco come hai potuto avere la pazienza di fare da assistente a quei ragazzi. Immagino che dovrei essere più simile a te, ma non sono sicura che potrei. Pensi che potrei?».

E il monologo proseguì su questo tono, con la ragazza che si paragonava alla sua nuova amica, chiedendosi a voce alta quanto fosse capace di cambiare e di crescere e considerando i tratti della propria personalità che le piacevano e quelli che detestava. Quando lasciava parlare l'amica, non lo faceva perché voleva conoscerla meglio, ma se ne serviva per mettere in risalto se stessa. Come accade a molti adolescenti, l'amicizia veniva usata come un mezzo per esplorare la propria identità.

L'esempio mostra la motivazione che soggiace alla tendenza degli adolescenti a concentrarsi su di sé. Gli adolescenti sono in viaggio per scoprire se stessi e mutano continuamente direzione, spostandosi ora da una parte ora dall'altra alla ricerca della loro vera via. Sperimentano nuove identità, nuove realtà, nuovi aspetti del proprio io. Fra gli adolescenti questa esplorazione è salutare.

La strada non è però sempre agevole. I mutamenti ormonali possono causare cambiamenti umorali rapidi e incontrollati. Nell'ambiente sociale vi sono elementi spregevoli che sfruttano la vulnerabilità dei giovanissimi, esponendoli ai rischi della droga, della violenza, del sesso non sicuro. Tuttavia l'esplorazione continua come momento naturale e inevitabile dello sviluppo umano.

Fra i compiti importanti che gli adolescenti affrontano in quest'esplorazione vi è l'integrazione di ragione ed emozione. Se i ragazzi dagli otto ai dodici anni possono essere simboleggiati dal dottor Spock, il personaggio estremamente razionale di *Star Trek*, il miglior simbolo degli adolescenti è il capitano Kirk. Nel suo ruolo di guida della navicella spaziale *Enterprise*, Kirk si trova continuamente a dover prendere decisioni in cui il suo lato umano, intensamente emotivo, si scontra con la sua inclinazione a ragionare logicamente e su basi empiriche. Ovviamente il bravo capitano trova sempre il giusto equilibrio, così da poter offrire una guida impeccabile all'equipaggio. Egli ricorre a quel discernimento che possiamo soltanto sperare venga esercitato dagli adolescenti quando si trovano in situazioni in cui il cuore propende da una parte e la ragione dall'altra.

È molto probabile che gli adolescenti si trovino a prendere decisioni simili nell'ambito della sessualità o dell'accettazione di se stessi. Una ragazza si sente sessualmente attratta da un ragazzo che lei, in verità, non stima («È così carino. Peccato che appena apre bocca, sia un disastro»). Un ragazzo si accorge di sputare sentenze che una volta contestava sulla bocca di suo padre («Non riesco a crederci! Parlo come mio papà!»). Di colpo gli adolescenti comprendono che il mondo non è bianco e nero, ma è fatto di molte sfumature di grigio e, piaccia o no, tutte quelle sfumature possono essere racchiuse nel loro stesso animo adolescenziale.

Se, durante l'adolescenza, è difficile trovare la propria strada, lo è altrettanto essere il genitore di un adolescente. Ciò si deve al fatto che gran parte dell'esplorazione dell'io da parte di un adolescente deve svolgersi senza di voi. Michael Riera, consulente familiare e autore di diversi saggi, scrive: «Fino a quel momento voi avete agito come "manager" nella vita di vostro figlio: avete organizzato le uscite a cavallo e gli appuntamenti dal medico, avete pianificato le attività fuori casa e nei fine settimana, lo avete aiutato a fare i compiti e glieli avete corretti. Avete seguito da vicino la sua vita scolastica e di solito siete stati i primi ai quali vostro figlio ha rivolto le "grandi" domande. Di colpo, niente di tutto questo è più valido. Senza preavviso e senza ascoltare il vostro parere, siete licenziati dal ruolo di manager. Ora dovete rimescolare le carte e cercare una nuova strategia. Se volete ancora influire in maniera significativa nella vita di vostro figlio durante la sua adolescenza e oltre, allora dovete ritirarvi in buon ordine per farvi riassumere come consulente».[13]

Ovviamente questa può essere una transizione delicata. Un cliente non assume un consulente che lo fa sentire un incompetente o minaccia di impadronirsi del suo giro d'affari. Un cliente vuole un consulente di cui potersi fidare, che capisce il proprio compito e offre solidi consigli che aiutano il cliente a raggiungere i suoi scopi. E in questa fase della vita, il primo scopo di un adolescente è di acquistare la propria autonomia.

Come potete dunque assolvere il vostro compito di consiglieri? Come potete stare abbastanza vicino a vostro figlio in modo da continuare a essere i genitori-allenatori, pur consentendogli durante lo sviluppo quell'indipendenza che è richiesta da un adulto in piena regola? Ecco alcune indicazioni, basate in gran parte sull'opera dello psicologo Haim Ginott.

Accettate l'idea che l'adolescenza è un periodo nel quale i figli si separano dai genitori. I genitori devono accettare, ad esempio, che gli adolescenti hanno bisogno della loro intimità. Origliare le conversazioni di vostro figlio, leggere di nascosto il suo diario o fare troppe domande inquisitorie gli dà l'impressione che voi non vi fidate di lui. Questo è di ostacolo alla comunicazione. Vostro figlio può cominciare a vedervi come il nemico invece che come l'alleato in tempi difficili.

---

[13] M. Riera, *Uncommon Sense for Parents with Teenagers*, Berkeley, Celestial Arts, 1995.

Oltre a rispettare l'intimità di un figlio, dovete rispettare il suo diritto a essere talvolta inquieto e scontento. Come ha scritto una volta il poeta e fotografo Gordon Parks, parlando della propria adolescenza: «In quell'età sofferta ero entusiasticamente infelice».[14] Lasciate che vostro figlio sperimenti la profondità di questo sentimento, evitando domande banali come: «Si può sapere che ti prende?». Vostro figlio può essere triste o arrabbiato o ansioso o abbattuto e domande simili implicano soltanto che voi disapprovate le sue emozioni.

Se, d'altro canto, vostro figlio si apre con voi, cercate di non reagire come se aveste capito subito il suo stato d'animo. In ragione di quella che per loro è una prospettiva nuova, gli adolescenti spesso credono che le loro esperienze siano uniche. Si sentono insultati quando gli adulti trovano trasparente il loro comportamento e ovvie le loro motivazioni. Perciò ascoltateli con attenzione e con mente aperta. Non presumete di sapere già tutto e di aver capito subito tutto quello che lui vi dice.

Siccome gli anni dell'adolescenza sono un periodo di definizione della propria individualità, sappiate che vostro figlio può scegliere modo di vestire, taglio di capelli, gusti musicali e artistici e modi di parlare che vi sono totalmente estranei. Ricordate che non è necessario approvare le scelte di vostro figlio, è sufficiente accettarle.

Per la stessa ragione, non cercate di emulare le scelte di vostro figlio. Lasciate che i suoi vestiti, la sua musica, i suoi gesti e il suo gergo equivalgano ai suoi occhi

---

[14] G. Parks, «Adolescence», *Whispers of Intimate Things*, New York, Viking Press, 1971.

a un'affermazione di questo tipo: «Io sono diverso dai miei genitori e ne sono fiero».

Dimostrate rispetto per vostro figlio. Pensate per un attimo a come vi sentireste se il vostro migliore amico vi trattasse nel modo in cui molti genitori trattano i figli adolescenti. Come vi sentireste a venire continuamente corretti, a sentirvi rimproverare le vostre manchevolezze o a venire presi in giro su argomenti delicati? E se il vostro amico vi impartisse lunghe prediche, spiegandovi in tono saccente cosa dovete fare nella vita e come dovete farlo? Forse pensereste che questa persona non vi rispetta abbastanza e non tiene in conto i vostri sentimenti. Col tempo, probabilmente, vi staccher este da lui, non considerandolo più un amico con il quale confidarsi.

Anche se non intendo dire che i genitori debbano trattare i figli esattamente come se fossero i loro amici (il rapporto genitore-figlio è assai più complicato), sostengo senza esitazione che gli adolescenti meritano almeno lo stesso rispetto che accordiamo ai nostri amici. Perciò, vi esorto a evitare le prese in giro, le critiche e i commenti umilianti. Trasmettete i vostri valori a vostro figlio, ma fatelo concisamente e senza toni da giudice. A nessuno piace ricevere prediche, men che meno agli adolescenti.

Quando sorgono conflitti sul comportamento di vostro figlio, non parlate di lui etichettandolo (pigro, ingordo, trasandato, egoista). Parlate invece di azioni specifiche, spiegando a vostro figlio perché quello che ha fatto vi ha colpito in senso negativo («Quando esci senza pulire i piatti, me la prendo perché devo fare anche il tuo lavoro»). Non adottate mai una sorta di psicologia dell'inversione, per esempio dicendo a vostro figlio di fare esattamente l'opposto di quello che voi in verità vorreste, nella speranza che lui si ribelli e che dunque finisca per fare proprio quello che desiderate. Simili strategie generano confusione, sono manipolative e insincere e raramente funzionano.

Inserite vostro figlio in un contesto comunitario. C'è un proverbio popolare che dice: «Per allevare un bambino ci vuole un intero villaggio». Mai come nell'adolescenza questo detto è vero. Perciò vi consiglio di fare conoscenza con le persone coinvolte nella vita quotidiana di vostro figlio, compresi i suoi amici e i genitori dei suoi amici.

Una volta ho sentito una donna parlare in una sinagoga sul lavoro che sua figlia, una studentessa universitaria, stava svolgendo per aiutare i profughi etiopi a trovare una nuova sistemazione. La madre riconobbe che l'attività della figlia era un grande gesto di carità e di benevolenza e disse che pensava che sua figlia fosse un'ottima persona. «Anche se a me e a mio marito piacerebbe avere il merito per come abbiamo allevato nostra figlia,» disse la donna, «io credo che in realtà il merito appartenga alla comunità.» La donna proseguì spiegando che durante l'adolescenza della figlia erano insorte difficoltà, momenti nei quali la ragazza era così alterata che non voleva parlare né con la mamma né con il papà. Ma durante questo periodo difficile, la donna sapeva che la figlia frequentava le case di amici e che parlava con i genitori dei suoi amici o delle sue amiche. E siccome appartenevano tutti alla stessa comunità, la madre sapeva che quelle famiglie condividevano gli stessi valori. «Avevo fiducia in questa comunità e il risultato è stato che nostra figlia è diventata una donna di cui siamo orgogliosi,» concluse la madre. «Ma non siamo stati solo noi ad allevarla. Tutta questa comunità l'ha allevata.»

Siccome noi non possiamo essere tutto per i nostri figli, tanto meno durante l'adolescenza, consiglio i genitori di offrire ai figli l'appoggio di una comunità partecipe. Ciò può avvenire mediante la sinagoga, la chiesa, la scuola o un gruppo di vicini. Può anche bastare semplicemente la vostra famiglia allargata o la rete informale delle vostre amicizie. Il punto è che dovete essere certi che i vostri ragazzi entrino in rapporto con altri adulti che condividono la vostra etica e i vostri ideali. Sono queste le persone su cui conterà vostro figlio quando, inevitabilmente e naturalmente, si distaccherà da voi e avrà tuttavia ancora bisogno di guida e di sostegno.

Incoraggiate vostro figlio a decidere da solo, pur continuando a essere il suo genitore-allenatore. Sicuramente trovare il giusto grado di coinvolgimento nella vita di vostro figlio, durante l'adolescenza, è una delle sfide più difficili che potrete affrontare da genitori. Come sempre, incoraggiare l'autonomia significa consentire ai ragazzi di fare ciò che essi si sentono di fare. È il momento in cui essi prendono decisioni su cose importanti. È anche il momento giusto per dire loro: «La scelta spetta a te». Esprimete fiducia nel giudizio di vostro figlio ed evitate di assillarlo con congetture su possibili esiti disastrosi della sua scelta.

Incoraggiare l'autonomia significa anche consentire a vostro figlio di prendere, di tanto in tanto, decisioni poco sagge, ma comunque tali da non recargli danno. Ricordate che gli adolescenti possono imparare dai propri errori quanto dai propri successi. Questo è vero soprattutto se hanno vicino un adulto che li appoggia e vuole loro bene, qualcuno che li aiuta a superare le emozioni negative e i fallimenti e a escogitare il metodo di migliorare in futuro.

Ricordate che i nostri studi indicano che avranno più successo i ragazzi che sono figli di genitori-allenatori. Saranno loro gli adolescenti con maggiore intelligenza emotiva, che meglio capiranno e accetteranno i propri sentimenti. Essi avranno avuto più esperienza degli altri ragazzi nel risolvere i problemi da soli e con l'aiuto altrui. Di conseguenza, avranno più successo negli studi e nei rapporti con i compagni. Così protetti, questi adolescenti saranno al riparo dai rischi che tutti i genitori temono quando i figli entrano nell'adolescenza: i rischi della droga, della delinquenza, della violenza e del sesso non sicuro.

Pertanto vi incito a rimanere informati su quello che accade nella vita di vostro figlio. Accettate e date valore alle sue esperienze emotive. Quando sorge un problema, siate disponibili e ascoltatelo con empatia e senza volerlo giudicare. Siate suoi alleati quando si rivolge a voi per chiedervi aiuto su un problema. Anche se queste sono precauzioni semplici, sappiamo che formano la base di un sostegno emotivo tra genitori e figli destinato a durare per tutta la vita.

Ringraziamenti

L'idea di questa ricerca sulla «meta-emozione» nacque nel 1984 quando John Gottman era in congedo e faceva visita a Robert Levenson nel laboratorio di Paul Ekman a San Francisco. La ricerca non avrebbe potuto proseguire senza il contributo di Robert Levenson, che realizzò il primo laboratorio di psicofisiologia di Gottman. Questo fu il primo studio che compimmo in quel laboratorio. La ricerca ha ricevuto anche un notevole sostegno da parte del dottor Michael Guralnick direttore del Center for Human Developmental Disabilities (CHDD), e dalle fondamentali attrezzature del CHDD come l'Instrument Development Laboratory della Università di Washington. La ricerca è stata sostenuta con il fondo MH42484 del National Institute of Mental Health, denominato «Dissidi coniugali, condizione dei genitori e sviluppo emotivo della prole», e con quello MH35997 denominato «Amicizia: formazione tra i fanciulli»; con un Merit Award NIMH devoluto per prolungare la ricerca nel tempo e con il Research Scientist Award K2MH00257, attribuito a John Gottman. Gottman desidera altresì ringraziare per l'amore, l'aiuto e la solidarietà intellettuale, sua moglie, Julie Schwartz Gottman, che condivide la direzione dei gruppi di esercitazione per genitori al nostro Marital and Family Istitute di Seattle e che è stata una reale compagna nell'essere genitori. Gottman desidera altresì riconoscere il grande amore, la pazienza e le capacità didattiche di sua figlia Moriah. Grazie a Mark Malone per i suoi commenti di attento lettore e padre di grande dedizione. Grazie anche alla scrittrice Sonia Kornblatt, per l'acuto contributo alla stesura del manoscritto.

Indice

Finito di stampare nel mese di aprile 2015 presso
Grafica Veneta – Via Malcanton, 2 – Trebaseleghe (PD)
Printed in Italy

ISBN 978-88-17-08018-7